Quartiersforschung

Reihe herausgegeben von

Olaf Schnur, vhw Bundesverband für Wohnen und Stadtentwicklung e.V., Berlin, Berlin, Deutschland

Dirk Gebhardt, Universitat Pompeu Fabra, Barcelona, Spain

Matthias Drilling, Inst. Sozialplanung u. Stadtentwick, Hochschule für Soziale Arbeit, Basel, Schweiz

Das Wohn- oder Stadtquartier hat in unterschiedlichsten Bereichen der Stadtforschung einen wachsenden Stellenwert. Neue Schwerpunkte auf Quartiersebene sind sowohl in der Praxis, etwa in Stadtentwicklung und Immobilienwirtschaft, als auch in stärker theoretisch orientierten Bereichen zu finden. In der dazwischen liegenden Grauzone hat die wissenschaftliche Begleitforschung Konjunktur, die sich mit den immer vielfältigeren planungspolitischen Interventionen in Quartieren beschäftigt. Diese Reihe möchte sich den inzwischen existierenden pluralistischen, oft auch kritisch geführten Diskurslinien der Quartiersforschung mit ihren zahlreichen Überschneidungen und Widersprüchen widmen. Sie bietet Raum für Quartiersforschung im weitesten Sinn – von Arbeiten mit theoretisch-konzeptionellem Schwerpunkt über empirisch-methodisch orientierte Studien bis hin zu explizit praxisorientierten Arbeiten über Quartiers-Themen aus dem Blickwinkel verschiedener Paradigmen der Quartiersforschung. So soll ein Forum entstehen, in dem sich Interessierte aus allen Bereichen – vom Quartiersmanager bis zum Wissenschaftler – über das Themenfeld „Quartier" auch über den eigenen Horizont hinaus informieren können. Quartiersforschung wird innerhalb dieser Reihe interdisziplinär und multidisziplinär verstanden, wobei geographische und sozialwissenschaftliche Ansätze einen Schwerpunkt darstellen.

Reihe herausgegeben von:
Dr. Olaf Schnur
vhw – Bundesverband für Wohnen
Berlin, Deutschland
Dr. Dirk Gebhardt
Universitat Pompeu Fabra, Barcelona
Spanien
Dr. Matthias Drilling
Hochschule für Soziale Arbeit, Basel
Schweiz

Weitere Bände in der Reihe https://link.springer.com/bookseries/12681

Patrick Oehler · Sandra Janett ·
Jutta Guhl · Carlo Fabian · Bruno Michon
(Hrsg.)

Marginalisierung, Stadt und Soziale Arbeit

Soziale Arbeit im Spannungsfeld von
Politik, Quartierbevölkerung und
professionellem Selbstverständnis

 Springer VS

Hrsg.
Patrick Oehler
Hochschule für Soziale Arbeit, Studienzentrum
Soziale Arbeit, Fachhochschule Nordwestschweiz
FHNW, Muttenz, Schweiz

Jutta Guhl
Hochschule für Soziale Arbeit, Institut für Sozialplanung, Organisationaler Wandel- und Stadtentwicklung, Fachhochschule Nordwestschweiz
FHNW, Muttenz, Schweiz

Sandra Janett
Hochschule für Soziale Arbeit, Institut für Sozialplanung, Organisationaler Wandel- und Stadtentwicklung, Fachhochschule Nordwestschweiz
FHNW, Muttenz, Schweiz

Carlo Fabian
Hochschule für Soziale Arbeit, Institut Soziale
Arbeit und Gesundheit, Fachhochschule Nordwest-
schweiz FHNW, Olten, Schweiz

Bruno Michon
Ecole Supérieure Européenne de l'Intervention
sociale, Strasbourg, France

Die Druckvorstufe dieser Publikation wurde vom Schweizerischen Nationalfonds zur Förderung der wissenschaftlichen Forschung unterstützt.

ISSN 2626-3300   ISSN 2626-3319 (electronic)
Quartiersforschung
ISBN 978-3-658-37385-6   ISBN 978-3-658-37386-3 (eBook)
https://doi.org/10.1007/978-3-658-37386-3

Die Deutsche Nationalbibliothek verzeichnet diese Publikation in der Deutschen Nationalbibliografie;
detaillierte bibliografische Daten sind im Internet über http://dnb.d-nb.de abrufbar.

© Der/die Herausgeber bzw. der/die Autor(en) 2023
Open Access Dieses Buch wird unter der Creative Commons Namensnennung 4.0 International Lizenz (http://
creativecommons.org/licenses/by/4.0/deed.de) veröffentlicht, welche die Nutzung, Vervielfältigung, Bearbeitung,
Verbreitung und Wiedergabe in jeglichem Medium und Format erlaubt, sofern Sie den/die ursprünglichen
Autor(en) und die Quelle ordnungsgemäß nennen, einen Link zur Creative Commons Lizenz beifügen und
angeben, ob Änderungen vorgenommen wurden.
Die in diesem Buch enthaltenen Bilder und sonstiges Drittmaterial unterliegen ebenfalls der genannten
Creative Commons Lizenz, sofern sich aus der Abbildungslegende nichts anderes ergibt. Sofern das
betreffende Material nicht unter der genannten Creative Commons Lizenz steht und die betreffende Handlung
nicht nach gesetzlichen Vorschriften erlaubt ist, ist für die oben aufgeführten Weiterverwendungen des
Materials die Einwilligung des jeweiligen Rechteinhabers einzuholen.
Die Wiedergabe von allgemein beschreibenden Bezeichnungen, Marken, Unternehmensnamen etc. in diesem
Werk bedeutet nicht, dass diese frei durch jedermann benutzt werden dürfen. Die Berechtigung zur Benutzung
unterliegt, auch ohne gesonderten Hinweis hierzu, den Regeln des Markenrechts. Die Rechte des jeweiligen
Zeicheninhabers sind zu beachten.
Der Verlag, die Autoren und die Herausgeber gehen davon aus, dass die Angaben und Informationen in
diesem Werk zum Zeitpunkt der Veröffentlichung vollständig und korrekt sind. Weder der Verlag, noch die
Autoren oder die Herausgeber übernehmen, ausdrücklich oder implizit, Gewähr für den Inhalt des Werkes,
etwaige Fehler oder Äußerungen. Der Verlag bleibt im Hinblick auf geografische Zuordnungen und
Gebietsbezeichnungen in veröffentlichten Karten und Institutionsadressen neutral.

Planung/Lektorat: Stefanie Eggert
Springer VS ist ein Imprint der eingetragenen Gesellschaft Springer Fachmedien Wiesbaden GmbH und ist ein
Teil von Springer Nature.
Die Anschrift der Gesellschaft ist: Abraham-Lincoln-Str. 46, 65189 Wiesbaden, Germany

Inhaltsverzeichnis

Herausgeber- und Autorenverzeichnis

Über die Herausgeber*innen

Prof. Dr. Patrick Oehler Sozialpädagoge und Soziologe, ist Dozent und Programmleiter des BA-Studiengangs Soziale Arbeit an der Hochschule für Soziale Arbeit der Fachhochschule Nordwestschweiz. Seine aktuellen Schwerpunkte in Forschung und Lehre sind Demokratie und Soziale Arbeit, Gemeinwesenarbeit und pragmatistische Zugänge zur Sozialen Arbeit.

Sandra Janett MA in Sozialer Arbeit, ist wissenschaftliche Mitarbeiterin am Institut Sozialplanung, Organisationaler Wandel und Stadtentwicklung der Hochschule für Soziale Arbeit der Fachhochschule Nordwestschweiz. Zwei ihrer zentralen Schwerpunkte in Forschung und Lehre sind (grenzüberschreitende) Quartier- und Stadtentwicklung sowie Wohnen und gute Betreuung im Alter.

Jutta Guhl Sozialarbeiterin und Soziologin lic. phil., ist Dozentin an der Hochschule für Soziale Arbeit der Fachhochschule Nordwestschweiz. Ihre aktuellen Schwerpunkte in Forschung und Lehre sind Gemeinwesenarbeit und grenzüberschreitende Zusammenarbeit in der Oberrheinregion.

Prof. Carlo Fabian Sozialpsychologe und Gesundheitspsychologe FSP, Coach und Organisationsentwickler MAS, ist Leiter des Instituts Soziale Arbeit und Gesundheit an der Hochschule für Soziale Arbeit der Fachhochschule Nordwestschweiz FHNW. Aktuelle Schwerpunkte in Forschung und Lehre sind Gesundheitsförderung und Prävention, gesundheitliche Chancengleichheit, Gesundheit und Sozialraum.

Dr. Bruno Michon ist Forschungs- und Entwicklungsbeauftragter an der Hochschule für Soziale Arbeit in Straßburg (ESEIS) und assoziierter Professor an der Universität Straßburg. Seine aktuellen Schwerpunkte in Forschung und Lehre sind Religion, Radikalisierung und Soziale Arbeit im grenzüberschreitenden Raum.

Autor*innenverzeichnis

Dr. Eveline Althaus ETH Zürich/ETH Wohnforum – ETH CASE, ETH Zürich, Zürich, Schweiz

Dr. Markus Baum Katholische Hochschule NRW, Aachen, Deutschland

Dr. Maurice Blanc Université de Strasbourg/Laboratoire SAGE (Sociétés, Acteurs, Gouvernement en Europe)/Institut d'urbanisme et d'aménagement régional, Strasbourg, Frankreich

Ute Fischer Regionaler Caritasverband Aachen für die Regionen Aachen-Stadt und Aachen-Land e.V., Ehrenamt – Familie – Migration, Aachen, Deutschland

Jutta Guhl lic. phil. Fachhochschule Nordwestschweiz, Hochschule für Soziale Arbeit, Institut Sozialplanung, Organisationaler Wandel und Stadtentwicklung, Muttenz, Schweiz

Sandra Janett MA Fachhochschule Nordwestschweiz, Hochschule für Soziale Arbeit, Institut Sozialplanung, Organisationaler Wandel und Stadtentwicklung, Muttenz, Schweiz

Dr. Anke Kaschlik Zürcher Hochschule für angewandte Wissenschaften/Institut für Vielfalt und gesellschaftliche Teilhabe, Zürich, Schweiz

Prof. Dr. Jürgen Kegelmann Hochschule für öffentliche Verwaltung Kehl, Professor für Organisation, Personal und Management, Kehl, Deutschland

Dipl.-Ing. Dr. Katharina Kirsch-Soriano da Silva Caritas der Erzdiözese Wien – Hilfe in Not, Stadtteilarbeit, Wien, Österreich

Dr. Bruno Michon Ecole Supérieure Européenne de l'Intervention sociale, Strasbourg, Frankreich

Dr. phil. Michael Noack Fachbereich für Sozialwesen, Hochschule Niederrhein, Mönchengladbach, Deutschland

Prof. Dr. Patrick Oehler Fachhochschule Nordwestschweiz, Hochschule für Soziale Arbeit, Studienzentrum, Muttenz, Schweiz

Dr. Marius Otto Stadt Aachen/Fachbereich Wohnen, Soziales und Integration/Sozialplanung, Aachen, Deutschland

Jaqueline Schmidt M.A. Hochschule für angewandte Wissenschaft und Kunst Hildesheim, Holzminden, Göttingen/Fakultät Management, Soziale Arbeit, Bauen, Holzminden, Deutschland

Prof. im Ruhestand, Dr. phil. Lothar Stock Hochschule für Technik, Wirtschaft und Kultur Leipzig, Fakultät Architektur und Sozialwissenschaften, Leipzig, Deutschland

FH-Prof., Dipl. Christoph Stoik M.A. FH Campus Wien, Department Soziales, Wien, Österreich

Prof. Dr. Peter Streckeisen Zürcher Hochschule für Angewandte Wissenschaften, Departement Soziale Arbeit, Zürich, Schweiz

Simone Tappert MSc Fachhochschule Nordwestschweiz, Hochschule für Soziale Arbeit, Institut Sozialplanung, Organisationaler Wandel und Stadtentwicklung, Muttenz, Schweiz

Soziale Arbeit und marginalisierte Quartiere – eine Einleitung mit einem Impuls zu GWA und lokaler Demokratie

Patrick Oehler und Sandra Janett

Zusammenfassung

Der Beitrag führt zuerst kurz in die Thematik des Bandes – Soziale Arbeit und marginalisierte Quartiere – ein und verbindet dies mit Überlegungen Martin Kronauers zu „Stadt und (neue) soziale Frage". Davon ausgehend werden in einem nächsten Schritt marginalisierte Quartiere als Orte lokaler Demokratie beleuchtet und daran anknüpfend auf den Zusammenhang von Gemeiwesenarbeit und lokaler Demokratie eingegangen. Damit soll aufgezeigt werden, dass Soziale Arbeit in Form von Gemeinwesenarbeit, aber auch anderen Zugängen, ganz unterschiedliche Beiträge zur Quartiers- und Stadtentwicklung, aber eben auch zu Demokratieentwicklung und -förderung beitragen kann und diese beiden Aspekte – in einer Demokratie – letztlich aufeinander verwiesen sind.

P. Oehler (✉)
Fachhochschule Nordwestschweiz,
Hochschule für Soziale Arbeit, Studienzentrum, Muttenz, Schweiz
E-Mail: patrick.oehler@fhnw.ch

S. Janett
Fachhochschule Nordwestschweiz, Hochschule für Soziale Arbeit,
Institut Sozialplanung, Organisationaler Wandel und Stadtentwicklung,
Muttenz, Schweiz
E-Mail: sandra.janett@fhnw.ch

© Der/die Autor(en) 2023
P. Oehler et al. (Hrsg.), *Marginalisierung, Stadt und Soziale Arbeit,*
Quartiersforschung, https://doi.org/10.1007/978-3-658-37386-3_1

1 Annäherung an Soziale Arbeit und marginalisierte Quartiere

Gemeinwesenarbeit, aber auch damit verbunden, quartiersbezogene Soziale Arbeit sowie Quartier- und Stadtentwicklung sind historisch und fachlich ausgewiesene Handlungsfelder Sozialer Arbeit (vgl. Oehler & Drilling, 2016; Oelschlägel, 2017). Gleichwohl ist unerlässlich, den Strom des Diskurses dazu, als Teil einer offenen und lernenden Disziplin und Profession, immer wieder gezielt mit sich aufdrängenden oder vernachlässigten Themen anzuregen, punktuell auf bestimmte Aspekte hin zu vertiefen, mit frischen Impulsen zu beleben und somit zu aktualisieren sowie weiterzuentwickeln.

Das Thema, das bei diesem Sammelband zum Kontext Soziale Arbeit und Stadtentwicklung im Fokus steht und exploriert wird, sind „marginalisierte Quartiere" respektive – wie sie teilweise auch bezeichnet werden – „sozial benachteiligte Quartiere" (vgl. Baum, 2018, S. 158 ff.); also Quartiere, die oftmals als „Problemquartiere" wahrgenommen und diskutiert oder etikettiert werden, die einen mehr oder weniger deutlich ausgewiesenen Bezug zu sozialer Ausgrenzung haben und die mit diesen „Eigenschaften" und Zuschreibungen einen klassischen Bezugspunkt sozialer Interventionen – möglicherweise sozialer Innovationen – und Sozialer Arbeit bilden (vgl. Baum, 2007, S. 136 ff.).

Marginalisierte Quartiere haben mit sozialer Ausgrenzung, aber auch, sozusagen mit diesem Prozess verwoben oder dadurch bedingt, mit räumlicher und vor allem sozialer Ungleichheit zu tun; also mit ungleichen Lebensverhältnissen und ungleichen sozialen Chancen. Damit sind Städte und marginalisierte Quartiere einerseits sichtbar gewordener „Ausdruck gesellschaftlicher Entwicklungen" und sozialer Verhältnisse, andererseits aber auch, dem zugrunde liegend, „ein politisches Handlungsfeld" (Kronauer, 2017, S. 156). Marginalisierte Quartiere sind nicht nur, aber auch Ergebnis politischer Entscheidungen. Darüber hinaus gibt es jedoch eine Reihe von unterschiedlichen Akteur*innen beeinflussten und nur beschränkt bzw. kaum steuerbaren nicht linearen dynamischen emergenten Prozessen, welche zur Entstehung der Quartiere in jetziger Gestalt beigetragen haben und deren weitere Entwicklung auch in Zukunft beeinflussen werden. Politik ist eine wichtige Stellschraube, jedoch bei Weitem nicht die einzige, da auch das alltägliche Mit- oder Gegeneinander im Quartier für dessen Entwicklung eine Rolle spielt. Gleichzeitig ist ein Quartierentwicklungsprozess auch auf eine Unterstützung der Politik angewiesen. Die Kunst besteht letztlich darin, in sozialen Entwicklungs- und Transformationsprozessen das Emergente aus dem Quartier mit dem Politischen und Strategischen auf Stadtebene auf eine sinnvolle Art und Weise zusammenzubringen (vgl. Heyen & Brohmann, 2017, S. 72; Mintzberg & Waters, 1985). Da es weder für die Probleme in und um marginalisierte Quartiere noch für andere gesellschaftliche Bereiche einen „Masterplan" und „Patentlösungen" gibt bzw. „es nicht die eine Antwort auf die Vielfalt der neuen Probleme gibt, bleibt nur ein innovativer Such-, Lern- und Experiementierprozess entlang" bestimmter fachlicher oder theoretischer Konzepte wie zum Beispiel „entlang des Konzepts einer nachhaltigen Entwicklung, einer sozialen, ökologischen und demokratischen Umgestaltung" (Reißig, 2009, S. 154). Was es angesichts eines intentionalen Wandels mit Ungewissheiten braucht, ist also ein demokratisches Experimentieren, das von den Individuen, Familien und Organisationen über die Quartiere bis zur Stadtentwicklung und darüber hinaus geht – und genau in diesem Gefüge gibt es einen engen Zusammenhang zwischen Sozialer Arbeit respektive Gemeinwesenarbeit (GWA) und lokaler Demokratie, der weiter hinten in diesem Beitrag als professionelle Perspektive ausführlicher herausgestellt wird. Die Arbeit in und an marginalisierten Quartieren ist nicht nur anschlussfähig an eine zukunftsorientierte und transformative Konzeption von Stadtentwicklung, die sich zwischen Emergenz und Steuerung bewegt, sondern sie wird in dem Zusammenhang auch zu einem strategisch entscheidenden Moment von Stadtentwicklung, in welcher nämlich das Quartier zur „Basis zukunftsorientierter Stadtentwicklung" wird (Bukow, 2020, S. 7). Und an diesem Punkt kann die Soziale Arbeit einen entscheidenden Beitrag leisten, da es ihr, wie keinem anderen Beruf, um das (soziale) Wohl der Menschen in den Quartieren und Städten geht – in der Gegenwart und auch mit Blick auf zukünftige Entwicklungen.

2   Stadt und (neue) Soziale Frage

Matin Kronauer legt in seinem Artikel „Stadt und Soziale Frage" dar, dass der nach dem Zweiten Weltkrieg ausgebaute Sozialstaat – im Sinne eines Kompromisses einer sozialen Marktwirtschaft und einer Antwort auf die soziale Frage – nicht primär „auf die Beseitigung sozialer Ungleichheit ausgerichtet [war], sondern auf die abgestufte soziale Absicherung der abhängig Beschäftigten und ihrer Angehörigen" (Kronauer, 2018, S. 159). Im Fokus der Sozialpolitik war also weniger eine wie auch immer definierte soziale Stadt für alle, sondern vielmehr die soziale Absicherung von Einzelnen und Familien in Verbindung mit Erwerbsarbeit.

Der sozialpolitische Ansatz mit diesem Fokus funktioniert vor allem dann für weite Teile der Bevölkerung gut, wenn die Wirtschaft ungebrochen prosperiert.[1] Sobald der Boom jedoch einbricht bzw. die Prosperität stagniert und zurückgeht respektive sich die Arbeitslosigkeit auf relativ hohem Niveau stabilisiert, zeigen sich die Schwächen dieser Lösung. Genau in dieser Konstellation mit zunehmender Arbeitslosigkeit wurde schon in den 1970er Jahren vermehrt auf diese Problematik, in der wir uns heute noch befinden und die nicht zuletzt als eine Bedrohung für die Demokratie gedeutet wurde, hingewiesen und in dem Zusammenhang erstmals der Begriff „neue soziale Frage" eingeführt (vgl. Dettling et al., 1977; Widmaier, 1978).

Ab den 1980er Jahren wird diese Rückkehr der sozialen Frage (als neue soziale Frage) „unter den Begriffen ‚soziale Verwundbarkeit' bzw. ‚Prekarität' und ‚Exklusion' thematisiert" (Kronauer, 2018, S. 161) und zur „typischen Personifizierung wurde der ‚Überflüssige' der Erwerbsgesellschaft" und zu den „typischen Orte, in denen sich die neue soziale Frage verdichtet" – und so sozialräumlich sichtbar wird –, „wurden städtische Nachbarschaften mit hohen Anteilen von Arbeitslosen und einkommensschwachen Haushalten" (ebd.), also dort wo vielfach von marginalisierten Quartieren die Rede ist. Hiermit macht Kronauer deutlich, dass die Entstehung und Entwicklung von marginalisierten Quartieren letztlich nicht losgelöst von den sozialen und sozialstaatlichen Sicherungsmaßnahmen und der Sozialpolitik zu betrachten ist. Zwischen sozialer Sicherheit (im Sinne von Abfederung sozialer Risiken) und marginalisierten Quartieren bzw. Menschen besteht ein enger Zusammenhang, der mit Blick auf Soziale Arbeit und marginalisierte Quartiere sowie Ansätzen zur Quartiersentwicklung – bei aller Faszination für das Lokale und die damit verbundenen endogenen Ressourcen und Potenziale – nicht übersehen werden sollte. Die soziale Frage bleibt ein ungelöstes Problem, auch für die Stadtentwicklung. Marginalisierte Quartiere sind so betrachtet auch immer Effekte von Stadt- und Sozialpolitik in einer Gesellschaft, die einen demokratischen Anspruch erhebt

---

[1] Gleichzeitig darf nicht übersehen werden, dass dieses System zwar soziale Risiken wie Armut, Alter und Krankheit abfedert, jedoch „seinen ursächlichen Zweck, nämlich die Verhinderung von Armut und sozialer Unterversorgung" oftmals nicht bzw. immer weniger erfüllt (Bode, 1999, S. 121).

respektive eine demokratische Ordnung auch unter globalisierten kapitalistischen Verhältnissen aufrechtzuerhalten versucht und gleichzeitig aber, damit in einem Spannungsverhältnis stehend, durch eine weitgehend durchgesetzte kapitalistische Marktlogik geformt wird. Denn die „[u]ngleiche Entwicklung, die Scheidung von Gewinnern und Verlierern, ist ein Wesensmerkmal des Kapitalismus, das nur durch die Kontrolle der Gesellschaft über die Ökonomie, durch den demokratischen Staat, modifiziert werden kann" (Deppe, 2005, S. 49). Dabei darf nicht vergessen werden, was wieder zum Thema marginalisierte Quartiere zurückführt, dass ungleiche sozialökonomische Entwicklungen immer auch „soziale Prozesse der Inklusion und Exklusion" (ebd.) erzeugen, die zu einem „Verlust sozialer Einbindung" (ebd.) führen können, der wiederum „weitere Formen des Ausschlusses und des abweichenden Verhaltens" (ebd., S. 49 f.) begünstigt; „die Bildung einer ‚underclass' von dauerhaft Ausgegrenzten geht einher mit Ghettobildung, Kriminalität, Drogenkonsum, Migration, illegale Beschäftigung etc." (ebd., S. 50). Hinzu kommt, darauf verweist die Politics-of-Scale-Debatte, dass mit der kapitalistischen Globalisierung auch „die räumliche Massstäblichkeit sozialer Prozesse" (vgl. Wissen, 2008, S. 8) reorganisiert wird, wobei es zu einer „Verschiebung sozialer Kräfteverhältnisse" (ebd, S. 9) kommt, durch welche zum Beispiel die supranationale Ebene an Gewicht und Einfluss gewinnt – auch mit Blick auf Quartiers- und Stadtentwicklung und -politik. Gleichzeitig erhält dadurch jedoch das Lokale eine neue bzw. wachsende Bedeutung. Dabei sollte „das Lokale nicht als Gegenspieler des Globalen" betrachtet werden, sondern „als *ein Aspekt* von Globalisierung" (Robertson, 1998, S. 200, Herv. im Original) – was Robert Robertson unter den Begriff der „Glokalisierung" diskutiert. Schnur schreibt in diesem Zusammenhang von einer „Renaissance des Lokalen" (Schnur, 2018) und wie Quartiere zu neuen wichtigen Bezugspunkten für die Menschen, aber auch für lokale Initiativen werden (vgl. Schnur, 2018, S. 2; 2019, S. 10; Schnur et al. 2019, S. 4).

Diese Prozesse, Phänomene und Effekte von sozialer Ungleichheit, Ausgrenzung, kapitalistischer Globalisierung und Glokalisierung zeigen sich am deutlichsten in den Städten und ihren (marginalisierten) Quartieren und es braucht dringend (neue) sozialpolitische und sozialarbeiterische Ansätze zur damit verbundenen neuen sozialen Frage.

Vor diesem skizzierten Hintergrund beschreibt Kronauer in einer kürzlich erschienenen Publikation die „Stadt als einen besonderen Handlungsraum zur Auseinandersetzung mit der sozialen Frage" (Kronauer, 2020, S. 115) und nennt drei Koordinaten, welche für „Stadt und [die] soziale Frage in der Gegenwart" (ebd., S. 114) von besonderer Bedeutung sind: erstens „*Arbeit, Einkommen und individuelle Absicherung*" (ebd.; Herv. im Original), zweitens „*Wohnverhält-nisse, soziale Nahbeziehungen und nachbarschaftsbezogene Dienstleistungen*" (ebd., S. 117; Herv. im Original) und drittens „*[ö]ffentliche[.] Daseinsvorsorge*" (ebd., S. 119; Herv. im Original).

Perspektivisch ergeben sich mit Kronauer also drei Koordinaten, an denen Soziale Arbeit zur Arbeit an der (neuen) soziale Frage mit Blick auf den Hand-lungsraum Stadt respektive marginalisierte Quartiere ansetzen kann.

Zur ersten Koordinate nennt Kronauer etwa die Förderung und „Etablierung von kleinen und mittleren Produktionsbetrieben" (ebd., S. 116), die „Arbeits-plätze auch mit niedrigeren Qualifikationsanforderungen schaffen" (ebd.), und „kleinbetriebliche ethnische Ökonomien" (ebd.), die hierzu einen Beitrag leisten (können). Dies ergibt für die Soziale Arbeit schöne Anknüpfungspunkte zu einer solidarischen Gemeinwesenökonomie (Elsen, 1998) oder solidarischen Öko-nomie (Oehler, 2020), welche auch den Schulterschluss mit (lokalen) sozialen Bewegungen und Initiativen wie Transitiontown, Urban Gardening etc. sucht und so zu einer Akteurin ökosozialer Transformation der Gesellschaft wird, indem sie unterschiedliche Akteur*innen, die einen Beitrag zu Arbeit, Einkommen und individueller Absicherung sowie ökosozialer Transformation und Bildung leisten, zusammenbringt und lokale Produktion (z. B. Handwerk, Gemüseanbau) und Konsumation (Märkte, Brockenstuben bzw. Gebrauchtwarenläden, Umsonstläden etc.) als aufeinander bezogene Prozesse auf lokaler Ebene fördert (vgl. Elsen, 2011; May, 2012, S. 153). Insbesondere die Förderung von Genossenschaften in unterschiedlichen Formen – wie Produktions-, Konsumations-, Wohn- und Sozialgenossenschaften – birgt ein großes und noch nicht ausgeschöpftes Potenzial für die Bearbeitung der neuen sozialen Frage auf Quartiersebene und für gesellschaftliche Innovationen. Genossenschaften zeichnen sich durch eine demokratische Organisationsform aus und orientieren sich in vielen Fällen an einer „lebensdienlichen Ökonomie" (vgl. Ulrich, 2016). Somit stellen Genossen-schaften als Organisationstyp ein ökonomisches Modell dar, das nicht nur offen und anschlussfähig ist an (lokale) soziale Selbsthilfe, Empowerment, zivil-gesellschaftliche Bewegungen und bürgerschaftliches Engagement, sondern zugleich ein Lernort für demokratisches Handeln und Zusammenleben im Quartier sein kann (vgl. Elsen, 2012; Elsen et al., 2000; Elsen & Walk, 2016).

Bei der zweiten Koordinate hebt Kronauer die Bedeutung von Schulen und Bildung sowie die „marktferne Bereitstellung von kulturell angemessenem, preiswertem Wohnraum in allen Quartiren der Stadt" (Kronauer, 2020, S. 118) hervor. Städte „sind verantwortlich für die physische Ausstattung der Schulen und in einem erheblichen Umfang für das Schulumfeld – einschließlich quartierbezogener sozialer Dienste wie Jugendhilfe und Sozialhilfe, die mit den Schulen kooperieren" (ebd., S. 119). Mit der Pflege und Bereitstellung dieser Infrastruktur tragen Städte dazu bei, negative „Kontexteffekte" zu reduzieren, nämlich, „dass die bereits schwierigen Lebensumstände [gemeint sind hier Haushalte mit niedrigem Einkommen, prekären Arbeitsverhältnissen und unattraktivem Wohnverhältnissen (vgl. ebd., S. 117); Erg. d. Verf.] durch Mängel der Infrastruktur im Quartier, eine geringere Reichweite der Sozialkontakte, von denen arbeitsmarktrelevante Informationen und materielle Hilfen abhängen, und durch eine Außenstigmatisierung der Wohnumgebung weiter erschwert werden" (ebd., S. 117). Der behutsamen Gestaltung und Entwicklung der quartiersbezogenen (sozialen) Infrastruktur gekoppelt mit einer stadtweiten Wohnungspolitik kommt hierbei also eine Schlüsselrolle zu. Soziale Arbeit ist dabei oftmals involviert ins Quartiersmanagement und in klassische Quartierentwicklungsprojekte, über die an der Entwicklung und Bereitstellung dieser Infrastruktur gearbeitet wird und dabei idealerweise auch die Frage nach attraktivem und bezahlbarem Wohnraum aufgegriffen wird.

Die dritte von Kronauer skizzierte Koordinate betrifft die öffentliche Daseinsvorsorge (vgl. ebd., S. 119). Er ruft in Erinnerung, dass im 19. Jahrhundert den Städten die Aufgabe zukam, „öffentliche Güter bzw. Güter, die als unverzichtbar für alle Bevölkerungsschichten gelten, in eigener Regie und unabhängig von Marktlogiken bereitzustellen" (ebd.). Mit dieser öffentlichen Daseinsvorsorge gemeint sind beispielsweise die Versorgung mit Wasser und Energie, aber auch der kommunale Wohnungsbau. Nachdem mittlerweile in diesen Bereichen viel privatisiert wurde, was zu negativen Effekten wie Kostenanstieg führte, gibt es inzwischen wieder Ansätze und Bestrebungen einer Gegenbewegung, diese Infrastruktur und Unternehmen wieder zu kommunalisieren, also zurück in die öffentliche Hand und somit unter die bürgerschaftliche Kontrolle zu bringen, was ein demokratisches Element darstellt (vgl. ebd.). Auch hierbei kann Soziale Arbeit in Form von GWA und Quartierarbeit solche sich für das Gemeinwohl bzw. das Wohl der Mitglieder des Gemeinwesens einsetzende Initiativen auf kommunaler Ebene, die z. B. auf einen Bürgerentscheid hinarbeiten, in verschiedener Form unterstützen.

Wenn sich Soziale Arbeit im Kontext von marginalisierten Quartieren an diesen drei Koordinaten orientiert, kann sie, in Bündnissen mit anderen Akteur*innen, an der (neuen) sozialen Frage, die sich in den Quartieren manifestiert, arbeiten und sich darüber für soziale Gerechtigkeit in der Gesellschaft sowie die Autonomie bzw. die Selbstbestimmung von Menschen einsetzen.

Damit arbeitet sie zugleich an der Demokratie. Denn soziale Gerechtigkeit und Selbstbestimmung sind zentrale Bezugspunkte einer Demokratie respektive einer demokratischen Gesellschaft. Demokratie ist auf diesen Konzepten aufgebaut, setzt diese voraus, und gleichzeitig bilden sie den Zielhorizont von Demokratie. Alles dies zeigt: Soziale Arbeit als professionelle Praxis und Demokratie sind eng miteinander verwoben, und damit auch die Frage nach einer demokratischen Professionalität (vgl. Oehler, 2018).

3   Marginalisierte Quartiere als Orte von Demokratie[2]

Marginalisierte Quartiere haben auch immer eine Implikation für die Demokratie. Soziale Ungleichheit korrespondiert oftmals mit politischer Ungleichheit, die in den Kommunen und Quartieren besonders sichtbar wird. Fehlende Arbeitsmarkt- und Bildungschancen, ein Gefühl des Nicht-gehört-Werdens, ausbleibende Selbstwirksamkeitserfahrungen, ein vernachlässigtes Wohnumfeld, mangelhafte Kenntnisse des politischen Systems oder auch die fehlende Wahlberechtigung trotz dauerhaften Aufenthalts können zu Politik(er)verdrossenheit und einer ablehnenden Haltung gegenüber Institutionen führen, einer geringeren Bereitschaft, sich an der Weiterentwicklung des Gemeinwesens zu beteiligen (Kuder, 2019; Selle, 2019), oder gar zu antidemokratischen Einstellungen übergehen.

Die lokale Ebene ist für demokratische Gesellschaften daher von großer Bedeutung. Im Lokalen sind nicht nur die gesellschaftlichen Veränderungen, da sie die eigenen Lebensverhältnisse betreffen, am deutlichsten spürbar; das Lokale bietet zudem die unmittelbarste Möglichkeit, sich als (politisches) Subjekt einer demokratischen Kultur wahrzunehmen und Demokratie als ein kooperatives – aber auch konfliktreiches – sowie kreatives Problemlösungshandeln zu begreifen (Jörke, 2003). Demokratie beginnt also auch unter komplexen modernen Lebens-

---

[2] Bei dem nachfolgenden Text handelt es sich um eine leicht überarbeitete Version des Aufsatzes „Was meint lokale Demokratie und was trägt Gemeinwesenarbeit dazu bei? Neun Thesen" (Oehler et al., 2020), der wiederum auf der unter „Gemeinwesenarbeit und lokale Demokratie – Zusammenhänge und Perspektiven aus der Sicht Sozialer Arbeit" (Oehler, 2021) herausgegebenen Studie basiert.

bedingungen immer noch im Kleinen, in der Nachbarschaft, in der lokalen Demokratie (Dewey, 1996, S. 177).
Vor diesem Hintergrund wird im Folgenden – als Impuls zu Sozialer Arbeit in marginalisierten Quartieren – das spezifische demokratiefördernde Potenzial der professionellen Gemeinwesenarbeit (GWA) diskutiert.

4   Gemeinwesenarbeit als Handlungskonzept und professionelle Praxis

Unter Gemeinwesenarbeit (GWA) wird in der Regel sowohl ein Handlungskonzept als auch eine professionelle Praxis verstanden. Insbesondere in der Theorie zur Sozialen Arbeit gibt es seit über 100 Jahren immer wieder direkte Bezüge zur GWA als Konzept und Praxis (vgl. Oehler & Drilling, 2016; Oelschlägel, 2017). Da der Begriff GWA nicht selbsterklärend ist, wird für diesen Beitrag auf die Definition von Dieter Oelschlägel (2016) zurückgegriffen:

„Gemeinwesenarbeit [ist] eine sozialräumliche Strategie sozialer Arbeit im weitesten Sinne, die sich ganzheitlich auf ein Gemeinwesen, also auf die Lebenszusammenhänge von Menschen, und nicht pädagogisch auf einzelne Individuen richtet. Ziel ist die Verbesserung von materiellen (z. B. Wohnraum, Existenzsicherung, Arbeitsplätze usw.), infrastrukturellen (z. B. Verkehrsanbindung, Einkaufsmöglichkeiten, Grünflächen…) und immateriellen (Bildung, Kultur, Partizipation, Integration, soziale Beziehungen) Bedingungen unter maßgeblicher Einbeziehung der Menschen.
    Es geht ihr um die Lebensverhältnisse, Lebensformen und Lebenszusammenhänge der Menschen, auch so, wie diese sie selbst sehen (Lebensweltorientierung). Das Arbeitsprinzip Gemeinwesenarbeit sieht seinen zentralen Aspekt in der Aktivierung der Menschen in ihrer Lebenswelt. Sie sollen zu Subjekten politisch aktiven Handelns und Lernens werden und zunehmend Kontrolle über ihre Lebensverhältnisse gewinnen" (ebd., S. 50 f.).

Bei der Gemeinwesenarbeit geht es in dieser Lesart programmatisch also um eine wechselseitige Verschränkung der Verbesserung von Lebensbedingungen mit der Entwicklung von kollektiver Handlungsfähigkeit respektive einer Erhöhung des politischen Bewusstseins und der politischen Partizipation der Menschen im Gemeinwesen bzw. in der lokalen Demokratie (Oelschlägel, 1999: 18). Auch hierin zeigt sich nochmals der oben erwähnte und für die Soziale Arbeit relevante Zusammenhang von sozialer Gerechtigkeit, Autonomie/Selbstbestimmung und Demokratie – besonders im Kontext von marginalisierten Quartieren und Stadtentwicklung.

Anschließend an diese Definition von GWA wird im nächsten Abschnitt der Frage nachgegangen, wie der Begriff „lokale Demokratie" als Bezugsrahmen, in dem Soziale Arbeit bzw. GWA in quartiersbezogenen Kontexten aktiv wird, überhaupt gefasst werden kann.

5   Lokale Demokratie – verschiedene Formen im Zusammenspiel

Wie Schnur et al. (2019, S. 4 ff.) zeigen, wird der Begriff der lokalen Demokratie in der Literatur sehr unterschiedlich ausgelegt. Aus einer Synopse geht jedoch hervor, dass „lokale Demokratie" als theoretisches Konzept sowohl die repräsentativ-formale Demokratie als auch zivilgesellschaftliche und basisdemokratische Vorgänge sowie damit zusammenhängende Akteur*innen, Öffentlichkeiten sowie Partizipations- und Empowerment-Prozesse umfasst (vgl. Wiesner, 2018, S. 30). Von diesem weiten Grundverständnis ausgehend wird im Folgenden, mit Rückgriff auf bereits vorliegende Systematisierungen von Kesting (2017, S. 83) und Roth (2017, S. 159 ff.; 2018, S. 1 ff.), ein aufgefächertes Konzept entfaltet, welches lokale Demokratie einerseits als ein Zusammenspiel verschiedener Demokratieformen innerhalb lokaler Demokratie begreift und andererseits als eine Verschränkung verschiedener politischer Bereiche. Aus dieser Perspektive ergibt sich eine Vielzahl von demokratischen Erfahrungs- und Handlungsmöglichkeiten auf Ebene lokaler Demokratie. Konkretisiert wird dieses Konzept entlang von sechs verschiedenen (Praxis-)Formen von lokaler Demokratie und drei mit diesen Formen zusammenhängenden politischen Bereichen. Die in Abb. 1 vorgestellte Systematik zeigt, dass es für Bürger*innen ganz unterschiedliche Mitbestimmungs- und Mitgestaltungsmöglichkeiten im Kontext lokaler Demokratie gibt und dabei gleichzeitig verschiedene Bereiche der Politik „aktiviert" werden, die jedoch letztlich in einer lokalen Demokratie miteinander verbunden sind:

(Praxis-)Formen lokaler Demokratie:

1. *Alltagskulturelle lokale Demokratie*
   Die *alltagskulturelle Form* lokaler Demokratie umfasst den alltäglichen demokratischen Umgang (demokratische Kultur; Demokratie als Lebensform, Demokratie als kulturelle Praxis) in Familie, Arbeit, Freizeit, Nachbarschaft, aber ebenso den bewussten expliziten Bezug auf Demokratie(-Lernen) in

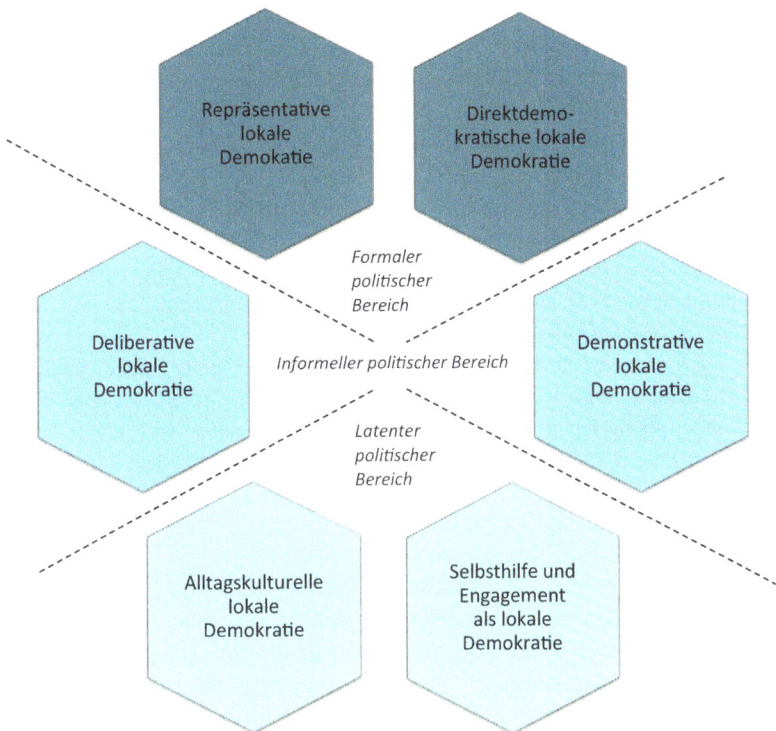

Abb. 1 Praxisformen lokaler Demokratie (leicht abgeänderte Darstellung aus Oehler et al., (2020), S. 273, mit Bezügen zu Kesting (2016), S. 255 und Roth, (2018), S. 9 ff.)

öffentlichen und privaten Einrichtungen wie Kindertagesstätten („Kinderstube der Demokratie") und an Schulen. Oftmals wird diese kulturelle Komponente durch entsprechende formale Strukturen und Instrumente, wie zum Beispiel Schulparlamente, eine Kita-Verfassung etc., komplementiert und stabilisiert.

2. *Selbsthilfe und Engagement als lokale Demokratie*
   Selbsthilfe und Engagement als lokale Demokratie zeigt sich in vielfältigen Formen der aktiven Mitgestaltung des Gemeinwesens. Im Vordergrund steht die weitgehend selbstbestimmte und/oder in Selbsthilfe organisierten Assoziationen von Menschen, um gemeinsam „im Kleinen" auf demokratische

Art und Weise und mit demokratischer Zielsetzung, etwas zur Verbesserung lokaler Lebensverhältnisse beizutragen (z. B. Gemeinschaftsgärten, Parkpatenschaft, Genossenschaften etc.). Außerdem sind solche Initiativen und Aktivitäten oftmals Kontexte, in denen ein demokratisches Miteinander erfahren bzw. erlernt werden kann und lokales soziales Kapital gebildet wird.

3. *Demonstrative lokale Demokratie*
   Die *demonstrative Form* lokaler Demokratie manifestiert sich beispielswiese über die Teilnahme an Demonstrationen und Protestcamps, das Tragen von Kampagnensymbolen, das Schreiben von Leserbriefen, aber auch über digitale Reaktionen wie z. B. auf lokale Themen bezogene „Shitstorms".

4. *Deliberative lokale Demokratie*
   Die *deliberative Form* lokaler Demokratie hat unter dem Stichwort „Partizipation" in den letzten Jahrzehnten immer mehr an Bedeutung gewonnen (vgl. Kuder, 2017). Typisch für diese Sphäre sind etwa Beteiligungsverfahren zur Entscheidungsvorbereitung, Planungszellen, Bürgerforen, aleatorische Minipublics, Stakeholder-Konferenzen, Webforen und andere internetbasierte Dialogformen.

5. *Direktdemokratische lokale Demokratie*
   Die *direktdemokratische Form* lokaler Demokratie beinhaltet die direkten Einflussmöglichkeiten auf die (kommunale) Politik. Hier kann es zum Beispiel um die Direktwahl eines Bürgermeisters gehen, aber genauso um Bürgerbegehren, Bürgerentscheide, (digitale) Bürgerhaushalte, Quartiersfonds, direktdemokratische Aktivitäten von lokalen themenspezifischen Bündnissen, Online-Petitionen und Online-Referenden.

6. *Repräsentative lokale Demokratie*
   Zur *repräsentativen Form* lokaler Demokratie zählen die klassischen politischen Verfahren und Institutionen wie (Online-)Wahlen, Parlamente, Gemeinderäte; im weiteren Umfeld aber ebenso politische Parteien, Verbände und Gewerkschaften, direkte Kontakte (auch via E-Mail und Facebook) zu Politiker*innen sowie weitere politische Ämter und Mandate.

Diese unterschiedlichen Praxisformen veranschaulichen, dass lokale Demokratie mehr umfasst als nur das formaldemokratische System und die von diesem als auch von intermediären Akteur*innen angebotenen Partizipationsmöglichkeiten. Zu einer funktionierenden und lebendigen lokalen Demokratie gehören freilich ebenso die nicht institutionalisierten Formen von Demokratie dazu (vgl. dazu mit Fokus auf Stadtentwicklung Beck & Schnur, 2016). Dies spiegelt sich auch in den verschiedenen politischen Bereichen lokaler Demokratie wider.

Politische Bereiche lokaler Demokratie:

1. *Latenter politischer Bereich*
   Der *latente politische Bereich* liegt *außerhalb* der formalen politischen Strukturen wie Parlamenten und Parteien. Zu diesem Bereich zählen etwa Vereine und Bürgerinitiativen, die in erster Linie lokale Anliegen oder Projekte verfolgen, die zu einem gelingenderen Alltag führen respektive bei denen die Selbsthilfe und das bürgerschaftliche Engagement im Vordergrund stehen. Der explizite Bezug und Anspruch einer politischen Einflussnahme treten dabei oftmals nur latent oder zu einem späteren Zeitpunkt der Entwicklung in Erscheinung. Gleichwohl sind sie Bestandteil und Akteur*innen lokaler Demokratie.

2. *Informeller politischer Bereich*
   Der *informelle politische Bereich* zeichnet sich vor allem durch seine *punktuelle* und *projekt- bzw. themenspezifische* Politikbezogenheit aus, wie dies in deliberativen und demonstrativen lokalen Demokratieformen zum Ausdruck kommt. Der Politikbezug ist mehrheitlich explizit und deutlich, aber vielfach zeitlich befristet und eher unverbindlich.

3. *Formaler politischer Bereich*
   Der *formale politische Bereich* umfasst die formal *geregelten* und *institutionalisierten* Politikbereiche der repräsentativen und direktdemokratischen lokalen Demokratie.

Aus diesem vielfältigen Neben-, Mit- und Gegeneinander ihrer verschiedenen Formen und politischen Bereiche lässt sich lokale Demokratie definieren als ein Ensemble von Institutionen, Akteur*innen, Verfahren, Instrumenten, Handlungsorientierungen, ausgehandelten Ordnungen und Praktiken zur Selbstverwaltung, Steuerung, Gestaltung und zukunftsoffenen Weiterentwicklung von öffentlichen lokalen Lebenszusammenhängen und Prozessen eines lokalen Gemeinwesens durch kollektive Selbst- und Mitbestimmung der „Mitglieder" dieses Gemeinwesens. Somit bedeutet lokale Demokratie als soziale Praxis immer auch ein „Experimentieren mit mehrfachen Zuständigkeiten, Ebenen und Verfahren" (Kleger, 1999, S. 194) im Sinne eines sich selbst korrigierenden individuellen und kollektiven Lernprozesses (Blühdorn et al., 2018, S. 247; Dewey, 1996).

Nachdem dargelegt wurde, was unter GWA und lokaler Demokratie verstanden werden kann, werden in einem nächsten Schritt die zwei Stränge zusammengeführt und dabei der Frage nachgegangen werden, welchen Beitrag GWA zu lokaler Demokratie, also deren experimentierenden „Gelingen" und kollektiven Lernprozessen, leisten kann.

6 Förderung lokaler Demokratie durch GWA und GWA als Arbeit an der Demokratie – neun Kristallisationspunkte

Um das Potenzial und den (möglichen) Beitrag von GWA zur lokalen Demokratie zu exemplifizieren werden im Folgenden neun Kristallisationspunkte vorgestellt, die aus einer Durchsicht von im deutschsprachigen GWA-Diskurs zur Theoriebildung vielfach rezipierten Texten (für eine tabellarische Übersicht vgl. Oehler & Drilling, 2016, S. 38 ff.) rekonstruiert wurden. Diese neun Ansatzpunkte sind:

(1) GWA hilft alltägliche Probleme zu lösen
Die GWA hilft alltägliche Probleme, die vor Ort auftauchen, zu lösen, indem diese Sorgen und Anliegen ernst genommen werden und gemeinsam nach Möglichkeiten gesucht wird, auf demokratische Art und Weise etwas an der Situation zu verbessern. Selbst wenn diese kleinräumige Bearbeitung von Problemen oftmals nicht mit Demokratie in Verbindung gebracht wird, leistet sie einen wichtigen Beitrag zu lokaler Demokratie, da durch sie das Vertrauen in das Funktionieren demokratischer Problemlösungen und Institutionen gestärkt wird.

(2) GWA begreift die Menschen, mit denen sie arbeitet, und sich selbst als politische Subjekte und Teil lokaler Demokratie
GWA versteht die Menschen, mit denen sie arbeitet und sich selbst – als Profession in einer demokratischen Gesellschaft – als Teil einer lokalen Demokratie. Daher ermutigt und unterstützt GWA die Menschen, sich an politischen Prozessen zu beteiligen. Gleichzeitig mischt sie sich dort in politische Prozesse ein, wo dies zu ihrem professionellen Auftrag und fachlichen Selbstverständnis gehört.

(3) GWA trägt zur Demokratiebildung und Demokratie-Lernen bei
GWA trägt im Rahmen ihrer Arbeit zur Demokratiebildung bei Bürger*innen und anderen Akteur*innen bei. Sie schafft und gestaltet Räume (mit), in denen Demokratie als soziale und politische Praxis erfahren und gelernt werden kann.

(4) GWA leistet Hilfe bei der Partizipation von Menschen an der lokalen Demokratie
GWA unterstützt die Partizipation von Menschen an unterschiedlichen Formen lokaler Demokratie, indem sie Zugänge zu unterschiedlichen demokratischen

Formaten schafft, bei deren Planung und Entwicklung beratend behilflich ist und/ oder einzelne Programmteile moderiert oder selbst ein partizipatives Projekt ins Leben ruft.

(5) GWA kann zwischen verschiedenen „Welten" innerhalb lokaler Demokratien übersetzen und vermitteln
GWA kann mit ihrer Fähigkeit, sich in verschiedenen „Welten" zu bewegen, zu einer intermediären Verständigung zum Beispiel zwischen Verwaltung und Menschen aus dem Quartier beitragen und so unterschiedliche Sichtweisen auf ein Thema oder Problem miteinander ins Gespräch bringen. Damit kann sie einen wichtigen Beitrag zu einer perspektivenübergreifenden und kooperativen Problemlösung beitragen.

(6) GWA unterstützt Menschen, soziale Probleme öffentlich zu benennen und in den politischen Diskurs einzubringen
GWA ermöglicht und unterstützt über das Zusammenbringen von Menschen und das Anbieten von Plattformen, die Bildung kritischer Öffentlichkeiten um Themen, welche aus Sicht der (betroffenen) Menschen in der Politik zu wenig beachtet werden.

(7) GWA unterstützt Selbsthilfe, Engagement und Selbstverwaltung in der lokalen Demokratie
GWA fördert Initiativen und Projekte, welche dazu beitragen, problematische Situationen durch Selbsthilfe und Engagement zu entschärfen oder zu verbessern. Ebenso unterstützt GWA Empowerment-Prozesse (z. B. von marginalisierten Gruppen) sowie eine demokratische Selbstverwaltung quartiersbezogener Objekte und Angebote (z. B. Hilfe bei einer Vereinsgründung).

(8) GWA fördert die Vernetzung und den Austausch auf und zwischen verschiedenen Ebenen und Formen lokaler Demokratie
GWA fördert mit ihren Tätigkeiten die gemeinwesen- und sozialraumbezogene Vernetzung zwischen ganz unterschiedlichen Akteur*innen (Einzelpersonen, Vereine, Verwaltung, Gewerbe, lokale Politik etc.), z. B. in einem Quartier oder der Nachbarschaft.

(9) GWA agiert als „Frühwarnsystem" für sich anbahnende Konflikte
Auf lokaler Ebene kann GWA als eine Art „Frühwarnsystem" für das Soziale dienen, indem sie sich anbahnende Konflikte vor Ort frühzeitig erkennt und

entsprechend handeln und/oder andere Akteur*innen informieren kann, um diese Konflikte demokratisch zu bearbeiten.

Diese hier herausgestellten Kristallisationspunkte zeigen auf, dass GWA ein großes Potenzial hat, zur (lokalen) Demokratie(bildung) beizutragen. Und zwar zu allen weiter oben dargestellten sechs Formen von lokaler Demokratie und in drei Bereichen des Politischen (vgl. dazu auch Oehler, 2021, S. 25). Inwiefern dies in der Praxis tatsächlich eingelöst wird und welche Wirkungen dadurch erreicht werden, ist von Ort zu Ort sicher sehr unterschiedlich und bietet vielfältige Ansatzpunkte für zukünftige Forschung.[3]

7   Schluss, Überleitung und Dank

Diesem einleitenden Beitrag liegt die These zugrunde, dass es sinnvoll ist, das Themenfeld marginalisierte Quartiere und Soziale Arbeit aus unterschiedlichen theoretischen Perspektiven zu betrachten (hier vor allem aus einer sozial- und gesellschaftstheoretischen Perspektive, welche den Zusammenhang mit der (neuen) sozialen Frage beleuchtet) und zugleich neue Verbindungen zu suchen, aus denen sich Handlungsperspektiven eröffnen (hier die Verknüpfung von Gemeinwesenarbeit als Handlungszugang Sozialer Arbeit mit lokaler Demokratie). Diese These hat viel mit dem Entstehungskontext dieses Bandes zu tun, der für diese Art zu denken und an Dinge heranzugehen höchstförderlich ist.

Die folgenden Beiträge gehen auf eine Tagung zurück, die am 20. und 21. Juni 2019 in Muttenz (Schweiz) stattfand unter dem Titel *Marginalisierte Quartiere und Stadtentwicklung. Soziale Arbeit im Spannungsfeld von Politik, Quartierbevölkerung und professionellen Selbstverständnis*. Wir, die Herausgeber*innen dieses Bandes, also Carlo Fabian, Jutta Guhl, Sandra Janett, Bruno Michon und Patrick Oehler, hoffen, dass Sie, liebe Leser*innen, in den nachfolgenden Beiträgen viele solche theoretischen Anknüpfungspunkte und kreative Verbindungen für weitere Überlegungen und neue Handlungsperspektiven für sich entdecken können.

Wir danken allen herzlich, die in unterschiedlicher Form diesen Tagungsband unterstützt und an seiner Realisierung mitgewirkt haben.

---

[3] Ein erster Beitrag dazu leistet die von Frank Gesemann und Milena Riede herausgegebene Studie „Potenziale der Gemeinwesenarbeit für lokale Demokratie" (2021).

Literatur

Baum, D. (2007). Sozial benachteiligte Quartiere: Der Zusammenhang von räumlicher Segregation und sozialer Exklusion am Beispiel städtischer Problemquartiere. In D. Baum (Hrsg.), *Die Stadt in der Sozialen Arbeit. Ein Handbuch für soziale und planende Berufe* (S. 136–155). VS Verlag.

Baum, D. (2018). *Lehrbuch Stadt und Soziale Arbeit. Stadtsoziologische Grundlagen Sozialer Arbeit.* Beltz.

Beck, S., & Schnur, O. (2016). *Mittler, Macher, Protestierer. Intermediäre Akteure in der Stadtentwicklung.* Jovis Verlag.

Blühdorn, I., Celikates, R., Lietzmann, H., & Volk, C. (2018). Verschriftlichung der Podiumsdiskussion im Rahmen der Tagung der DVPW-Sektion „Politische Theorie" zum Thema „Formwandel der Demokratie". In W. Thaa & C. Volk (Hrsg.), *Formwandel der Demokratie* (S. 241–263). Nomos.

Bode, I. (1999). Abschied vom Vorsorgestaat? Sozialpolitik und Zivilgesellschaft à la française. In L. Albertin (Hrsg.), *Frankreich-Jahrbuch 1999* (S. 121–144). VS Verlag.

Bukow, W.-D. (2020). Das Quartier wird Basis zukunftsorientierter Stadtentwicklung. In N. Berding & W.-D. Bukow (Hrsg.), *Die Zukunft gehört dem urbanan Quartier. Das Quartier als eine alles umfassende kleinste Einheit von Stadtgesellschaft* (S. 7–25). Springer VS.

Deppe, F. . (2005). Globalisierung und Ausgrenzung. In R. Anhorn & F. Bettinger (Hrsg.), *Sozialer Ausschluss und Soziale Arbeit. Positionsbestimmungen einer kritischen Theorie und Praxis sozialer Arbeit* (S. 45–55). VS Verlag.

Dettling, W., Herder-Dorneich, P., Kevenhörster, P., Adenauer, G., Hoffmann, C. H., & Stahl, H. (1977). *Die neue soziale Frage und die Zukunft der Demokratie.* Günter Olzog Verlag.

Dewey, J. (1996). *Die Öffentlichkeit und ihre Probleme.* Philo Verlagsgesellschaft.

Elsen, S. (1998). *Gemeinwesenökonomie – eine Antwort auf Arbeitslosigkeit, Armut und soziale Ausgrenzung? Soziale Arbeit, Gemeinwesenarbeit und Gemeinwesenökonomie im Zeitalter der Globalisierung.* Luchterhand.

Elsen, S. (Hrsg.). (2011). *Ökosoziale Transformation. Solidarische Ökonomie und die Gestaltung des Gemeinwesens. Perspektiven und Ansätze von unten.* AG SPAK.

Elsen, S. (2012). Genossenschaften als Organisationen der sozialen Innovation und nachhaltigen Entwicklung. In G. Beck & C. Kropp (Hrsg.), *Gesellschaft innovativ. Wer sind die Akteure?* (S. 85–102). VS Verlag.

Elsen, S., Ries, H. A., Löns, N., & Homfeldt, H. G. (2000). *Sozialen Wandel gestalten – Lernen für die Zivilgesellschaft.* Luchterhand.

Elsen, S., & Walk, H. (2016). Genossenschaften und Zivilgesellschaft. Historische Dynamiken und zukunftsfähige Potenziale einer öko-sozialen Transformation. *Forschungsjournal Soziale Bewegungen, 29*(3), 60–73.

Gesemann, F., & Riede, M. (Hrsg.). (2021). Potenziale der Gemeinwesenarbeit für lokale Demokratie Abschlussbericht. *vhw-Schriftenreihe 21.* Vhw – Bundesverband für Wohnen und Stadtentwicklung.

Heyen, D. A., & Brohmann, B. (2017). Konzepte grundlegenden gesellschaftlichen Wandels und seiner Gestaltung Richtung Nachhaltigkeit. Ein Überblick über die aktuelle Transformationsliteratur. In J. Rückert-John & M. Schäfer (Hrsg.), *Governance für eine Gesellschaftstransformation. Herausforderungen des Wandels in Richtung nachhaltige Entwicklung* (S. 69–86). VS Verlag.

Jörke, D. (2003). *Demokratie als Erfahrung. John Dewey und die politische Philosophie der Gegenwart.* Westdeutscher Verlag.

Norbert, K. (2016). Jugend und politische Partizipation: Online- oder Offline-Beteiligung? In J. Tremmel & M. Rutsche (Hrsg.), *Politische Beteiligung junger Menschen* (S. 251–270). Springer Fachmedien.

Kesting, N. (2017). Demokratische Innovation. Qualifizierung und Anreicherung der lokalen repräsentativen Demokratie. In N. Kesting (Hrsg.), *Urbane Innovation* (S. 81–120). Springer VS.

Kleger, H. (1999). Was heisst: „Die Idee der Demokratie ist reflexiv geworden"? In Demokratie und Globalisierung, *Studia philosophica* (Bd. 58, S. 167–195). Haupt.

Kronauer, M. (2017). Soziale Polarisierung in Städten. Ursachen, Hintergründe und Gegenstrategien. In Heinrich-Böll-Stiftung (Hrsg.), *Geteilte Räume Strategien für mehr sozialen und räumlichen Zusammenhalt Bericht der Fachkommission „Räumliche Ungleichheit" der Heinrich-Böll-Stiftung* (S. 156–171). Heinrich-Böll-Stiftung.

Kronauer, M. (2018). Stadt und soziale Frage – eine Problemskizze. In N. Gestrin & J. Wehrheim (Hrsg.), *Urbanität im 21. Jahrhundert. Eine Fest- und Freundschaftsschrift für Walter Siebel* (S. 149–174). Campus.

Kronauer, M. (2020). *Kritik der auseinanderdriftenden Gesellschaft.* Campus.

Kuder, T. (2017). Bürgerbeteiligung – neu justiert! Fair, informiert und gleichberechtigt zum „besseren" Ergebnis. *vhw werkSTADT Nr. 16.* Vhw – Bundesverband für Wohnen und Stadtentwicklung.

Kuder, T. (2019). Kommunalpolitik im Wandel. Versuch einer konstruktiven Einordnung im Lichte der Resonanztheorie. *vhw werkSTADT Nr. 30.* Vhw – Bundesverband für Wohnen und Stadtentwicklung.

May, M. (2012). Segregation und Soziale Arbeit: Ausschluss und Einschluss. In M. May & M. Alisch (Hrsg.), *Formen sozialräumlicher Segregation* (S. 135–156). Verlag Barbara Budrich.

Mintzberg, H., & Waters, J. A. (1985). Of Strategies, Deliberate and Emergent. *Strategic Management Journal, 6*(3), 257–272.

Oehler, P. (2018). *Demokratie und Soziale Arbeit. Entwicklungslinien und Konturen demokratischer Professionalität.* VS Verlag.

Oehler, P. (2020). Solidarische Ökonomie. In J.-M. Bonvin (Hrsg.), *Wörterbuch der Schweizer Sozialpolitik* (S. 420–422). Seismo.

Oehler, P. (2021). Gemeinwesenarbeit und lokale Demokratie – Zusammenhänge und Perspektiven aus der Sicht Sozialer Arbeit. Abschlussbericht. *vhw-Schriftenreihe Nr. 20.* Vhw – Bundesverband für Wohnen und Stadtentwicklung.

Oehler, P., & Drilling, M. (2016). Soziale Arbeit, Gemeinwesenarbeit und Stadtentwicklung. In P. Oehler & M. Drilling (Hrsg.), *Soziale Arbeit und Stadtentwicklung. Forschungsperspektiven, Handlungsfelder, Herausforderungen* (S. 13–41). VS Verlag.

Oehler, P., Schnur, O., & Becker, A. (2020). Was meint lokale Demokratie und was trägt Gemeinwesenarbeit dazu bei? Neun Thesen. *Forum Wohnen und Stadtentwicklung* (Heft 5, S. 271–277). Bundesverband für Wohnen und Stadtentwicklung.

Oelschlägel, D. (1999). Was kann Gemeinwesenarbeit zur Teilhabe leisten? *Rundbrief Verband für sozialkulturelle Arbeit e.V, 2,* 16–22.

Oelschlägel, D. (2017). Zur Geschichte der Gemeinwesenarbeit. *Forum Wohnen und Stadtentwicklung* (Heft 4, S. 171–175). Bundesverband für Wohnen und Stadtentwicklung.

Oelschlägel, D. (2016). Soziale Arbeit und Stadtentwicklung aus einer parteilichen Perspek-tive. In M. Drilling & P. Oehler (Hrsg.), *Soziale Arbeit und Stadtentwicklung. Forschungsperspektiven, Handlungsfelder, Herausforderungen* (S. 45–56). Springer VS.

Reißig, R. (2009). *Gesellschafts-Transformation im 21. Jahrhundert. Ein neues Konzept sozialen Wandels.* VS Verlag.

Robertson, R. (1998). Glokalisierung, Homogenität und Heterogenität in Raum und Zeit. In U. Beck (Hrsg.), *Perspektiven der Weltgesellschaft* (S. 192–220). Suhrkamp.

Roth, R. (2017). Kommunale Demokratie – Schimäre oder Hoffnungsträger? In S. Kuhlmann & O. Schwab (Hrsg.), *Starke Kommunen – wirksame Verwaltung. Fortschritte und Fall der internationalen Verwaltungs- und Kommunalforschung. Festschrift zum 80. Geburtstag von Prof. Dr. em. Hellmut Wollmann* (S. 143–168). Springer VS.

Roth, R. (2018). Bürgerbeteiligung und kommunale Demokratie. eNewsletter Netzwerk 04/2018 vom 17.12.2018. https://www.netzwerk-buergerbeteiligung.de/fileadmin/Inhalte/PDF-Dokumente/newsletter_beitraege/4_2018/nbb_beitrag_roth_181217.pdf. Zugegriffen: 27. März 2019.

Schnur, O. (2018). Renaissance des Lokalen – Quartiere im Fokus von Wissenschaft und Politik. *vhwWERKSTADT 25/2018.* Vhw – Bundesverband für Wohnen und Stadtentwicklung e. V.

Schnur, O. (2019). Vorwort. In D. Brocchi (Hrsg.), *Grosse Transformation im Quartier. Wie aus gelebter Demokratie Nachhaltigkeit wird* (S. 9–14). Oekom Verlag.

Schnur, O., Krüger, K., Drilling, M., & Niermann, O. (2019). Quartier und Demokratie – eine Einführung. In O. Schnur, M. Drilling, & O. Niermann (Hrsg.), *Quartier und Demokratie Theorie und Praxis lokaler Partizipation zwischen Fremdbestimmung und Grassroots* (S. 1–25). Springer VS.

Selle, K. (2019). Ende der Naivität? Öffentlichkeitsbeteiligung in der Stadtentwicklung. Anstiftungen zur Revision. *vhw Schriftenreihe Nr. 15.* Vhw – Bundesverband für Wohnen und Stadtentwicklung e. V.

Ulrich, P. (2016). *Integrative Wirtschaftsethik. Grundlagen einer lebensdienlichen Ökonomie.* Haupt.

Widmaier, H. P. (Hrsg.). (1978). *Zur neuen sozialen Frage.* Duncker & Humblot.

Wiesner, C. (2018). *Multi-Level-Governance und lokale Demokratie. Politikinnovationen im Vergleich.* Springer VS.

Wissen, M. (2008). Zur räumlichen Dimensionierung sozialer Prozesse. Die Scale-Debatte in der angloamerikanischen Radical Geography – eine Einleitung. In M. Wissen, B. Röttger, & S. Heeg (Hrsg.), *Politics of Scale: Räume der Globalisierung und Perspektiven emanzipatorischer Politik* (S. 8–32). Westfälisches Dampfboot.

Patrick Oehler Prof. Dr., Sozialpädagoge und Soziologe, ist Dozent und Programmleiter des BA-Studiengangs Soziale Arbeit an der Hochschule für Soziale Arbeit der Fachhochschule Nordwestschweiz. Seine aktuellen Schwerpunkte in Forschung und Lehre sind Demokratie und Soziale Arbeit, Gemeinwesenarbeit und pragmatistische Zugänge zur Sozialen Arbeit.

Sandra Janett MA in Sozialer Arbeit, ist wissenschaftliche Mitarbeiterin am Institut Sozialplanung, Organisationaler Wandel und Stadtentwicklung der Hochschule für Soziale Arbeit der Fachhochschule Nordwestschweiz. Zwei ihrer zentralen Schwerpunkte in Forschung und Lehre sind (grenzüberschreitende) Quartier- und Stadtentwicklung sowie Wohnen und gute Betreuung im Alter.

Open Access Dieses Kapitel wird unter der Creative Commons Namensnennung 4.0 International Lizenz (http://creativecommons.org/licenses/by/4.0/deed.de) veröffentlicht, welche die Nutzung, Vervielfältigung, Bearbeitung, Verbreitung und Wiedergabe in jeglichem Medium und Format erlaubt, sofern Sie den/die ursprünglichen Autor(en) und die Quelle ordnungsgemäß nennen, einen Link zur Creative Commons Lizenz beifügen und angeben, ob Änderungen vorgenommen wurden.

Die in diesem Kapitel enthaltenen Bilder und sonstiges Drittmaterial unterliegen ebenfalls der genannten Creative Commons Lizenz, sofern sich aus der Abbildungslegende nichts anderes ergibt. Sofern das betreffende Material nicht unter der genannten Creative Commons Lizenz steht und die betreffende Handlung nicht nach gesetzlichen Vorschriften erlaubt ist, ist für die oben aufgeführten Weiterverwendungen des Materials die Einwilligung des jeweiligen Rechteinhabers einzuholen.

Nachbarschaften und städtische Räume als Kristallisationspunkte von (Ent-)Marginalisierung, kollektiver Handlungsfähigkeit und koproduktiver Stadtentwicklung

Postmigrantische Nachbarschaften – zwischen Marginalisierung und Widerspruch

Eveline Althaus

Zusammenfassung

In Großwohnsiedlungen aus den 1960er und 1970er Jahren gehört Diversität zum Wohnalltag – gerade auch vor dem Hintergrund der postmigrantischen Nachbarschaften, die sich hier im Laufe der Jahre herausgebildet haben. Eine Studie am ETH Wohnforum hat sich vertieft mit solchen Nachbarschafts-konfigurationen auseinandergesetzt (Althaus, Eveline. 2018. Sozialraum Hochhaus. Nachbarschaft und Wohnalltag in Schweizer Großwohnbauten. Bielefeld: transcript.). Dieser Beitrag fasst einige wesentliche Erkenntnisse daraus zusammen und diskutiert, was zur Marginalisierung wie auch zur Resilienz dieser sozialräumlichen Settings beiträgt, wie Differenzen (re-) produziert und hinterfragt werden, aber auch, wie wir in Fachdiskursen den postmigrantischen Realitäten vor Ort gerechter werden können.

In den letzten Jahrzehnten hat sich unsere Gesellschaft immer mehr diversi-fiziert – entlang und jenseits von Zugehörigkeitskonstruktionen nach Geschlecht, sozialer Schicht, Milieu, Generation, Nationalität, Religion etc. leben Menschen mit ganz verschiedenen Lebensentwürfen, Biografien, Werten und Normen neben- und miteinander. Ein sozialräumliches Setting, das sich durch eine breite

---

Am Beispiel von Großwohnbauten aus den 1960er und 1970er Jahren in der Schweiz.

E. Althaus (✉)
ETH Zürich/ETH Wohnforum – ETH CASE, ETH Zürich, Zürich, Schweiz
E-Mail: althaus@arch.ethz.ch

© Der/die Autor(en) 2023
P. Oehler et al. (Hrsg.), *Marginalisierung, Stadt und Soziale Arbeit*,
Quartiersforschung, https://doi.org/10.1007/978-3-658-37386-3_2

Diversität der Wohnbevölkerung auszeichnet, sind Großwohnbauten aus den Bauboomjahren. Von außen oft marginalisiert, zeigt sich bei genauerer Betrachtung, dass sich in diesem Baubestand im Laufe der Jahre sehr heterogene Nachbarschaften herausgebildet haben, die auch Ausdruck vielseitiger Migrationsbewegungen und sozialer Ungleichheiten sind.

Empirische Grundlage der folgenden Ausführungen bilden vertiefte Fallstudien zweier Hochhausüberbauungen (Großwohnsiedlungen) in der Schweiz: der *Mittleren Telli* (oder kurz Telli), eine der größten Schweizer Wohnsiedlungen, die in der Art der *grands ensembles* mit einer vielseitigen Quartierinfrastruktur gebaut worden ist – und *Unteraffoltern* II, zwei städtischen Wohnhochhäusern am Stadtrand von Zürich, deren Architektur sich an Le Corbusiers Idee einer „Wohnmaschine" *(Unité d'habitation)* ausrichtet (Sbriglio, 2004; Stadt Zürich, 2005). Beide wurden mit dem Forschungszugang einer „Hausbiografie" (Althaus und Glaser, 2013; Althaus, 2018, S. 77 ff.) untersucht, wofür verschiedene Forschungsstrategien miteinander kombiniert wurden: Literatur- und Archivrecherchen, qualitative (Gruppen-)Interviews, *commented walks* und teilnehmende Beobachtungen vor Ort, Foto-Dokumentationen sowie die Analyse von soziodemografischen Statistiken wie auch von Plan- und Kartenmaterial.

Das Interviewsample umfasst semistrukturierte qualitative Interviews mit 24 Bewohner*innen vielseitiger soziodemografischer Merkmale (Alter, Geschlecht, Haushaltsform, Einkommen, Herkunft etc.) sowie sechs Fokusgruppen mit verschiedenen Quartierakteur*innen, Bewirtschafter*innen, Hauswart*innen sowie Eigentümer*innen der Liegenschaften. Während teilnehmender Beobachtungen an Veranstaltungen und regelmäßigen Ortsbegehungen habe ich außerdem zahlreiche Kurzinterviews und Gespräche mit Menschen, denen ich begegnet bin, geführt und dokumentiert. Um historisches Quellenmaterial erfassen zu können, erfolgten vertiefte Recherchen in bauhistorischen Archiven sowie in drei nicht professionell aufbereiteten Archiven von Liegenschaftsverwaltungen. Die Forschungs- und Auswertungsstrategien orientierten sich an der Grounded Theory. Entsprechend flossen im Forschungsprozess Daten- und Auswertungsphasen ineinander hinein (vgl. ausführlicher Althaus, 2018, S. 17 ff., 24 ff.). Die Interviewanalyse erfolgte in einem mehrstufigen Prozess – vom offenen Codieren über das axiale/theoretische bis zum selektiven Codieren (vgl. etwa Glaser & Strauss, 1967; Strauss & Corbin, 1996). Die Aufbereitung und Auswertung des Archivmaterials wurde nach einem eigens entwickelten Forschungsraster vorgenommen und systematisiert. Für die Beobachtungen vor Ort wurden Beobachtungsprotokolle verfasst und in Beobachtungsrastern strukturiert (vgl. Przyborski & Wohlrab-Sahr, 2009, S. 63 f.).

Dieser Beitrag geht der Frage nach, wie die Marginalisierung von Großwohnsiedlungen aus den Bauboom-Jahren in der Schweiz entstanden ist und sich verfestigt hat – und wie sich dies in sozialräumlichen Segregationsprozessen, aber auch in Bestrebungen um „Durchmischung" der Wohnbevölkerung manifestiert. Eine zentrale Rolle für die Marginalisierung spielt der Bezug auf den hohen „Ausländeranteil" in diesen Settings. Der Beitrag plädiert vor diesem Hintergrund dafür, eine postmigrantische Perspektive einzunehmen, um die vielseitigen Migrationserfahrungen (an-)zuerkennen und um zu verstehen, wie Differenzen vor Ort (re-)produziert, aber auch hinterfragt werden. So zeigt sich bei genauerer Betrachtung, dass Marginalisierung und reduzierende Zuschreibungen in den Überbauungen und Quartieren nicht ohne Widerspruch bleiben und dass verschiedene Akteur*innen sich dafür einsetzen, Differenzen zu überwinden und zwischen Menschen unterschiedlicher Herkunft und Sprache zu vermitteln. Zur Entmarginalisierung von Großwohnsiedlungen ist es grundlegend wichtig – wie der Beitrag abschließend feststellt –, solche Innenperspektiven ernst zu nehmen, wobei wir hierzu in unseren eigenen Fachdiskursen beginnen und unsere persönlichen Vorurteile und Stereotypen hinterfragen müssen. Eine postmigrantische Perspektive kann dazu einen wichtigen Beitrag leisten, da sie uns einlädt, bestehende Machtverhältnisse und Diskurse über ‚Fremde' und ‚Minderheiten' kritisch zu hinterfragen (vgl. Bojadžijev & Römhild, 2014, S. 16) und Migrationserfahrungen, Diversität, Hybridisierung und Ambivalenz als konstitutive Bestandteile unserer Gesellschaft anzuerkennen (vgl. Yildiz & Hill, 2015; Yildiz, 2018, S. 43 ff.).

1   Entstehungskontext und historisch gewachsene Marginalisierung

Um die Marginalisierung von Großwohnbauten aus der Bauboom-Zeit besser zu verstehen, lohnt sich eine Betrachtung von deren Geschichte und Wahrnehmung im Laufe der Zeit. In der Nachkriegszeit hat sich die Siedlungslandschaft in vielen europäischen Ländern grundlegend verändert. Die Schweiz war von den Zerstörungen des Zweiten Weltkriegs zwar nicht direkt betroffen, es mangelte dennoch dringend an Wohnraum. Der Wohnungsbau stagnierte unter den Nachwirkungen der Weltwirtschaftskrise bereits seit den 1930er Jahren, kam während des Zweiten Weltkriegs fast ganz zum Erliegen und war auch in den späten 1940er Jahren durch hohe Material- und Baukosten erschwert (Steiner, 1958, S. 304 f.). Die Wohnungsknappheit vielerorts verschärfte sich durch soziodemografische Prozesse: Die Bevölkerung in der Schweiz wuchs um mehr als ein Viertel – von 4,7 Mio. Einwohner*innen im Jahr 1950 zu 6,2 Mio. im Jahr 1970 (BfS, 2019, S. 1). Durch das beständige Wirtschaftswachstum wanderten viele Menschen insbesondere aus süd(ost)europäischen Ländern in die Schweiz ein – und trugen mit ihrer Arbeit maßgeblich zur Schaffung der neuen Siedlungslandschaft und Infrastruktur bei. Zugleich zogen immer mehr Menschen aus ländlichen Regionen in stadtnahe Gegenden, wo es mehr Arbeitsmöglichkeiten im Industrie- und im stark wachsenden Dienstleistungssektor gab. Einhergehend mit diesem Strukturwandel veränderten sich auch die Haushaltsstrukturen: Die im ländlichen Raum noch verbreiteten Großhaushalte machten zunehmend dem Ideal der Kleinfamilie Platz. Mit der stabilen Hochkonjunktur der Nachkriegsjahrzehnte nahm auch der generelle Wohlstand in der Schweiz erheblich zu: Wohlfahrtsstaatliche Einrichtungen wurden ausgebaut und die Reallöhne der Arbeitnehmer*innen stiegen zwischen 1945 und 1974 um 230 % (Müller & Woitek, 2012, S. 99).

Die Großüberbauungen und Wohnhochhäuser, die damals an den Stadträndern und in den städtischen Ballungsgebieten gebaut worden sind, waren eine Antwort auf diesen sozioökonomischen Wandel. Die Siedlungen schufen in kurzer Zeit viel Wohnraum für breite Bevölkerungsschichten. Die Wohnungen zeichneten sich durch eine hohe technische Ausstattung und einen modernen Wohnstandard aus. Eine Zentralheizung, Waschmaschine, einen Lift, ja auch ein Bad oder eine Dusche in der Wohnung waren in bestehenden Altbauten damals noch lange keine Selbstverständlichkeit. Die Bauboom-Überbauungen wurden entsprechend als Inbegriff des modernen Wohnens und insbesondere als zukunftsweisender Wohnraum für die ‚moderne Kleinfamilie‘ beworben und nachgefragt (vgl. Furter & Schoeck-Ritschard, 2013).[1]

Im Laufe der Jahre setzten allerdings vielseitige Abwertungsprozesse dieses Baubestands ein. Die Ölkrise stellte diesbezüglich einen dramatischen Einschnitt dar. Zwischen 1973 und 1976 wurden in der Schweiz 8 % aller Arbeitsplätze abgebaut, die Wirtschaft und der Bau- und Immobilienmarkt brachen ein, die Bevölkerung stieg nicht mehr so stark wie prognostiziert, viele Einwanderer*innen wurden in ihre Herkunftsländer zurückgeschickt (Hitz et al., 1995, S. 52). Der Großwohnungsbau kam dabei – gewissermaßen als Sinnbild für die gescheiterte Radikalität des Wachstumsglaubens seiner Entstehungszeit – ins Kreuzfeuer der Kritik. In öffentlichen und fachlichen Diskursen wurden die Bauten zunehmend als ‚grau‘, ‚trist‘ und ‚monoton‘, ja als Symbol der Verbauung oder ‚Verschandelung‘ der Landschaft dargelegt und Negativauswirkungen der

---

[1] Das auch politisch geförderte Familienbild der Kleinfamilie – etwa durch das bis in die 1970er Jahre geltende Konkubinatsverbot sowie die weitverbreitete Propagierung des Alleinverdiener-Modells – lässt sich bis heute in den Wohnungsgrundrissen mit vordefinierten Eltern- und Kinderschlafzimmern, Wohnzimmern und Küchen ablesen, die sich oft als wenig flexibel für andere Nutzungen erweisen (vgl. Gysi et al., 1988, S. 185).

baulichen ‚Vermassung' auf die darin lebenden Menschen vermutet. Die Folge war eine breite Ablehnung des Großwohnungsbaus, die bis heute nachwirkt und sich in vielen öffentlichen, fachlichen und wissenschaftlichen Diskursen zu diesem Baubestand ablesen lässt (vgl. Schnell, 2013).

2 ‚Othering' und Segregationsprozesse

Für das Negativimage von Großwohnbauten der Bauboom-Jahre spielt neben dieser Geschichte der Abwertung auch die Größendimension, die gebaute Form und das Erscheinungsbild im weiteren stadträumlichen Umfeld eine wesentliche Rolle. In kleinräumlichen Siedlungsstrukturen fallen Großwohnbauten und Hochhausstrukturen auf. Sie sind massive Erscheinungen und unterscheiden sich von verbreiteten Normvorstellungen von Wohnhäusern. Insbesondere wenn sie an eher peripheren Lagen situiert sind, werden sie häufig zum Gegenstand von *Othering*, d. h. von Differenzierungsmechanismen, die mit Negativzuschreibungen einhergehen und bestimmte Menschengruppen oder Orte als *Andere* kategorisieren. Für die zwei untersuchten Hochhaussiedlungen kursieren im Außenbild etwa Bezeichnungen wie ‚Betonkaserne' oder ‚Staumauer', die das Bauliche diskreditieren. Geläufig sind aber auch Bezeichnungen wie ‚Ghetto' oder – politisch korrekter – ‚sozialer Brennpunkt', die die Bewohner*innen stigmatisieren. Vielfach erfolgen solche Zuschreibungen, ohne die Lebenswirklichkeiten vor Ort näher zu kennen.

Die Marginalisierung vieler Bauboom-Siedlungen wurde im Laufe der Zeit durch sozialräumliche Entwicklungen verstärkt. In den oftmals in wenigen Monaten erstellten Überbauungen zeigten sich relativ bald erste bauliche Mängel. Mit der zunehmenden Attraktivität der Innenstädte und damit einhergehenden Gentrifizierungsprozessen verschärfte sich die Situation ab den 1990er Jahren zusätzlich. Großsiedlungen und Wohnhochhäuser am Stadtrand und in der Agglomeration bildeten dabei oftmals die andere Seite der Verdrängung. So lässt sich bei beiden untersuchten Überbauungen im Laufe der Jahre eine gewisse Konzentration von auf dem Wohnungsmarkt benachteiligten Bevölkerungsgruppen, insbesondere ein etwas höherer Ausländeranteil, beobachten.[2] Die Problematisierungen von

---

[2] Der Anteil an Bewohner*innen ohne Schweizer Pass liegt in der Telli bei 28 % – in der Stadt Aarau durchschnittlich bei 20 % – und in Unteraffoltern II bei 35 %, was ebenfalls über dem gesamtstädtischen Schnitt von 32 % liegt (Althaus, 2018, S. 166, 228).

Menschen, die in Großwohnbauten leben, fokussieren in der Außenperspektive
denn oft auch auf deren Herkunft. So ist vielfach die Rede von ‚Ausländersiedlungen' bzw. von Orten, in denen fast nur ‚Ausländer*innen' leben würden.
Soziodemografische Statistiken zeigen, dass dies so nicht stimmt und die Wohnbevölkerung beider Überbauungen auch sehr heterogen ist hinsichtlich Alters-
gruppen, Haushaltsformen, Nationalitäten, beruflichen Hintergründen und
Einkommen (vgl. genauer Althaus, 2018, S. 161 ff., 226 ff.). Dies hängt mit dem
Wohnungsmix und zum Teil mit der Eigentümerstruktur zusammen – wie auch
mit Vermietungsstrategien und Bemühungen der Verwaltungen und Behörden um
‚Durchmischung' der Mieterschaft.[3]

3   Bestrebungen um Durchmischung

Die Förderung einer ‚guten Durchmischung' als Antwort auf bestehende
Segregationsprozesse ist breit akzeptiert: Aus Sicht kommunaler Sozialpolitik und
Stadtentwicklung gilt es, eine allzu große räumliche Konzentration von Menschen
mit Benachteiligungen zu vermeiden, um soziale Probleme in einem überschaubaren Rahmen zu halten respektive ‚kontrollieren' zu können. Aus Perspektive der
Liegenschaftsverwaltungen ist eine ‚gute Durchmischung' zentral, um Schwierigkeiten bei der Wohnungsvermietung und Mieterbetreuung möglichst gering zu
halten. Dies führt dazu, dass die Förderung von ‚Durchmischung' in Politik und
Wohnungswirtschaft oft als unbestrittener Lösungsansatz für das gute Funktionieren
und Zusammenleben in einem Quartier oder einer Siedlung gilt, getragen von
der Annahme, dass damit positive Effekte auf Benachteiligte einhergingen. Die
Implikationen dieser Norm werden jedoch selten hinterfragt und oft bleibt unklar,
was denn genau ‚gemischt' werden soll (vgl. Zychlinski et al., 2015, S. 3). In der
sozialwissenschaftlichen Segregationsforschung finden sich entsprechend verschiedene Stimmen, die das hinter diesem Konzept liegende normative Verständnis
kritisch hinterfragen und den Blick vielmehr auf strukturelle soziale Ungleichheiten und sozialräumliche Mechanismen der Exklusion und Ausgrenzung richten

---

[3] Insbesondere die Telli-Überbauung zeichnet sich durch eine komplexe Eigentümerstruktur
aus, die aus verschiedenen privat-institutionellen, genossenschaftlichen und kommunalen
Wohnbauträgern besteht. Ein Fünftel des Wohnungsbestands gehört außerdem privaten
Wohnungseigentümer*innen. Die Hochhäuser Unteraffoltern II entstanden demgegenüber
im sozialen Wohnungsbau. Um einen breiteren sozialen Mix zu erreichen, sind jedoch seit
den 1990er Jahren um die Hälfte der Wohnungen nicht subventioniert.

(vgl. etwa Harlander, 2012, S. 310 f.; Häußermann, 1998, S. 159; Kronauer, 2010, S. 71). Sie beziehen sich dabei auch auf die Erkenntnis, dass räumliche Nähe nicht automatisch zu sozialer Nähe führt (Bourdieu, 1997, S. 165). Bestrebungen, die Mischungsziele mit der Förderung von mehr Gemeinsinn verknüpfen, haben in heterogenen Wohnsiedlungen denn oft auch einen schweren Stand.

Interviewanalysen zeigen, dass Verwalter*innen und Eigentümer*innen ihre Bemühungen um ‚Durchmischung' in den untersuchten Überbauungen meist einseitig im Hinblick auf den Ausländeranteil thematisieren und damit implizite Wertungen verbinden. So wird mit einer ‚guten Durchmischung' in der administrativen Logik in der Regel auf ein Haus verwiesen, in dem nicht zu viele ‚Ausländer*innen' wohnen. Menschen mit nichtschweizerischer Herkunft werden damit einhergehend als potenzielles Problem definiert, während Schweizer*innen implizit als ‚unproblematisch' gelten und deren Beimischung der Entwicklung eines ‚Ghettos' entgegenwirken sollen. Die Vielseitigkeit (post-)migrantischer Erfahrungen und deren Verwobenheit als integraler Teil der Gesellschaft wird dabei verkannt. Auch bleiben soziale Ungleichheiten aufgrund von Einkommen, Bildung, sozialer Schicht/Milieu etc. ausgeblendet. Dies lässt sich mit dem Einfluss einwanderungsfeindlicher populistischer Politiken in der Schweiz erklären, die sich auf Migrant*innen konzentriert, diese problematisiert und zur Zielscheibe politischer Instrumentalisierungen macht (vgl. Maiolino, 2020; Schär, 2018a; Skenderovic & D'Amato, 2008), aber auch mit der in der Schweiz verbreiteten Tabuisierung und Stigmatisierung von Armut und prekären Lebenslagen (vgl. Bray et al., 2019; Hümbelin, 2016, 2018; Schär, 2018b; Däpp, 2011).

4 Vielseitige Migrationserfahrungen vor Ort

In der Wohnbevölkerung beider Überbauungen lässt sich eine breite Vielfalt an Herkunftsländern ausmachen.[4] Die Zusammensetzung der Bewohnerschaft hat sich seit dem Erstbezug verändert. Der Zuzug neuer Herkunftsgruppen spiegelt dabei gewissermaßen auch die Einwanderungsgeschichte der letzten 50 Jahre wider und ist Resultat der Schweizer Migrationspolitik und weltpolitischer Ereignisse. In den 1960er und 1970er Jahren kamen die meisten Einwandernden aus südeuropäischen Ländern, insbesondere aus Italien, Spanien und Portugal,

---

[4] In der Telli wohnen Menschen mit 49 verschiedenen Nationalitäten, in Unteraffoltern II sind es ungefähr 35 (Althaus, 2018, S. 167, 229).

und zogen in der Zeit des wirtschaftlichen Aufschwungs zum Arbeiten in die Schweiz. In Folge der postjugoslawischen Kriege hat sich in den 1990er Jahren der Anteil an Bewohner*innen aus südosteuropäischen Ländern (Bosnien-Herzegowina, Kosovo, Kroatien, Mazedonien, Serbien und Montenegro) in beiden Überbauungen stark erhöht. Zunehmend zogen ab Mitte der 1990er Jahre Menschen aus der Türkei und Sri Lanka sowie aus verschiedensten anderen außereuropäischen Ländern hinzu. Die Bewohner*innen heute kommen von allen Kontinenten. Die Wohnbevölkerung diversifizierte sich dadurch stark aus und es bildeten sich etablierte und neuere Einwanderergenerationen hinaus.[5]

Die Rede von den vielen ‚Ausländer*innen' oder ‚Migrant*innen' in den Bauboom-Überbauungen erfolgt in öffentlich-politischen und alltäglichen Diskursen meist problemorientiert und geht mit vereinfachenden Zuschreibungen einher, die den vielseitigen Migrationserfahrungen nicht gerecht werden. Menschen, die heute aus süd(ost)europäischen Ländern in die Schweiz einwandern, machen zum Beispiel ganz andere Erfahrungen als vor dreißig, vierzig oder fünfzig Jahren. Die Vielzahl an binationalen Paaren zeigt außerdem, dass die Vorstellung von ‚Ausländer*innen' oder ‚Migrant*innen' als in sich geschlossenen Gruppen in den Quartieren nicht zutrifft und die Verbindungen von Menschen aus unterschiedlichen Herkunftsländern bis in die familiären Strukturen gemischt sind. Nicht selten werden auch ‚Secondos*as' aus der zweiten Einwanderergeneration noch pauschalisierend mit diesem Etikett versehen – womit Ausgrenzungsmechanismen einhergehen, die ihnen nicht zugestehen, voll und ganz dazuzugehören.

Migration ist ein komplexes System, aus dem vielseitige transnationale Netzwerke und zunehmend auch multilokale Lebensformen hervorgehen. Im Nachbarschaftskontext von Großwohnbauten macht sich Multilokalität etwa durch regelmäßige wochen- oder monatsweise Abwesenheiten bemerkbar, in denen im Herkunftsland oder andernorts Familien besucht, Ferien gemacht, Teilzeit gearbeitet und/oder zeitweise eigene Häuser oder Wohnungen bewohnt und unterhalten werden. Eine Hochhausbewohnerin meint im Interview etwa: „Ich war soeben zwei Monate in Italien und das war schön, weil ich habe mein Haus dort, aber was mir fehlt, ist der Kontakt mit Menschen, den ich hier habe (…) meine Nachbarin ist jetzt drei Monate hier, dann vier Monate in Bosnien, dann kommt sie wieder zurück (…) aber ich schaue zu ihrer Wohnung, gehe die Post holen oder so, das habe ich schon für einige gemacht." Diese Aussage verweist darauf,

---

[5] Eine Form der Etablierung kann auch der Erwerb von Wohneigentum sein. In der Telli sind Wohnungseigentümer*innen ausländischer Herkunft in der Minderheit, ihr Anteil hat aber im Laufe der Jahre stetig zugenommen. Heute wird mehr als jede fünfte Eigentumswohnung von Menschen ohne Schweizer Pass bewohnt (Althaus, 2018, S. 231).

dass aktive Nachbarschaftskontakte auch bei sehr ausgeprägter Multilokalität gepflegt werden (Menzl et al., 2011, S. 64) – und dass in der multilokalen Situation des Hier *und* Dort unterstützende und zuverlässige Personen in der Nachbarschaft wertvoll sind, die sich während der eigenen Abwesenheit darum kümmern, dass in der eigenen Wohnung alles in Ordnung bleibt.

5 Postmigrantische Nachbarschaften

Diese verschiedenen Beobachtungen machen deutlich: Um sich von reduzierenden Zuschreibungen zu lösen, ist eine differenzierte Perspektive erforderlich, die vielseitige Migrations- und Mobilitätserfahrungen und die damit einhergehenden Inklusions- und Exklusionsprozesse, aber auch die hybriden und sich verändernden Zugehörigkeiten von Menschen in den Fokus nimmt. Mit einem solchen Perspektivwechsel lassen sich Nachbarschaften in Großwohnbauten auch als Ausdruck unserer postmigrantischen Gesellschaft betrachten.

Der Begriff des Postmigrantischen, wie er in der jüngeren Migrationsforschung verwendet wird, plädiert für einen neuen Zugang in der Betrachtung von Migration als gesamtgesellschaftlicher Realität. Von Shermin Langhoffs „postmigrantischem Theater" in Berlin als „subversiver und antirassistischer Begriff der Neuaushandlung von kategorialen Zuschreibungen" etabliert (Foroutan, 2018, S. 16), geht es in erster Linie um eine Positionierung, die bestehende Machtverhältnisse und Diskurse über ‚Fremde' und ‚Minderheiten' kritisch hinterfragt (vgl. Bojadžijev & Römhild, 2014, S. 16), Migrationserfahrungen normalisiert und Diversität, Hybridisierung und Ambivalenz als konstitutive gesellschaftliche Realität anerkennt (vgl. Yildiz & Hill, 2015; Yildiz, 2018, S. 43 ff.). Der Begriff verweist demnach nicht einfach auf die Phase und individuelle Erfahrungen *nach* der Migration, sondern auch auf gesamtgesellschaftliche Aushandlungsprozesse um Anerkennung, Chancengleichheit und Teilhabe in heterogenen Gesellschaften (Foroutan, 2019, S. 216). Doch wie funktionieren solche Aushandlungsprozesse im Kontext von postmigrantischen Nachbarschaften? Wie wird mit Diversität umgegangen?

6 Wahrnehmung und Produktion von Differenzen

In Interviews mit Menschen, die in den untersuchten Überbauungen wohnen und arbeiten, wird deutlich, dass die Narrative zur Diversität im Nachbarschaftskontext mit ganz unterschiedlichen Wertungen einhergehen. Einige heben insbesondere die Vorteile einer ‚multikulturellen' Nachbarschaft hervor, andere äußern eher ihr Befremden gegenüber ‚den Anderen' von nebenan.

Narrative der Bewohner*innen, die die Internationalität bzw. das ‚Multi-kulturelle' als etwas Besonderes ihrer Überbauung darlegen, berichten vom Potenzial, in alltäglichen Begegnungen kulturelle Vielfalt erfahren zu können: „Was ich sehr schön finde, sind die unterschiedlichen Kulturen hier", meint etwa eine Frau, die mit ihrer Familie in der Telli wohnt und berichtet: „Als unsere Tochter noch kleiner war, habe ich manchmal sudanesische Spezialitäten auf dem Spielplatz serviert bekommen. Also ich muss (...) keine Weltreise machen, um etwas von anderen Kulturen mitzubekommen." Die Präsenz verschiedener Kulturen erscheint in diesem Narrativ als Bereicherung, wird aber zugleich auf bestimmte, oft auch stereotype Merkmale wie folkloristische oder touristische Vorstellungsbilder reduziert. Die große weite Welt ist so nicht nur auf Reisen erfahrbar, sondern liegt direkt vor der eigenen Haustür. Der unmittelbare Austausch wird nicht unbedingt gesucht. Für die positive Einschätzung genügt allein das Wissen, in einem ‚multikulturellen' Umfeld zu wohnen. Der oder die ‚Andere' wird dabei zum Teil auch romantisiert oder verklärt. Zugleich schwingt in diesem Narrativ eine tolerante Grundhaltung mit, die ein wohlwollendes Nebeneinander unter Nachbarn ermöglicht, ohne einander zu nahe treten zu wollen. Wie aus der Nachbarschaftsforschung bekannt, kann dies durchaus auch gute Nachbarschaftskontakte fördern. Ist doch „beim alltäglichen Nachbarschaften-Machen" (Reutlinger et al., 2015, S. 245) als „soziale Organisation von Nähe" (Hengartner, 1999, S. 287), die Distanznorm, die wohl „wichtigste Norm gutnachbarlichen Verhaltens" (Siebel, 1997, S. 51). Oder mit den Worten des Kulturanthropologen Heinz Schilling anders formuliert: „Die Idealnachbarschaft besteht in unserer Gesellschaft offenbar aus Menschen, die füreinander da sind, wenn es die Situation erfordert, sich aber ansonsten in Ruhe lassen" (Schilling, 1997, S. 10).

Verbreitet sind aber auch Narrative, die aufgrund von wahrgenommenen kulturellen Differenzen deutlichere Distanzierungen zu Nachbar*innen vornehmen. Eine ältere Interviewpartnerin, die seit vielen Jahren in Unteraffoltern II lebt, meint zum Beispiel: „Es gibt halt schon Unterschiede, einfach auch von den Nationen und von den Sprachen (...) und der anderen Mentalität her. Das wäre für mich schon ein großer Schritt, Kontakt aufzunehmen ... auch vom Glauben her denke ich, also Moslems und ich als Frau, ich weiss nicht so ganz." Nicht dieselbe Sprache zu sprechen und sich möglicherweise auf andere Wert- und Referenzsysteme zu beziehen, erschwert die Nähe unter Nachbar*innen. Deutlich wird in dieser Aussage aber auch eine Ungewissheit. Durch den Fokus auf kulturelle Differenzen scheinen zwar Vorbehalte gegenüber dem ‚Fremden' nebenan hervor, auf was sich diese Unterschiede aber genau beziehen, bleibt vage. Angesprochen wird vielmehr ein diffuses Gefühl des Befremdet-Seins, das sich nicht genau benennen lässt. Gerade Muslime und insbesondere kopftuchtragende muslimische Frauen werden in verschiedenen Interviews als Beispiel dieses ,sichtbar Anderen' dargelegt. Die Wahrnehmung solcher Differenzen fördert distanzierte Nachbarschaftskontakte. Die Distanzierungsmechanismen können dabei unterschiedliche Formen annehmen, von einem wohlwollenden sich zur Kenntnis nehmen und Sein-Lassen bis zu offener Fremdenfeindlichkeit. Wenn Nachbarschaftsbeziehungen von Misstrauen und Ablehnung geprägt sind, kann dies Konflikte schüren.

Ob kulturelle Diversität nun als Bereicherung dargelegt oder mit Befremden thematisiert wird, beide Narrative ähneln sich darin, dass sie auf Unterschiede fokussieren – und diese damit auch (re-)produzieren. Differenzen werden in der Regel kulturell konnotiert, wobei meist implizit auf ein essenzialistisches Verständnis von Kultur zurückgegriffen wird. Im essenzialistischen Sinn wird eine ,andere Kultur' als ein ,natürliches', geschlossenes und von anderen unterscheidbares, homogenes Ganzes imaginiert und oft mit nationalen bzw. ethnischen oder religiösen Zugehörigkeiten gleichgesetzt (vgl. Caglar, 1997, S. 175). Die Rede ist dann beispielsweise von *der* anderen Kultur von Türken, Schweizern, Albanern, Muslimen etc. Im Nachbarschaftskontext werden einzelne wahrnehmbare Aspekte herausgegriffen und in stereotyper Weise als ,andere Kultur' vermittelt. Der heterogene, veränderbare und fluide Charakter von menschlichen Identitäten, Praktiken und sozialen Verbindungen hingegen bleibt ausgeblendet (Glick Schiller & Caglar, 2011, S. 65).

Die Produktion von Differenzen dient immer auch der Abgrenzung und damit einhergehend der Vergewisserung des eigenen Selbstverständnisses einer Wir-Gruppe. Angesichts gegenwärtiger gesellschaftlicher Krisen- und Unsicherheitserfahrungen gewinnt der Bezug auf gruppenbezogene Selbst- und Fremdbilder und Differenzen an Bedeutung (vgl. Bauman, 2001, S. 145–160). Diese werden in postmigrantischen Nachbarschaften allerdings nicht nur (re-)produziert, sondern auch hinterfragt.

7   Widerspruch gegen reduzierende Zuschreibungen

Gerade Betroffene, die sich in den essenzialisierenden Zuschreibungen nicht wiedererkennen, widersprechen diesen teils vehement. Entweder heben sie dabei das Vielfältige und Ambivalente innerhalb einer so bezeichneten Gruppierung hervor oder sie betonen universale Gemeinsamkeiten.

Beide Argumentationsstrategien machen deutlich, dass es bei der Betrachtung von Nachbarschaften in Großwohnbauten wichtig ist, nicht voreilig verein-

fachende Bilder von homogenen Gemeinschaften von Migranten*innen auf-
zugreifen, sondern die vielschichtigen und biografisch unterschiedlichen
Lebenserfahrungen zu berücksichtgen. Diese Erfahrungen werden von vielen
Faktoren beeinflusst, wobei die Bildung (und Anerkennung eines Bildungs-
abschlusses im Einwanderungsland), städtische oder ländliche Herkunft, Sprach-
kenntnisse, Aufenthaltsstatus, berufliche Tätigkeit, Einkommen und soziale
Schicht, Geschlecht, Phänotyp, Hautfarbe, Alter, Lebensphase und familiäre
Situation wichtige Dimensionen darstellen.

Die erste Argumentationsstrategie wird gerade von Bewohner*innen
angewandt, die sich in ihrem Selbstverständnis von anderen desselben Herkunfts-
landes distanzieren und etwa betonen, dass sie andere Werte, Lebensstile oder
politische Vorstellungen als viele ihrer ‚Landsleute' haben – oder dass sie sich
seit ihrer Einwanderung verändert und von Vielem emanzipiert haben. Sie würden
es zwar schätzen, mit Nachbarn in ihrer Muttersprache sprechen zu können, oder
diese gelegentlich treffen, seien aber auch froh, wenn sie im guten nachbarschaftlichen Mit- und Nebeneinander eine gewisse Distanz zu ihnen wahren könnten.

Die zweite Argumentationsstrategie fokussiert auf das Verbindende. „Viele
sagen ja, hier hat es viele Ausländer, aber ich habe keine Probleme deswegen,
(…) ich bin selber Ausländer und für mich sind alle Leute gleich. Überall
gibt es gute Menschen und schlechte Menschen." Im Widerspruch gegen die
Problematisierungen der „vielen Ausländer" in der Überbauung greift diese
Bewohneraussage aus Unteraffoltern II auf ein humanistisch-universalistisches
Weltbild zurück. Wir sind als Menschen letztlich „alle gleich" und so miteinander
verbunden. Eine Person aus der Telli betont: „Ich habe mich daran gewöhnt, dass
es hier ganz viele verschiedene Nationalitäten gibt, und sehe nicht mehr, wer
was ist. Ich sehe einfach, wie jemand charaktermässig ist. Und wenn es passt,
dann passt es. Und wenn nicht, dann eben nicht." Viel wichtiger als Zugehörigkeitskonstruktionen sind die Persönlichkeit und Sympathie. Dies entspricht einer
Haltung, gemäß der Unterscheidungen nach Gruppenzuschreibungen in den
Hintergrund rücken und die Bereitschaft, sich auf die Gemeinsamkeiten, aber
auch auf individuelle Eigenarten einer Person einzulassen, wichtiger wird.

8   Vermitteln und Differenzen überwinden

In den untersuchten Überbauungen pflegen viele gerade langjährige
Bewohner*innen Nachbarschaftskontakte, bei denen die Herkunft kaum mehr
eine Rolle spielt. Eine besondere Bedeutung für den Austausch und die Verständigung kommt dabei der Sprache zu. Fehlende Sprachkenntnisse bzw. keine

gemeinsame Sprache erschweren die Kommunikation unter Nachbar*innen und führen zu distanzierten Nachbarschaftsverhältnissen. Und es ist schwierig, vertiefter in Kontakt miteinander zu kommen. Im Wohnalltag sind vielfach aber auch pragmatische Verständigungsstrategien beobachtbar, in denen man sich auf die unterschiedlichen, teils auch mangelnden Sprachkenntnisse anderer einstellt und nach Möglichkeit mit kleinen Übersetzungsdiensten entgegenkommt. Kinder und Jugendliche der zweiten Generation spielen dabei oft eine wichtige Rolle, indem sie Übersetzungsaufgaben übernehmen – was nicht nur unproblematisch ist, wenn sie in Konflikten moderieren sollen, in denen sie selbst involviert sind. Das Wechseln-Können von einer Sprache zur anderen setzt nicht nur vielseitige linguistische Kenntnisse voraus und ermöglicht es, sich in verschiedenen Sprachwelten zu bewegen, sondern kann auch das Verständnis gegenüber Fremdsprachigen im eigenen Wohnumfeld erleichtern. Menschen mit Migrationserfahrung in Quartiervereinen oder anderen lokalen Aktionsgruppen sowie binationale Familien übernehmen oft auch solche Übersetzungs- und Vermittlungsarbeiten im Umgang mit sprachlichen oder kulturellen Differenzen – bzw. Imaginationen von ‚anderen Kulturen' –, verbinden sie doch in ihrem direkten Wohnumfeld häufig Menschen unterschiedlicher Herkunft miteinander und können so im Kleinen auch dazu beitragen, das gegenseitige Verständnis zu fördern.

Gesten und Kommunikationsstrategien, die auf das Verbindende fokussieren und bei Differenzen oder sprachlichem Unverständnis vermitteln, stärken dabei auch die soziale Kohäsion einer Nachbarschaft – selbst wenn oder gerade weil diese stigmatisiert wird.

9 Innenperspektiven ernst nehmen

Die Geschichte der untersuchten Überbauungen verdeutlicht, dass im Laufe der Jahre Krisensituationen und Stigmatisierungen nachbarschaftliche Bezüge schwächen, aber – gewissermaßen als Gegenreaktion – auch stärker zusammenschweißen und resilienter machen können. So unterscheiden sich die Darlegungen zum Wohnen in Großwohnbauten von Bewohner*innen in der Regel grundlegend von den mehrheitlich negativen Außenbildern. Diese Diskrepanz zwischen Innen- und Außensicht ist für viele Groß- und Hochhaussiedlungen aus den Bauboomjahren dokumentiert (vgl. etwa Bäschlin, 2004; Bielka & Beck, 2012; Gaberell, 2007; Glaser, 2013; Harnack, 2017; IBA-Symposium, 2012). Bewohner*innen berichten in Interviews des Öfteren, dass sie vor ihrem Einzug selbst Bedenken oder negative Einstellungen gegenüber Großwohnbauten hatten, diese aber schnell revidiert hätten und heute gern da wohnen würden. Solche positiven Gegendarstellungen – als Momente der Infragestellung und des Widerstands gegenüber bestehenden Negativzuschreibungen – stärken dabei auch die Identifikation mit dem Ort und die nachbarschaftlichen Bezüge im Innern der Überbauungen.

Die teils auffallend positiven Darlegungen und Gegenbilder können bis zu einem gewissen Grad als Strategie im Umgang mit den verbreiteten Problematisierungen verstanden werden: Um der Stigmatisierung des eigenen Wohnorts etwas entgegenzuhalten, werden die guten Seiten beleuchtet. Dieser Erklärungsansatz allein greift aber zu kurz, begründen Bewohner*innen ihre Einschätzungen doch mit vielseitigen Wohn- und Lebensqualitäten, die sie hier erfahren. Dazu gehören etwa über Jahre gewachsene gute Nachbarschaftskontakte und ein abwechslungsreiches – durch Gemeinwesenarbeit gestütztes – Quartierleben, weitläufige und verkehrsfreie Außenräume, eine vielseitige Nahversorgung, aber auch verschiedene gemeinschaftliche Einrichtungen und Begegnungsmöglichkeiten auf dem Siedlungsareal – wie Spiel- und Fußballplätze, Mehrzweckräume, Sitzbänke, Tische, Grillplätze, Siedlungsgärten etc. Von Relevanz sind aber auch die günstigen Mieten in diesem Baubestand sowie Unterhaltsarbeiten und vollamtliche Hauswart*innen, die sich um Häuser und kollektive Siedlungsräume – und im Idealfall auch um die Anliegen der Bewohner*innen – kümmern.

Wenn diese Qualitäten – vor allem in Kombination – nicht gegeben sind, können umgekehrt Krisen und unfreiwillige Segregationsdynamiken in Gang gesetzt werden, die die Stigmatisierung der Orte verstärken. Dies kann etwa der Fall sein, wenn Großwohnbauten städtebaulich ausgegrenzt werden (z. B. hinter einer Schnellstraße liegen), wenn es keinen Anschluss an den öffentlichen Verkehr gibt oder die Nahversorgung ungenügend ist, wenn die Wohnungen einseitig sind und zu beengten Wohnverhältnissen führen, wenn die Abfallentsorgung sowie der Unterhalt der Gebäude und kollektiven Räume vernachlässigt werden etc. – und wenn in der Folge soziale Ungleichheiten und Exklusionsmechanismen ihre Wirkung in diesem Sozialraum entfalten.

10   Entmarginalisierung in Fachdiskursen beginnen

Lebenswelten in Großwohnbauten sind komplexer und dynamischer, als verbreitete Klischees gemeinhin suggerieren. Als Forschende geht es darum, die Marginalisierung dieser Quartiere als Ausdruck struktureller Ungleichheit zu erkennen – und zugleich keine stereotypen Bilder über diese Orte zu reproduzieren, die die Stigmatisierungen noch verstärken. Hierzu bedarf es eines differenzierten Blicks, der die alltagspraktischen Wohnerfahrungen und vielseitigen lokalen Perspektiven ernst nimmt. Und es geht auch darum, zu verstehen, dass verbreitete Narrative über ‚Ghettos‘ oder ‚Ausländersiedlungen‘ nicht nur reduzierende und essenzialistische Zuschreibungen vornehmen, sondern auch die sich im Stadtraum entfaltenden, breiteren sozioökonomische Machtverhältnisse verschleiern.

Eine postmigrantische Perspektive ermöglicht es, die Diversität in den Nachbarschaften als Potenzial anzuerkennen, Migrationserfahrungen zu normalisieren und den veränderbaren, hybriden Charakter von lokalisierten Selbst- und Fremdbildern in den Blick zu nehmen. Dies öffnet den Blick auch dafür, Nachbarschaften „als Räume fluider und oftmals konkurrierender politischer, ökonomischer, sozialer und zivilgesellschaftlicher Erwartungen" (Drilling et al., 2016, S. 317) zu verstehen – und Interventionen in Anerkennung „verschiedener Rationalitäten zu planen" (ebd.).

Wenn wir die Marginalisierung benachteiligter Nachbarschaften aufbrechen wollen, müssen wir demnach bei uns selbst – auch in unseren Fachdiskursen – anfangen und unsere eigenen, auch persönlichen Vorurteile und Stereotypen konsequent hinterfragen, wir müssen aber auch bestehende sozialräumliche Machtverhältnisse kritisch reflektieren – und den Narrativen der Menschen vor Ort in ihrer Vielschichtigkeit genau zuhören. So erfahren wir, dass sich hier nicht nur Geschichten der Marginalisierung, sondern auch Geschichten der Resilienz erzählen lassen.

Literatur

Althaus, E. (2018). *Sozialraum Hochhaus. Nachbarschaft und Wohnalltag in Schweizer Großwohnbauten.* Transcript.

Althaus, E., & Glaser, M. (2013). House biographies: Housing studies on the smallest urban scale. In STh. Rassia & P. M. Pardalos (Hrsg.), *Cities for smart environmental and energy futures. Impacts on architecture and technology* (S. 283–290). Springer.

Bäschlin, E. (2004). *Wohnort Grossüberbauung. Das Tscharnergut in Bern.* Benteli Verlag.

Bauman, Z. (2001). *Community. Seeking safety in an insecure world.* Polity Press.

BfS. (2019). *Bevölkerung. Panorama.* Bundesamt für Statistik.

Bojadžijev, M., & Römhild, R. (2014). Was kommt nach dem ‚transnational turn'? Perspektiven für eine kritische Migrationsforschung. In Labor Migration (Hrsg.), *Vom Rand ins Zentrum. Perspektiven einer kritischen Migrationsforschung (Berliner Blätter, Heft 65,* S. 10–24). Panama-Verlag.

Bourdieu, P. (1997) (französische Originalausgabe von 1993). Ortseffekte. In Pierre Bourdieu et al., (Hrsg.) *Das Elend der Welt. Zeugnisse und Diagnosen alltäglichen Leidens an der Gesellschaft* (S. 159–167). UVK.

Bielka, F., & Beck, C. (2012). *Heimat Grosssiedlung – 50 Jahre Gropiusstadt*. Nicolai.
Bray, R., De Laat, M., Godinot, X., Ugarte, A., & Walker, R. (2019). *The hidden dimensions of poverty*. Fourth World Publications.
Caglar, A. S. (1997). Hyphenated identities and the limits of „Culture". In T. Modood & P. Werbner (Hrsg.), *The politics of multiculturalism in New Europe: Racism, identity and community* (S. 169–185). Zed Books.
Däpp, W. (2011). *Vom Traum, reich zu sein: Armutszeugnisse aus der Schweiz*. Stämpfli.
Drilling, M., Schnur, O., Käser, N., & Oehler, P. (2016). Postmoderne Nachbarschaften – ein stadtentwicklungspolitisches Handlungsfeld? *Bundesverband für Wohnen und Stadtentwicklung, Forum Wohnen und Stadtentwicklung, 6*, 317–321.
Foroutan, N. (2018). Die postmigrantische Perspektive: Aushandlungsprozesse in pluralen Gesellschaften. In M. Hill & E. Yildiz (Hrsg.), *Postmigrantische Visionen. Erfahrungen – Ideen – Reflexionen* (S. 15–27). Transcript.
Foroutan, N. (2019). *Die postmigrantische Gesellschaft. Ein Versprechen der pluralen Demokratie*. Transcript.
Furter, F., & Schoeck-Ritschard, P. (2013). *Göhner wohnen. Wachstumseuphorie und Plattenbau*. Hier und jetzt.
Gaberell, D. (Hrsg.). (2007). *Bern West. 50 Jahre Hochhausleben*. Fgb.
Glaser, B., & Strauss, A. (1967). *The Discovery of Grounded Theory. Strategies for Qualitative Research*. Aldine.
Glaser, M. A. (2013). Gemeinschaftsidee im Grossformat – Die Siedlung Grünau (1975/1976). In M. A. Glaser & ETH Wohnforum – ETH CASE (Hrsg.), *Vom guten Wohnen Vier Zürcher Hausbiografien von 1915 bis zur Gegenwart* (S. 184–207). Niggli.
Glick Schiller, N. & Caglar, A. (2011). Locality and globality: Building a comparative analytical framework in migration and urban studies. In N. Glick Schiller und A. Caglar, *Locating migration. Rescaling cities and migrants* (S. 60–84). Cornell University Press.
Gysi, S., Hannes Dubach, H., & Henz, A. (1988). Das Erbe des Baubooms: Wohnbauten der 60er Jahre. Strukturelle Eigenschaften und Erneuerungsmöglichkeiten. In M. Bassan & Alexander Henz (Hrsg.), *Habitation Horizon 2000 – Wohnen 2000. Schlussbericht – Rapport final* (S. 177–285). Libraire Polytechnique EPFL.
Harlander, T. (2012). Zuwanderung und „überforderte Nachbarschaften" – zur Debatte um Segregation und Integration seit 1989. In T. Harlander & G. Kuhn (Hrsg.), *Soziale Mischung in der Stadt. Case Studies – Wohnungspolitik in Europa – Historische Analyse* (S. 306–313). Krämer Verlag.
Harnack, M. (2017). Big is beautiful. In M. Harnack & J. Stollmann (Hrsg.), *Identifikationsräume* (S. 12–18). Universitätsverlag der TU Berlin.
Häußermann, H. (1998). Zuwanderung und die Zukunft der Stadt. In W. Heitmeyer et al. (Hrsg.), *Die Krise der Städte. Analysen zu den Folgen desintegrativer Stadtentwicklung für das ethnisch-kulturelle Zusammenleben* (S. 145–175). Suhrkamp.
Hengartner, T. (1999). *Forschungsfeld Stadt: zur Geschichte der volkskundlichen Erforschung städtischer Lebensformen*. Dietrich Reimer.
Hitz, H., Roger Keil, R., & Lehrer, U. (1995). *Capitales Fatales. Urbanisierung und Politik in den Finanzmetropolen Frankfurt a. M und Zürich*. Rotpunktverlag.
Hümbelin, O. (2016). *Nichtbezug von Sozialhilfe: Regionale Unterschiede und die Bedeutung von sozialen Normen*. University of Bern Social Sciences Working Paper 21, revised 26 Oct. 2016.

Hümbelin, O. (2018). Die Dunkelziffer der Armut in der Schweiz. *Nachbarn, 2*(2018), 10–12.

IBA-Symposium. (2012). *Leben mit Weitsicht – Großwohnsiedlungen als Chance*. Senatsverwaltung für Stadtentwicklung und Umwelt (Hrsg.). Senatsverwaltung für Stadtentwicklung und Umwelt, Berlin.

Kronauer, M. (2010). *Exklusion. Die Gefährdung des Sozialen im hoch entwickelten Kapitalismus*. Campus.

Maiolino, A. (2020). *Diskurse über das Fremde. Eine Chronik zu politischen Initiativen und Gegenentwürfen in der Schweiz*. Eidgenössische Migrationskommission EKM.

Menzl, M., Gonzalez, T., Breckner, I., & Vogelsang, S. (2011). *Wohnen in der Hafencity. Zuzug, Alltag, Nachbarschaft*. Hamburg: Junius.

Müller, M., & Woitek, U. (2012). Wohlstand, Wachstum und Konjunktur. In P. Halbeisen (Hrsg.), *Wirtschaftsgeschichte der Schweiz im 20. Jahrhundert* (S. 85–222). Schwabe Verlag.

Przyborski, A., & Wohlrab-Sahr, M. (2009). *Qualitative Sozialforschung. Ein Arbeitsbuch*. Oldenbourg Verlag.

Reutlinger, C., Stiehler, S., & Lingg, E. (2015). *Soziale Nachbarschaften: Geschichte, Grundlagen, Perspektiven*. Springer VS.

Sbriglio, J. (2004). *Le Corbusier: l'Unité d'habitation de Marseille*. Birkhäuser.

Schär, B. C. (2018a). Ein zweifaches Ringen um Anerkennung: Zur Geschichte und Gegenwart des (Anti-)Rassismus in der Schweiz. In C. Schweiz (Hrsg.), *Wir und die Anderen: Nationalismus – Sozialalmanach 2018* (S. 159–173). Luzern.

Schär, S. (2018b). Armut frisst sich in die Persönlichkeit und die Familien. *Soziale Sicherheit CHSS, 4*(2018), 8–11.

Schilling, H. (1997). *Nebenan und Gegenüber. Nachbarn und Nachbarschaften heute*. Institut für Kulturanthropologie und Europäische Ethnologie.

Schnell, D. (2013). *Die Architekturkrise der 1970er-Jahre*. Hier und jetzt.

Siebel, W. (1997). Die Stadt und die Fremden. In J. Brech & L. Vanhué (Hrsg.), *Migration – Stadt im Wandel* (S. 33–40). Verlag für wissenschaftliche Publikationen.

Skenderovic, D., & D'Amato, G. (2008). *Mit dem Fremden politisieren. Rechtspopulismus und Migrationspolitik in der Schweiz seit den 1960er Jahren*. Chronos.

Stadt Zürich. (2005). *Dokumentation der städtischen Wohnsiedlungen. Unteraffoltern II*. Finanzdepartement/Liegenschaftenverwaltung.

Steiner, A. H. (1958). Siedlungsbau 1930–1958. *Das Werk, 45*(9), 304–307.

Strauss, A., & Corbin, J. (1996). *Grounded Theory: Grundlagen qualitativer Sozialforschung*. Psychologie Verlags Union.

Yildiz, E. (2018). Vom methodologischen Nationalismus zu postmigrantischen Visionen. In M. Hill & E. Yildiz (Hrsg.), *Postmigrantische Visionen. Erfahrungen – Ideen – Reflexionen* (S. 43–61). Transcript.

Yildiz, E., & Marc, H. (2015). *Nach der Migration. Postmigrantische Perspektiven jenseits der Parallelgesellschaft*. Transcript.

Zychlinski, J., Frischknecht, S., Franklin-Habermalz, U., & von Büren, C. (2015). *Soziale Durchmischung: Mythos oder Realität. Eine empirische Untersuchung eines städtebaulichen Leitbildes am Beispiel der Stadt Bern*. Bern: Berner Fachhochschule, Soziale Arbeit.

Eveline Althaus Dr. sc., Sozialanthropologin, Forscherin und Projektleiterin am ETH Wohnforum – Centre for Research on Architecture, Society and the Built Environment an der ETH Zürich. Aktuelle Forschungsschwerpunkte: Quartier- und Nachbarschaftsforschung, Hochhäuser, Generationenwohnen und Wohnen in der zweiten Lebenshälfte, qualitative Methoden in der Wohnforschung, Begleitforschungen.

Open Access Dieses Kapitel wird unter der Creative Commons Namensnennung 4.0 International Lizenz (http://creativecommons.org/licenses/by/4.0/deed.de) veröffentlicht, welche die Nutzung, Vervielfältigung, Bearbeitung, Verbreitung und Wiedergabe in jeglichem Medium und Format erlaubt, sofern Sie den/die ursprünglichen Autor(en) und die Quelle ordnungsgemäß nennen, einen Link zur Creative Commons Lizenz beifügen und angeben, ob Änderungen vorgenommen wurden.

Die in diesem Kapitel enthaltenen Bilder und sonstiges Drittmaterial unterliegen ebenfalls der genannten Creative Commons Lizenz, sofern sich aus der Abbildungslegende nichts anderes ergibt. Sofern das betreffende Material nicht unter der genannten Creative Commons Lizenz steht und die betreffende Handlung nicht nach gesetzlichen Vorschriften erlaubt ist, ist für die oben aufgeführten Weiterverwendungen des Materials die Einwilligung des jeweiligen Rechteinhabers einzuholen.

Nachbarschaften machen Stadt. Nachbarschaftsinitiativen und -vereine als Treiber der Quartiersentwicklung und Kooperationspartner*innen der raumbezogenen Sozialen Arbeit

Simone Tappert

Zusammenfassung

Globale Nachrichten über Klimawandel, Finanzkrisen und Umwälzungen in verschiedenen Ländern und die zunehmende Ausprägung städtischer Phänomene wie Verdrängung und Segregation verunsichern die zivilgesellschaftliche Bevölkerung und führen zu Reaktionen entlang von Rückzug und Protest. In städtischen Räumen lässt sich eine zunehmende Selbstorganisation der Zivilgesellschaft in Form von Nachbarschaftsinitiativen und -vereinen konstatieren, die sich als Akteur*innen der Stadtentwicklung positionieren. Dabei entwickeln und treiben sie ihre eigenen Konzepte und Lösungsansätze für gesellschaftliche und stadtentwicklungspolitische Fragestellungen voran und fordern ihr Recht auf Mit- und Selbstbestimmung ein, unter gleichzeitiger Wahrung ihrer Autonomie und Unabhängigkeit. Die raumbezogene Soziale Arbeit ist über unterschiedliche Handlungsfelder in die Planung und Entwicklung von Quartieren eingewoben und muss sich in dieser Rekonstituierung einer local governance neu positionieren. Der Beitrag zeigt anhand einer qualitativen Studie in Berlin Kreuzberg auf, welche Potenziale sich durch einen kooperativen Handlungsansatz ergeben, wie dieser gestaltet werden kann, und welche Herausforderungen und Chancen sich daraus

S. Tappert (✉)
ISOS, Hochschule für Soziale Arbeit FHNW, Muttenz, Schweiz
E-Mail: simone.tappert@fhnw.ch

© Der/die Autor(en) 2023   41
P. Oehler et al. (Hrsg.), *Marginalisierung, Stadt und Soziale Arbeit*,
Quartiersforschung, https://doi.org/10.1007/978-3-658-37386-3_3

für die beteiligten Akteur*innen ergeben. Die Ergebnisse zeigen, dass der kooperative Ansatz eine hohe Reaktionsfähigkeit, Flexibilität und Pragmatismus, aber auch das Aufgeben eines Steuerungsanspruchs benötigt, sowie die Kompetenz, mit unterschiedlichen Rationalitäten und Logiken der vielfältigen Akteur*innen umzugehen. Dadurch können neue Perspektiven, innovative Praktiken und Veränderungen ermöglicht und gefördert werden.

1   Einleitung

In vielen Städten Europas, Nord- und Südamerikas organisieren sich Bewohner*innen städtischer Quartiere zunehmend selbst, um ihre eigenen Konzepte und Lösungsansätze für lokale Veränderungen zu entwickeln. In Form von Nachbarschaftsinitiativen und -vereinen fordern sie das Recht auf Mit- und Selbstbestimmung ein und positionieren sich auf der Quartiersebene als Akteur*innen städtischer Entwicklung (Horelli et al., 2015). Die netzwerkartige Selbstorganisation im nachbarschaftlichen Kontext kann neue Formen des Kollektivismus auslösen und zur Schaffung informeller und ad-hoc-basierter Netzwerke zwischen Bewohnenden, stadtteilbezogenen Institutionen, der Verwaltung und Politik führen (Sawhney et al., 2015).

Diese Entwicklung ist im Paradigmenwandel von *government* zu *governance*, einem verstärkten Einbezug der lokalen Ebene in städtischen Entwicklungs- und Planungsprozessen sowie einer Reformulierung bestehender Machtverhältnisse und einer Verlagerung der Steuerungshoheit vom Staat hin zu lokalen Akteur*innen zu verorten (de Wilde & Duyvendak, 2016). Dieser Wandel manifestiert sich in europäischen Ländern wie Großbritannien (Lawless et al., 2010), Schweden (Bunar, 2011), Spanien (Pares et al., 2012), Deutschland (Haus & Erling-Klausen, 2011) und den Niederlanden (van Marissing et al., 2006) in stadtpolitischen Programmatiken und wird dort zu einem zentralen Eckpfeiler der Planung und Steuerung von Städten. Quartiere und ihre Bewohnenden werden dabei idealtypisch als „lifeblood of urban renewal" (Murphy & Cunningham, 2003, S. 107) und als treibende Kraft für das Entstehen sozialer Innovation betrachtet (Moulaert, 2010). Sie stellen Orte des partizipativen Aushandelns, Entscheidens und Umsetzens dar (Tuurnas, 2016). Daran geknüpft ist die Erwartung, dass Bewohnende Expert*innen ihres Wohnquartiers sind, denn als solche, so die These, verfügen sie über lokales Wissen und Netzwerke, tragen dadurch zur Entwicklung lokalspezifischer Konzepte und Lösungen bei und ermöglichen eine hohe Adressierbarkeit der Quartiersbevölkerung und unterstützen damit eine am Gemeinwohl orientierte städtische Entwicklung (Lowndes & Sullivan, 2008). Eine Fokussierung auf Quartiere und Nachbarschaften soll folglich „more vibrant, people-centered urban spaces" (Sawhney et al., 2015, S. 339) schaffen und eine nachhaltige Stadtentwicklung gewährleisten (für eine kritische Auseinandersetzung siehe Klöti, 2016; Rose, 1996; Wagner, 2013).

Für die raumbezogene Soziale Arbeit ist die zunehmende Selbstorganisation von Bewohnenden in städtischen Quartieren und deren Positionierung als eigenständige Akteur*innen der Stadtentwicklung von zentraler Bedeutung. Die Profession der Sozialen Arbeit ist über unterschiedliche Handlungsfelder und Institutionen wie Stadtteilzentren, Quartierbüros oder der aufsuchenden Sozialen Arbeit in die Planung und Entwicklung von Städten eingewoben. Die Professionellen der Sozialen Arbeit übernehmen dabei vielfältige Aufgaben. Sie regen nachbarschaftliche Vernetzung und Aktivitäten an, fördern das soziale Leben im Quartier und entwickeln bedarfsorientierte Angebote für die Bewohnerschaft. Die Befähigung, Mobilisierung und Ermächtigung der Bewohnenden und die Förderung sozialer Integration und Kohäsion im Quartier sind dabei zentrale Prämissen und Ziele. Eine weitere Aufgabe der Sozialen Arbeit liegt in der Vermittlung und Politisierung (Oehler et al., 2016). Professionelle der Sozialen Arbeit können dabei als Scharnier zwischen Zivilbevölkerung und Politik fungieren und werden dadurch Teil des politischen Aushandlungssystems zivilgesellschaftlicher Interessen, in dem sie Informationen, Entscheidungsmöglichkeiten und Interessen zwischen Akteur*innen artikulieren und vermitteln. Diese Rolle birgt Potenziale, denn insbesondere durch einen kooperativen Handlungsansatz mit selbstorganisierten zivilgesellschaftlichen Initiativen und Vereinen im Quartier können ein hohes Maß an transformativem Potenzial entfacht und Veränderungsprozesse auf der Stadtteilebene gefördert und unterstützt werden (Ledwith & Springett, 2010). Wie dieser kooperative Handlungsansatz gestaltet werden kann und welche Herausforderungen und Chancen sich daraus für die nachbarschaftsbezogenen Initiativen und Vereine sowie für die raumbezogene Soziale Arbeit im Quartier ergeben können, zeigt dieser Beitrag anhand einer qualitativen Forschungsstudie im Berliner Stadtteil Kreuzberg auf.

2   Nachbarschaften machen Stadt – Aktivitäten, Entstehungsfaktoren und Herausforderungen

Bewohner*innen städtischer Quartiere engagieren sich auf vielfältige Weise für ihre Wohnumgebung und Nachbarschaft. Sie begrünen Brachflächen und Abstandsgrün, wandeln ungenutzte Flächen in Gemeinschaftsgärten und

Begegnungsräume mit Aufenthaltsqualität, führen Müllaufräumaktionen im öffentlichen Raum durch, installieren selbstgebaute Sitzbänke, veranstalten Straßenfeste, initiieren und beteiligen sich an formalen Planungsverfahren, oder mobilisieren gegen Veränderungen im Quartier und organisieren Widerstand in und mithilfe nachbarschaftsbezogener Netzwerke. Analytisch betrachtet lässt sich dabei unterscheiden zwischen individuellem und kollektivem Engagement, spontanen Aktivitäten und Ad-hoc-Installationen sowie langfristigen und kontinuierlichen Projekten, formellem und informellem Handeln, aber auch den unterschiedlichen Motiven, Zielen, Kooperationsformen und der Reichweite und Wirkmächtigkeit des Engagements von der lokalen bis hin zur städtischen Ebene und darüber hinaus (Foster-Fishman et al., 2007; Lund & Juujärvi, 2018). In der wissenschaftlichen Literatur werden die unterschiedlichen Formen zivilgesellschaftlichen Engagements auf Quartiersebene gefasst unter den Begriffen „everyday maker" (Bang & Sorensen, 1999), „everyday fixer" (Hendriks & Tops, 2005), „everyday urbanism" (Chatterton & Pickerill, 2010), „participatory urbanism" (Wortham-Galwin, 2013), „do-it-yourself urbanism" (Iveson, 2013), „tactical urbanism" (Lydon & Garcia, 2015), „urban hacking" and „guerilla urbanism" (Hou, 2010). Die Begriffe verweisen auf die Alltagsbezogenheit, die Umsetzungsorientierung, die Informalität des Handelns, aber auch das Widerständige, das zivilgesellschaftliches Engagement charakterisieren kann. Sorensen (2009, S. 223) spricht von einer politischen Strategie der Selbstermächtigung durch die zivilgesellschaftlichen Akteur*innen: „Claiming ownership of the meaning and management of local public spaces is a political strategy of self empowerment by community groups."

Ob es in einem Stadtteil zu selbstorganisierten Formen zivilgesellschaftlichen Engagements kommt, zum Beispiel in Form von Nachbarschaftsinitiativen und -vereinen, hängt von mehreren Faktoren ab. Als besonders relevant gelten dabei die Wohndauer, das Bestehen sozialer Netzwerke, das Bildungsniveau und die vorhandenen Kompetenzen (Lund & Juujärvi, 2018), die Zufriedenheit mit der Wohnumgebung beziehungsweise der durch lokale Missstände ausgelöste Druck (Conway & Hachen, 2005), das Vorhandensein adäquater Infrastruktur und Services, implizites und explizites Wissen über den Stadtteil, die Identifikation mit dem Stadtteil, das Vorhandensein eines Gemeinschaftsgefühls (Bottini, 2018; Medved, 2016) und die Wahrnehmung der Bewohner*innen, dass Veränderung im eigenen Stadtteil notwendig, möglich und erfolgreich adressierbar ist (Foster-Fishman et al., 2007). Studien verweisen in diesem Zusammenhang darauf, dass auch Stadtteile mit einem ausgeprägten Maß an sozialen Problemlagen und Missständen ein signifikantes Potenzial für die Selbstorganisation lokaler Nachbarschaften haben können (Cook et al., 1997; Leventhal & Brooks-Gunn, 2000).

Den Nachbarschaftsinitiativen und -vereinen stellen sich in ihren Aktivitäten mehrfache Herausforderungen. Moulaert (2010, S. 7) zeigt in seiner Publikation zu zivilgesellschaftlichem Engagement von Quartiersbewohnenden in nord- und südamerikanischen Städten auf, dass „all of them had, from the beginning, to face up to challenges of good organisation and governance, finding resources, networking with peers and other supportive partners. And all of them discovered early on that it would not work if their network did not include partners from 'elsewhere', connected to agents and institutions active at higher spatial scales than the local". Für eine erfolgreiche Entwicklung zivilgesellschaftlichen Engagements ist die Mobilisierung individueller und kollektiver Ressourcen, die Organisationsfähigkeit, die Aktivierung lokaler Netzwerke sowie vertikale und horizontale Kooperationen zentral. Die sozialen Fähigkeiten der Akteur*innen, „the ability to talk and act reflectively, to coordinate and engage in problem solving with all kinds of actors" (de Wilde et al., 2014, S. 3367), deren Maß an Selbstwirksamkeit, „people's beliefs in their capacity to produce desired results and forestall detrimental ones by their own actions" (Lund & Juujärvi, 2018, S. 757), und ihre relationale Handlungsfähigkeit (Edwards, 2005) spielen dabei eine wichtige Rolle. Nach Horak und Blokland (2012) können Nachbarschaften jedoch nur dann das Versprechen eines Fundaments demokratischen Handelns einlösen, wenn Möglichkeiten geschaffen werden, um solche Fähigkeiten auf der stadtteilbezogenen Ebene zu entwickeln und erfolgreich einzusetzen. Kritik wird in diesem Zusammenhang insbesondere an bestehenden politischen Strukturen, den Kooperationsmöglichkeiten und den Praktiken institutioneller Akteur*innen geäußert. Diese seien oftmals zu unflexibel, bürokratisch und regelhaft und geben nur wenig Handlungsspielraum, um die relationale Handlungsfähigkeit von engagierten Quartiersbewohnenden und die erforderliche Kooperation zwischen Akteur*innen auf unterschiedlichen Ebenen herzustellen (Bartels, 2019; Hendriks & Tops, 2005; Moulaert, 2010). Zivilgesellschaftliches Engagement benötigt jedoch idealerweise ein „multi-faceted setting in which institutional opportunity structures and civic culture recognise each other" (de Wilde et al., 2014, S. 3368).

3 Die raumbezogene Soziale Arbeit als Kooperationspartnerin von Nachbarschaftsinitiativen und -vereinen

Professionelle der raumbezogenen Sozialen Arbeit sind in die Planung und Entwicklung von Städten eingewoben und stets Teil und Instrument stadtpolitischer Programmatiken (Durose, 2009). In dieser Position können sie Informationen,

Entscheidungsmöglichkeiten und Interessen zwischen ungleichen Akteur*innen artikulieren und vermitteln. Gesprochen wird in diesem Zusammenhang auch vom vernetzenden Sozialkapital (linking social capital), „[which] refers to networks and institutionalized relationships among such unequal agents. It takes on a democratic and empowering character where those involved are endeavoring to achieve a mutually agreed beneficial goal (or set of goals) on a basis of mutual respect, trust, and equality of status, despite the manifest inequalities in their respective positions" (Szreter, 2002, S. 579). De Wilde et al. (2014) zeigen in ihrer nationalen Studie zu Nachbarschaftsinitiativen und -vereinen in den Niederlanden auf, dass die aktive Förderung durch soziale Quartierseinrichtungen zentral für die Etablierung und den Erfolg zivilgesellschaftlichen Engagements ist. Ein zentrales Problem sei dabei jedoch die Eingebundenheit der Institutionen, wie beispielsweise Stadtteilzentren oder Quartierbüros, in kompetitive Strukturen und eine leistungsorientierte Kultur, in der es für Misserfolg und Ergebnisoffenheit wenig Platz gibt. Die Unterstützung fokussiert daher oftmals auf kompetente und erfolgreiche Nachbarschaftsinitiativen und -vereine. Das kann eine ungleiche Verteilung von Ressourcen auf der Quartiersebene verschärfen: „community groups are deeply affected by the choices and preferences of local institutions and there is a continuous danger of the less well-educated losing out. […] The degree to which local institutions are subject to performance targets and accountability structures, influences their ability and willingness to support community groups and develop flexible relations with them" (ebd., S. 3379). Die strukturellen Rahmenbedingungen sind somit ein zentraler Faktor bei der Frage, ob und wie Nachbarschaftsinitiativen und -vereine in einem Stadtteil mit ihren jeweils unterschiedlichen Interessen, Kompetenzen und Ressourcen unterstützt werden können. Auch Drilling et al. (2017) zeigen in ihrer Nachbarschaftsstudie in Berlin auf, dass es fördernde Rahmenbedingungen, Flexibilität, geklärte Zuständigkeiten und professionelle Begleitung und Mediation braucht, damit Professionelle der raumbezogenen Sozialen Arbeit Arbeitsmaxime wie Offenheit und Prozesse der Koproduktion von Stadt(teilen) umsetzen können. Um das transformative Potenzial in der Arbeit mit Nachbarschaftsinitiativen und -vereinen zu nutzen, müssen sie situativ und kontextspezifisch unterschiedliche Rationalitäten verhandeln und zwischen diesen vermitteln können (Newman, 2013). Gesprochen wird von der Notwendigkeit einer „pragmatic improvisation" (Maynard-Moody & Mosheno, 2003) und einer „situational logic" (Hendriks & Tops, 2005). Die Ansätze einer raumbezogenen Sozialen Arbeit in Quartieren sollten sich demnach durch eine hohe Offenheit, Flexibilität und Selbstreflexion auszeichnen, vorgefertigte Handlungsansätze eher vermeiden und kontinuierlich

reziproke Beziehungen mit den unterschiedlichen Bewohnenden eines Stadtteils aufbauen (Durose et al., 2016). Wesentlich ist zudem die Reaktionsfähigkeit der Institutionen: „Success rests more on institutional efforts to be
responsive and to be able to cope with different demands from different types
of groups than on the mere presence of institutions" (de Wilde et al., 2014).
Bartels (2019) betont in diesem Zusammenhang den kommunikativen Prozess
zwischen den Professionellen auf Stadtteilebene und den Quartiersbewohnenden.
Um innovative Praktiken und Veränderungen zu fördern, brauche es „encounters
with an open mind". In der Begegnung und dem kontinuierlichen Dialog können
neue Perspektiven, geteilte Visionen und kooperative Handlungen zwischen den
vielfältigen Akteur*innen in Quartieren entstehen: „Doing so fosters deeper
institutional transformations toward a relational grounding for urban governance"
(ebd., S. 181). Ein wichtiger Aspekt ist dabei die Schaffung von qualitativ hochwertigen und in den Stadtteil gut eingebundenen Orten, an denen Begegnung,
Austausch und Vernetzung informell stattfinden können, sowohl zwischen den
Bewohnenden eines Stadtteils als auch zwischen den Bewohnenden und den
Professionellen der raumbezogenen Sozialen Arbeit. In diesem Setting können
gemeinsame Themen und Anliegen sowie Ressourcen identifiziert und kollektives
Handeln und Kooperation entstehen (Medved, 2016).

4   Die Studie „Nachbarschaften als lokales Potenzial städtischer Entwicklung"

Im Folgenden werden Teilergebnisse der qualitativen Studie „Nachbarschaft
als lokales Potenzial städtischer Entwicklung" vorgestellt, die im Zeitraum
10/2017–10/2019 im Berliner Stadtteil Kreuzberg (Planungsraum Urbanstraße)
durchgeführt wurde. Der Stadtteil wurde ausgewählt, da er sich durch eine hohe
soziokulturelle Diversität der Bewohnenden auszeichnet, über eine hohe Dichte
an Einrichtungen der raumbezogenen Sozialen Arbeit verfügt, von sozialen und
räumlichen Veränderungen geprägt ist und mehrere Nachbarschaftsinitiativen und
-vereine dort aktiv sind. Eine von insgesamt drei Forschungsphasen im Projekt
nahm zivilgesellschaftliche Akteur*innen im Quartier (Nachbarschaftsvereine
und -initiativen) und Professionelle der raumbezogenen Sozialen Arbeit (Stadtteilzentren, Familienzentren, Mehrgenerationenhäuser, Quartiermanagementbüros, Nachbarschaftstreffpunkt) in den Fokus. Für diese Phase wurden der
Untersuchungsraum erweitert und die Planungsräume Chamissokiez und
Wrangelkiez im Stadtteil Kreuzberg miteinbezogen.

In qualitativen Interviews (N = 9) wurden Mitglieder von insgesamt vier Nachbarschaftsvereinen und -initiativen zur Entstehungsgeschichte, den Handlungsstrategien, Kooperationsformen und Herausforderungen befragt. Die Studienteilnehmenden hatten ein hohes Bildungsniveau und ein hohes Maß an Kompetenzen und quartiersbezogenem Wissen. Sie lebten seit 15 Jahren oder länger im Stadtteil und hatten teilweise Erfahrung in zivilgesellschaftlicher Selbstorganisation. Die Professionellen der raumbezogenen Sozialen Arbeit im Stadtteil (N = 9) wurden in qualitativen Interviews zu ihrem Verständnis von Nachbarschaften, ihrem Professionsverständnis, ihren Handlungsstrategien und den Herausforderungen und Rahmenbedingungen ihres professionellen Handelns befragt, wobei eine Komponente auf die selbstorganisierten Nachbarschaftsvereine und -initiativen im Stadtteil fokussierte. Zusätzlich wurde an verschiedenen Aktivitäten und Veranstaltungen teilgenommen, Beobachtungen durchgeführt und informelle Gespräche geführt (wöchentliche Kochabende des Nachbarschaftsvereins, informelle Treffen der Initiativen in Gaststätten, Straßenfeste, gemeinschaftliches Gärtnern im öffentlichen Raum, öffentliche Treffen mit Akteur*innen aus Politik und Verwaltung, Teilnahme an Kursen und Aktivitäten in den sozialen Einrichtungen). Die verschriftlichen Daten wurden in Anlehnung an die Kodierungsverfahren der Grounded Theory nach Charmaz (2008) analysiert.

4.1   Der Untersuchungsraum Berlin Kreuzberg

Die Stadt Berlin ist seit der Wiedervereinigung ab 1989 zunehmend durch soziale und räumliche Restrukturierungsprozesse geprägt. Die stadtpolitischen Maßnahmen sind auf ökonomisches Wachstum ausgerichtet und reorganisieren die Stadt entlang von Privatisierung, Liberalisierung und Deregulierung (Novy & Colomb, 2013). Im internationalen Städtewettbewerb hat sich Berlin nicht als ökonomisches Zentrum etabliert, sondern zu einem Zentrum für die Kreativszene entwickelt, das insbesondere junge Bevölkerungsgruppen anzieht (Arandelovich & Bogunovich, 2013). Berlin gilt derzeit als eine hochdynamische Stadt, gezeichnet durch ein ausgeprägtes Maß an Mobilität, Migration und Diversität. Damit gehen auch Veränderungen am Wohnmarkt einher, die zu Gentrifizierungsprozessen und Polarisierung führen und die Stadt zu einem umkämpften Raum machen.

Die für die Studie selektierten Planungsräume im Berliner Stadtteil Kreuzberg sind zentral gelegen und an die öffentlichen Verkehrsmittel gut angebunden. Die Flächen dienen vor allem dem Wohnen, dem Gemeindebedarf (Schule, Stadtteilzentrum etc.), dem Grün- und Freiraum (Parkanlagen, Friedhöfe etc.) und zu einem geringen Maß dem Gewerbe und der Industrie. Die Erdgeschosszonen der Wohnhäuser werden häufig für lokales Gewerbe genutzt (Spätkaufladen, Friseursalon, Kaffeehaus, Fahrradladen etc.). Zudem besteht ein dichtes Angebot an sozialer Infrastruktur und Einrichtungen. Laut Monitoring Soziale Stadtentwicklung (MSS) 2015 weisen die Planungsräume einen mittleren Status-Index mit einer stabilen Dynamik und eine durchschnittliche soziale Problemdichte auf. Die Bewohnenden schätzen die gute Wohnlage und das Lebensgefühl im Stadtteil. Die Gebiete sind durch gewachsene soziale Beziehungsnetze charakterisiert und es besteht ein ausgeprägter Wunsch, im Stadtteil wohnhaft zu bleiben (Harth et al., 2017). Die Gebiete sind jedoch in starkem Maße von steigenden Mietpreisen, Gentrifizierung, zunehmendem Tourismus und einer Veränderung der Angebotsstrukturen im Freizeitbereich und Einzelhandel betroffen. In diesem Kontext haben sich die in der Studie befragten Bewohner*innen in Form von Nachbarschaftsvereinen und -initiativen in den letzten zehn Jahren selbstorganisiert, um kollektiv zu handeln und geleitet durch ihre jeweiligen Interessen ihre Wohnumgebung mitzugestalten oder sich gegen Veränderungsprozesse im Quartier zu wehren.

4.2 „Wir wollten unabhängig bleiben. Nun sind wir Kooperationspartner."

Die befragten Nachbarschaftsinitiativen und -vereine unterscheiden sich in ihren Themen, Zielen, Projekten und Aktivitäten (Tab. 1). Gemeinsam sind ihnen jedoch drei Aspekte: 1) die Motivationen der einzelnen Mitglieder zur Gründung oder dem Beitritt der Vereine und Initiativen sind meist vielschichtig. Private und emotionale Motive (z. B. biografische Ereignisse, Bedürfnis nach Zugehörigkeit, Sicherheit eines sozialen Netzwerks) können sich mit persönlicher Betroffenheit aufgrund von Veränderungsprozessen im Stadtteil (z. B. Verdrängung von Nachbar*innen und lokalem Gewerbe, Intensivierung von Verkehr und Lautstärke, Zunahme des Tourismus), einer Kritik an gesamtstädtischen Verhältnissen und Dynamiken (z. B. Wohnpolitik, Integrationsfragen, Kommerzialisierung des öffentlichen Raums) und der Forderung nach selbstbestimmter Veränderung auf der lokalen Ebene mischen; 2) die Nachbarschaftsvereine und -initiativen verstehen sich als in der Nachbarschaft und dem eigenen Wohngebiet verankert, ihre Projekte und Aktivitäten entstehen stadtteilbezogen und sie nutzen die im Stadtteil bestehenden Netzwerke, Ressourcen, Kompetenzen und das lokale Wissen für die Umsetzung ihrer Ziele; 3) ein wesentlicher Faktor für die gelingende Umsetzung der Aktivitäten und Projekte war die Fähigkeit, mit unterschiedlichen

Akteur*innen auf der lokalen Ebene und darüber hinaus zu kooperieren und die
Netzwerke für die jeweiligen Interessen und Ziele zu nutzen.

Die Professionellen der Sozialen Arbeit im Stadtteil nahmen in den unterschiedlichen Entwicklungsphasen vom Entstehungsprozess hin zur Umsetzung
der Aktivitäten und Projekte und der Etablierung der Vereine und Initiativen
unterschiedliche Funktionen ein. Eine bestand darin, als Ansprechpersonen
zugänglich zu sein und die Vereine und Initiativen mit ihrem professionellen
Wissen und ihren Kompetenzen in der Organisation und Planung von Projekten
und Aktivitäten zu unterstützen. Naomi, die Initiantin eines Vereins, erzählt von
der Herausforderung, das erste Straßenfest zu organisieren:

Tab. 1 Übersicht der befragten Nachbarschaftsvereine und -initiativen

	Organisation	Gründung	Themen & Ziele	Projekte & Aktionen
V1	Verein	2015	Solidarität, nachbar- schaftliche Selbsthilfe im Quartier, Aufbau eines gemeinschaft- lichen Unterstützungs- netzwerkes	Platzumgestaltung und Begrünung (öffentlicher Raum), Kiez-Kiosk, Putz- aktionen, Organisation gemeinschaftlicher Aktivi- täten (Kochen, Filmabend etc.), Arbeitsgruppen und Veranstaltungen zu aus- gewählten Themen (z. B. gut leben mit wenig Geld, Ende der Erwerbsphase)
V2	Verein	2012	Inklusion, sozialer und kultureller Zusammen- halt im Quartier, Ver- netzung	Veranstaltungen (z. B. Straßenfest, Konzert- zyklen, Fest der Inklusion), Bemalen von Stromkästen, Baumpatenschaften
I3	Initiative	2012	Verkehrsgestaltung, Verkehrsberuhigung des Quartiers, Bürger- beteiligung	Informationsveranstaltungen u. Informationsver- breitung, Kiezbegehungen, Initiierung von u. Beteiligung in Planungsverfahren, Etablierung einer Steuerungs- gruppe
I4	Initiative	2015	Gentrifizierung, Widerstand gegen Ver- drängung im Quartier	Organisation von Protesten und Veranstaltungen, Beratung und Unterstützung von Betroffenen, Öffentlich- keitsarbeit

„Das war ein Schock, als wir das organisiert haben. Wir haben nicht gedacht, dass
das so viel Arbeit bedeutet. [...] Ich bin dann zum Stadtteilzentrum gegangen und
dann habe ich gefragt. Er [Leiter der Institution] hat mir ein bisschen was erzählt,
Tipps gegeben, denn sie machen auch ein Straßenfest." (Naomi, V2).

Das Arbeitsausmaß, der Organisationsaufwand, die Finanzierung, die bürokratischen Prozesse und der zeitliche Planungshorizont waren für den frisch
gegründeten Verein und seine Mitglieder unbekannte Komponenten. Einer der
Handlungsansätze für die erfolgreiche Umsetzung des Projektes war das aktive
Zugehen auf das Stadtteilzentrum und die Nutzung des professionellen Wissens,
das Einholen von „Tipps" des Leiters, der mit seiner Expertise und Erfahrung
eine beratende Funktion in der Anfangsphase einnahm. Die Möglichkeit, auf
die Einrichtungen der Sozialen Arbeit im Stadtteil zuzugehen und Information
oder Unterstützung zu erhalten, war für die Studienteilnehmenden wichtig. Die
Unterstützung beschränkte sich dabei nicht auf die beratende Funktion. Weitere
Aspekte waren die materielle Unterstützung der Vorhaben (z. B. Bereitstellung
von Technik für Veranstaltungen, Produktion von Aushängen, Flyern und
Informationsmaterial) und die Nutzung der Räumlichkeiten des Stadtteilzentrums
als informeller Ort der Begegnung, der Vernetzung und Kontaktherstellung, als
Veranstaltungsort und Arbeitsort.

Als zentrale Herausforderung in der Anfangsphase benannten die Vereine
und Initiativen den Zugang und die Kooperationsmöglichkeiten mit Personen
aus Verwaltung und Politik. Sei es, die zuständige Ansprechperson zu identifizieren und einen Kontakt herzustellen, die angestrebten Projekte, Aktivitäten
und Ziele zu vermitteln und in Folge eine Kooperation herzustellen. Als etablierte
Akteur*innen im Stadtteil nahmen die Einrichtungen der Sozialen Arbeit eine
brückenbildende Rolle als Vermittlerin ein:

„Das Stadtteilzentrum hatte uns in dem Fall den Kontakt erleichtert. Wir sind mit
einer gewissen Hartnäckigkeit erstmal an die Verwaltung herangetreten, weil wir
gesagt haben: wenn wir uns um öffentliches Grün da kümmern, dann müssen wir
da auch signalisieren, dass wir das machen. [...] Und dann merken die schon,
dass wir nicht eine Eintagsfliege sind. Aber es war sehr zäh, bis dann mal so eine
Kooperation entstanden ist. Und dann hat sie aber auch zwischendrin ganz überraschend schnell funktioniert." (Volker, V1).

Volker erzählt von der Herausforderung, von Verwaltungsmitarbeitenden als „Eintagsfliege" wahrgenommen zu werden. Der Verein hatte im Stadtteil informell
mit der Begrünung und Pflege einer öffentlichen Fläche begonnen. Im Laufe des
Prozesses erweiterten sie ihre Aktivitäten und Ziele für die öffentliche Fläche
und suchten die Unterstützung von und Kooperation mit der Bezirksverwaltung.

Um diese Unterstützung zu erhalten (Planung, Finanzierung, Genehmigung, Umsetzung), brauchte es jedoch eine Phase der Profilierung und der Kontinuität. Der Verein musste sich auf die Verwaltung mit einer „gewissen Hartnäckigkeit" hinzubewegen und zeigen, dass es sich bei dem Engagement nicht um eine „Eintagsfliege" handelt. Zum Zeitpunkt des Interviews hatte sich das Projekt zu einer Umgestaltung des Platzes entwickelt (Asphaltierung von Wegen, Montage von Fahrradständern, Installation eines Tiny House als informeller Ort der Begegnung). Der Aufbau solcher Kooperationen stellt einen Lernprozess dar, in dem Wissen über die Rationalitäten und Handlungsstrategien der Verwaltung angeeignet und die Kontakte mit den relevanten Ansprechpersonen aufgebaut werden. Für die Vereine und Initiativen war das meist mit einem hohen Ressourcenaufwand verbunden, sei dies die zeitliche Komponente oder das Erlernen von Kompetenzen. Die Professionellen der Sozialen Arbeit unterstützten solche Prozesse, in dem sie „den Kontakt erleichterten". Konkret bedeutet das, dass sie den zivilgesellschaftlichen Akteur*innen bei der Identifikation relevanter Akteur*innen halfen, ihnen Zugang zu ihren professionellen Netzwerken verschafften, Wissen teilten und im Bedarfsfall in Verhandlungsprozessen zwischen den Akteur*innen als Mediator*innen tätig waren.

Die Vereine und Initiativen begegneten den Einrichtungen der Sozialen Arbeit jedoch in der Anfangsphase vereinzelt mit Skepsis und Misstrauen. Sie nahmen diese als Dienstleister*innen und „verlängerten Arm" (Kristin, I4) der Verwaltung und Politik wahr. Diesen standen sie recht kritisch gegenüber, denn schließlich ging es den befragten Personen auch um eine Veränderung bestehender Machtverhältnisse, einer Kritik an gesamtgesellschaftlichen Verhältnissen und darum, ihr Recht auf Stadt und Selbstbestimmung einzufordern. Hinzu kommt, dass die eigene Unabhängigkeit für die zivilgesellschaftlichen Akteur*innen und ihr Selbstverständnis besonders wichtig war und sie in der Kooperation mit den Einrichtungen der Sozialen Arbeit im Stadtteil eine Gefahr der Vereinnahmung sahen:

> „Wir wollten am Anfang unabhängig bleiben. Das war unsere große Angst, dass jemand uns einkassiert. Deswegen gab es auch Disput [im Verein], als ich die Einladung vom Stadtteilzentrum angenommen habe. Sie hatten Angst, dass […] wir unsere Freiheit verlieren […]. Aber mittlerweile ist das Stadtteilzentrum ein Kooperationspartner von uns." (Naomi, V2).

„Unabhängig [zu] bleiben" und nicht die „Freiheit [zu] verlieren" war für die befragten Vereine und Initiativen wesentlich. Der kontinuierliche Austausch mit den sozialen Einrichtungen im Stadtteil und der Hands-off-Ansatz der Professionellen der Sozialen Arbeit (Unterstützung bei Bedarf und kein

Anspruch der Steuerung) trug zur Vertrauensbildung und einer gelingenden Kooperation zwischen den sozialen Einrichtungen und den zivilgesellschaftlichen Akteur*innen bei. Es handelt sich dabei allerdings um einen spannungsgeladenen Prozess, in dem bestehende Machtverhältnisse kontinuierlich verhandelt werden. In den Interviews sprachen die zivilgesellschaftlichen Akteur*innen wiederholt von der notwendigen „Begegnung auf Augenhöhe" (Volker, V1), einem „wohlwollenden Umgang" (Thomas I3) und einer „Vertrauensbasis" (Astrid I4) in der Kooperation mit anderen Akteur*innen. Darin steckt der Anspruch, als kompetente und legitime Kooperationspartner*innen und als Expert*innen der eigenen Wohnumgebung anerkannt zu werden. Unterschiedliche Formen der Unterstützung, beispielsweise durch kommunale Akteur*innen oder soziale Einrichtungen im Stadtteil, sollten zudem ohne Einflussnahme auf die Selbstständigkeit und Eigenlogik der zivilgesellschaftlichen Akteur*innen erfolgen und im Idealfall mit möglichst wenig bürokratischem Aufwand verbunden sein.

Zum Zeitpunkt der Datenerhebung waren die befragten zivilgesellschaftlichen Akteur*innen bereits seit mehreren Jahren tätig und wiesen ein hohes Maß an Vernetzung und Kooperation auf. Die raumbezogene Soziale Arbeit stellte dabei mit ihren Einrichtungen im Stadtteil eine wichtige Kooperationspartnerin dar, die bei Bedarf mit Wissen und Erfahrung unterstützte, Kontakte und Netzwerke herstellte, Räumlichkeiten, technische Mittel und Materialen organisierte und zur Verfügung stellte. Zudem wurden gemeinsame Aktionen im Quartier durchgeführt (z. B. Veranstaltungen, formale Beteiligungsverfahren, Kiezspaziergänge zur Bedarfsermittlung) und bedarfsorientierte Angebote entwickelt (z. B. kostenlose Mieterberatung im Stadtteilzentrum). Anders gewendet, die Vereine und Initiativen wurden zu wichtigen Kooperationspartner*innen der sozialen Einrichtungen im Quartier.

4.3 „Nachbarschaft von unten fördern und Kooperationspotenziale erkennen"

Die befragten Professionellen der raumbezogenen Sozialen Arbeit (N = 9) waren in folgenden Institutionen tätig: Stadtteilzentrum, Mehrgenerationenhaus, Familienzentrum, Nachbarschaftstreff, Beratungsstellen und Quartiermanagementbüros. Ihr oftmals vielfältiges Aufgabenprofil umfasst eine aktive Akteursrolle in der Quartiersplanung und -entwicklung (Tab. 2).

Das Fördern, Unterstützen und Begleiten von selbstorganisierten und nachbarschaftsbezogenen Initiativen und Vereinen ist eines der Handlungsfelder der befragten Quartierseinrichtungen. Die Studienteilnehmenden sprachen vom

Tab. 2 Übersicht der befragten Einrichtungen der Sozialen Arbeit im Quartier

	Organisationsform	Themen & Aktivitäten	Territoriale Zuständigkeit
IP 1	Verein	Stadtplanung und Stadtentwicklung; zivilgesellschaftliche Beteiligungsmaßnahmen, Unterstützung von Interessensgruppen und Bürgerinitiativen, Vermittlerinstanz, (Grün-) Beratung	Bezirk
IP 2	Beratungsstelle	Frauen, Migration, Gleichstellung, Bildung; Beratung und Angebote	gesamtstädtisch
IP 3	Sozialer Verein	Familienzentrum, Nachbarschaftstreffpunkt, Netzwerkstelle; Beratung und Angebote, offener Raum, Begleitung und Förderung von Nachbarschaftsinitiativen	Stadtteil
IP 4	Sozialer Trägerverein	Stadtteilarbeit, soziale und kulturelle Arbeit – Fördern von Begegnung und Austausch, Bildung und Beschäftigung, Engagement und Partizipation; Beratung, Angebote, Räumlichkeiten, Begleitung und Förderung von Nachbarschaftsinitiativen	Bezirk
IP 5	Sozialer Trägerverein	Gemeinwesenarbeit, Vernetzung, partizipative Stadtentwicklung; Angebote, Beratung, offene Räumlichkeiten	Stadtteil
IP 7	Projekt (gebunden an Trägerverein)	Anlaufstelle für Bewohnerschaft, Förderung von Nachbarschaftsprojekten und -initiativen, Vernetzung, Bürgerbeteiligung und partizipative Stadtentwicklung	Siedlung
IP 8	Projekt (gebunden an Trägerverein)	Nachbarschaftstreffpunkt; offener Raum, Beratung, Angebote	Siedlung
IP 9	Projekt (gebunden an Trägerverein)	Nachbarschaftstreffpunkt; Raum für Austausch, Information und Vernetzung; Angebote und Aktivitäten	Stadtteil

„Nachbarschaft von unten fördern" (IP7) und nutzten Begriffe wie Fördern, Begleiten, Beobachten und Ermöglichen für die Umschreibung ihrer Handlungsansätze. Gemeint ist damit ein Hands-off-Ansatz, der die Vereine und Initiativen bei Bedarf unterstützt, jedoch nicht kollektive Selbstorganisation aktiv mobilisiert oder bei bestehenden Vereinen und Initiativen interveniert. Die Professionellen der Sozialen Arbeit stellen somit Ressourcen zur Verfügung – von Beratung, dem

Teilen von Wissen, Expertise und Erfahrung, Kompetenzentwicklung, Räumlichkeiten, technischer und organisatorischer Unterstützung, Moderation bis hin zur Vernetzung und Kontaktherstellung an unterschiedlichen Schnittstellen:

> „Im Grunde genommen gibt es drei Stränge: Bonding, Bridging […] und Linking [Sozialkapital]. Und das Linking, das erlebe ich als etwas, was wir leisten können. Also, wenn Menschen sich an uns andocken, sind wir die, die ihnen sozusagen Kapitalzugänge ermöglichen können. Sei es ein Raum, in dem sie sich treffen können, sei es eine Beratung. Also ich habe ganz oft Treffen mit Initiativen, die sich von uns beraten lassen. Und es gelingt uns, Akteure zusammenzubringen, die ohne Weiteres eben nicht zusammenfinden würden." (IP4).

> „Für die Menschen, die allermeisten, die ja berufstätig sind und so weiter, ist das sehr anstrengend, das jahrelang zu verfolgen. Und wir übernehmen zumindest das Technisch-Organisatorische und haben die Mittel und auch die Erfahrungen, wie sowas funktioniert und stellen ihnen das vor und zur Verfügung." (IP1).

Die Studienteilnehmenden positionierten sich den zivilgesellschaftlichen Akteur*innen gegenüber als Ermöglicher*innen und Vermittler*innen. Ihre Unterstützungsmöglichkeiten sind ein Angebot, das genutzt werden und für die Vereine und Initiativen optionenerweiternd sein kann. Auf diese Weise können die Einrichtungen der Sozialen Arbeit im Quartier eine wichtige Bedeutung für den Erfolg und das dauerhafte Engagement zivilgesellschaftlicher Akteur*innen haben. Die Professionellen der Sozialen Arbeit verwiesen hierbei auch auf die hohe Belastung, die für zivilgesellschaftliche Akteur*innen durch ein dauerhaftes Engagement entstehen kann. Bei Bedarf zu entlasten und zu unterstützen, kann eine wichtige Funktion der Sozialen Arbeit sein.

Eine Unterstützung sollte dabei jedoch keinen Interventionscharakter haben. Eine Steuerung von oben oder gar eine Aktivierung wurden generell abgelehnt, da ein solcher Ansatz nicht dem eigenen Professionsverständnis entspricht und zudem erfahrungsgemäß in der Vergangenheit nicht funktionierte. Proklamiert wurde hingegen ein kooperativer Handlungsansatz, „um etwas von unten alleine entstehen zu lassen" (IP3). Die zivilgesellschaftlichen Akteur*innen wurden als Treiber sozialer Innovation gesehen, die den institutionalisierten Akteur*innen „Dinge voraus haben" (IP5). Zudem entstanden durch das zivilgesellschaftliche Engagement Projekte und Aktivitäten, die dem Gemeinwohl des Stadtteils dienten (z. B. Aufbau nachbarschaftlicher Netzwerke und Unterstützungsstrukturen, Aufwertung des öffentlichen Raums, Entwicklung niedrigschwelliger Angebote), ohne jedoch die Ressourcen der Mitarbeitenden der stadtteilbezogenen Einrichtungen stark zu beanspruchen.

Die Professionellen der Sozialen Arbeit nahmen zivilgesellschaftliche
Akteur*innen in ihrem Handeln entlang von zwei Polen wahr – als „Mitgestalter"
und „Verhinderer" (IP4), als „lösungsorientiert" oder „skandalisierend" (IP3). In
beiden Fällen sei es Aufgabe der Sozialen Arbeit, die Kooperation zu suchen und
die unterschiedlichen Gruppen und ihre jeweiligen Anliegen kontextspezifisch
bei Bedarf zu unterstützen. Drei der Studienteilnehmenden betonten in diesem
Zusammenhang die Wichtigkeit, „Kooperationspotenzial" (IP3) zu erkennen
und eine gelingende Kooperation zwischen stadtteilbezogenen Einrichtungen
und lokalen Nachbarschaftsvereinen und -initiativen herzustellen. Das erfordere
Kontinuität, gegenseitige Anerkennung und Wertschätzung, aber auch den Willen
und die Offenheit aller beteiligten Akteur*innen. Die Einrichtungen der Sozialen
Arbeit müssen in ihrer Arbeit transparent sein und den Willen haben, bestehendes
Wissen zu teilen oder gegebenenfalls die eigenen institutionellen Interessen
hintenanzustellen. Denn beispielsweise bei der Frage nach Finanzierungs-
möglichkeiten kann ein Anstieg der Akteur*innen im Feld zur Verstärkung von
Konkurrenzsituationen führen und Konflikte auf der Quartiersebene erzeugen.

Eine gelingende Kooperation mit zivilgesellschaftlichen Initiativen und Vereinen im Stadtteil kann für die Einrichtungen der Sozialen Arbeit auch notwendig
sein, um Zugang zur Quartiersbevölkerung herzustellen, um als vertrauens-
würdige Akteurin anerkannt zu werden und um den eigenen Arbeitsauftrag zu
realisieren:

> „Am Anfang mussten wir darum kämpfen, von denen [Nachbarschaftsinitiativen]
> akzeptiert zu sein. […] ich weiß noch, wir hatten Plakate für das Stadtteilfest
> gedruckt, und mussten natürlich unten die Fördergeber drauf packen. Und dann
> wurden die abgeholt von denen, und wurde einfach unten abgeschnitten. Und die
> Frage war, wie gehst du damit um? Und wir haben einfach gesagt: Ist doch wurscht.
> […] Wenn das die Form ist, wo wir besser zusammenarbeiten können. Und ich bin
> froh, dass wir damals quasi nicht in Konfrontation gegangen sind, sondern ihnen
> diesen Raum gegeben haben, denn irgendwann haben sie uns akzeptiert. Und wenn
> du mit denen nicht zusammengearbeitet hast, dann konntest du total ausgebremst
> werden. Dann kamst du an viele Leute nicht ran." (IP4).

Der befragte Leiter des Stadtteilzentrums beschreibt hier den Prozess der
Erschließung eines neuen Stadtteils und der Erweiterung der territorialen
Zuständigkeit des Stadtteilzentrums. Potenzielle Konflikte oder Konkurrenzsituationen mit etablierten, gut vernetzten und wirkmächtigen Nachbarschaftsvereinen und -initiativen bargen für das Stadtteilzentrum das Risiko, „ausgebremst"
zu werden. Raum zu geben, anstatt zu konfrontieren, eine Form der Zusammenarbeit zu finden und Akzeptanz zu erlangen, waren für die erfolgreiche räumliche

Erweiterung des Stadtteilzentrums und dessen Etablierung in einem neuen Stadt-teil wesentlich.

Einige der Studienteilnehmenden verorteten ihre Rolle allerdings nicht nur auf der quartiersbezogenen Umsetzungsebene, sondern nahmen eine systemkritische Position ein. Für eine dauerhafte und effektive Stärkung zivilgesellschaftlichen Engagements sei die Etablierung von Strukturen der Zusammenarbeit zwischen Zivilgesellschaft, Verwaltung und Politik notwendig. Eine solche Zusammen-arbeit erfordere standardisierte Regelstrukturen, Transparenz sowie die Bereit-stellung von Ressourcen (personell, finanziell, technisch, Expertise etc.). Die Professionellen der Sozialen Arbeit benannten dabei auch Herausforderungen, allen voran das Fehlen einer gemeinsamen Handlungskultur und einer gemeinsamen Sprache zwischen Zivilgesellschaft und Verwaltung und Politik, die unterschiedlichen Organisationsformen und Strategien der Akteur*innen, aber auch deren ungleicher Zugang zu Wissen und Informationen. Gerade durch das Fehlen einer gemeinsamen Sprache, einer mangelnden Transparenz und einen ungleichen Zugang zu Informationen, Ressourcen und Wissen können Differenzen zwischen den Akteur*innen entstehen und bestehende Macht-hierarchien reproduziert werden. Aufgabe der Sozialen Arbeit ist demnach, bestehende Strukturen zu problematisieren, Handlungsfelder zu benennen und durch aktive Intervention zu verändern.

5 Fazit

Die befragten Nachbarschaftsvereine und -initiativen und die Professionellen der raumbezogenen Sozialen Arbeit positionierten sich als Kooperations-partner*innen auf Quartiersebene, die bei Bedarf aufeinander zugehen, sich unterstützen und gemeinsam Aktionen, Projekte und Veranstaltungen planen, entwickeln und durchführen (z. B. Straßenfeste, formale Beteiligungsver-fahren, Entwicklung von bedarfsorientierten Angeboten). Dass der Austausch und die Kooperation „auf Augenhöhe" (Volker V1; Thomas I3) stattfanden, war für die Vereine und Initiativen unabdingbar. Darin steckt der Anspruch, als legitime Kooperationspartner*innen und als Expert*innen des eigenen Wohn-umfeldes anerkannt zu werden, mit ihren jeweils eigenen Vorstellungen, Hand-lungsansätzen und Aktivitäten. Die befragten Professionellen der Sozialen Arbeit anerkannten die Eigenständigkeit, Selbstbestimmung und Unabhängigkeit der Nachbarschaftsvereine und -initiativen und sahen es als ihren Arbeitsauftrag, Kooperationspotenziale zu fördern und die Vereine und Initiativen bei Bedarf in ihren Vorhaben zu unterstützen. Ihre Rolle verorteten sie dabei auf zwei Ebenen:

der systemischen (Veränderung bestehender Governance-Strukturen) und der konkreten Umsetzungsebene (Vernetzung, technische Mittel, Räumlichkeiten, Expertise, Beratung etc.). Dabei zeigt sich in Übereinstimmung mit de Wilde et al. (2014), dass das Vorhandensein von Einrichtungen (z. B. Nachbarschafts-zentrum, Quartierbüro) im Stadtteil nicht ausreichend ist. Vielmehr braucht es eine hohe Reaktionsfähigkeit vonseiten der quartiersbezogenen Einrichtungen, Flexibilität und Pragmatismus (Maynard-Moody & Mosheno, 2003) sowie die Kompetenz, mit den jeweils unterschiedlichen Rationalitäten und Logiken der zivilgesellschaftlichen Gruppen umzugehen. Das bedeutet auch, einen Steuerungsanspruch aufzugeben und (Ergebnis-)Offenheit und Koproduktion zur Arbeitsmaxime zu deklarieren. Das ermöglicht neue Perspektiven, innovative Praktiken und Veränderungen entstehen zu lassen und zu fördern (Bartels, 2019).

Dass die Professionellen der Sozialen Arbeit durch ihre vielfältigen Hand-lungsfelder (Angebote, Beratung, Begegnungsräume, aufsuchende Soziale Arbeit) gut in den Stadtteil integriert waren und die Bewohner*innen die Ein-richtungen als informelle Begegnungsorte nutzten, erleichterte für die zivil-gesellschaftlichen Akteur*innen in der Entstehungsphase das Zugehen auf die Mitarbeitenden der Einrichtungen und somit auch den Zugang zu Ressourcen, die für die Umsetzung der eigenen Aktionen und Projekte wichtig waren. Außerdem ermöglichte die offene Nutzung der Einrichtungen die informelle Informations-verbreitung, den Austausch und die Vernetzung zwischen den Bewohnenden (Aushänge in der Einrichtung, informelle Treffen und Begegnungen im Garten oder im Gemeinschaftsraum etc.). Wie Medved (2016) in seiner Studie zeigt, sollten Einrichtungen der raumbezogenen Sozialen Arbeit möglichst inklusiv, offen und multifunktional gestaltet sein, gut erreichbar und zugänglich sein und ein lebendiger Ort der Begegnung sein. Die Einrichtungen als Ort können eine wichtige Funktion in der Förderung zivilgesellschaftlichen Engagements und dem Entstehen von Kooperationen zwischen lokalen Akteur*innen sein.

Ein wichtiges Potenzial in der Kooperation zwischen Akteur*innen in einem Stadtteil liegt in der erhöhten Wirkmächtigkeit durch kollektives Handeln, da sie gemeinsam Druck ausüben (z. B. auf Politik und Verwaltung) und ihr lokal-spezifisches Wissen, ihre Ressourcen und Netzwerke nutzen können, um sich für eine gemeinsame Interessenslage oder ein gemeinsames Ziel zu engagieren. Zu beachten gilt jedoch, dass die Vereine und Initiativen nicht per se als Ver-treter*innen der gesamten Bewohnerschaft eines Stadtteils betrachtet werden können. In ihrem Engagement verfolgen sie ihre eigenen Anliegen und Interessen und nutzen dabei selektive Netzwerke in der Nachbarschaft. Dabei kann es zu Konflikten und Verhandlungen zwischen Bewohnenden in einem Stadt-teil kommen, so genannten „everyday politics" (Blokland, 2009, S. 1608). Die

Nichtsichtbarkeit bestimmter lokaler Bevölkerungsgruppen, soziale Ungleichheiten und bestehende Machtasymmetrien können sich dadurch in einem Stadtteil verstärken (Deener, 2010). Der raumbezogenen Sozialen Arbeit im Quartier kommt dabei die Aufgabe zu, Nachbarschaften in ihrer Pluralität anzuerkennen und die vielfältigen Bedarfe und Interessen der Bewohnenden in einem Stadtteil zu ermitteln und miteinander zu verhandeln, um sozialräumlicher Ungleichheit und Exklusion entgegenzuwirken.

Literatur

Arandelovich, B., & Bogunovich, D. (2013). City profile: Berlin. *Cities, 37*, 1–26.

Bang, H. P., & Sorensen, E. (1999). The everyday maker: A new challenge to democratic governance. *Administrative Theory & Praxis, 21*(3), 325–341.

Bartels, K. P. R. (2019). Encounters with an open mind: A relational grounding for neighborhood governance. In M. Stout (Hrsg.), *From austerity to abundance? Creative approaches to coordinating the common good* (S. 181–200). Emerald Insight.

Blokland, T. (2009). Celebrating local histories and defining neighbourhood communities: Place-making in a gentrified neighbourhood. *Urban Studies, 46*(8), 1593–1610.

Bottini, L. (2018). The effects of built environment on community participation in urban neighbourhoods: An empirical exploration. *Cities, 81*, 108–114.

Bunar, N. (2011). Urban development, governance and education: The implementation of an area-based development initiative in Sweden. *Urban Studies, 28*(13), 2849–2864.

Charmaz, K. (2008). *Constructing grounded theory. A practical guide through qualitative analysis*. Sage.

Chatterton, P., & Pickerill, J. (2010). Everyday activism and transitions towards post-capitalist worlds. *Transactions of the Institute of British Geographers, 35*(4), 475–490.

Cook, T. D., Shagle, S. C., & Degirmencioglu, S. M. (1997). Capturing social processes for testing mediational models of neighborhood effects. In J. Brooks-Gunn, G. J. Duncan, & J. L. Aber (Hrsg.), *Neighborhood poverty: Policy implications in studying neighborhoods* (Bd. II, S. 94–119). Russell Sage.

Conway, B. P., & Hachen, D. S. (2005). Attachments, grievances, resources, and efficacy: The determinants of tenant association participation among public housing tenants. *Journal of Urban Affairs, 27*(1), 25–52.

Deener, A. (2010). The 'black section' of the neighbourhood. Collective visibility and collective invisibility as sources of place identity. *Ethnography, 11*(1): 45–67.

de Wilde, M., Hurenkamp, M., & Tonkiens, E. (2014). Flexible relations, frail contacts and failing demands: How community groups and local institutions interact in local governance in the Netherlands. *Urban Studies, 51*(16), 3365–3382.

de Wilde, M., & Duyvendak, J. W. (2016). Engineering community spirit: The prefigurative politics of affective citizenship in Dutch local governance. *Citizenship Studies, 20*(8), 973–993.

Drilling, M., Oehler, P., & Käser, N. (2017). *Potenziale postmoderner Nachbarschaften*. Eine Pilotstudie im Auftrag des Bundesverbands Wohnen und Stadtentwicklung e. V.

Berlin. Basel: Institut Sozialplanung, Organisationaler Wandel und Stadtentwicklung ISOS, Hochschule für Soziale Arbeit FHNW.

Durose, C. (2009). Front-line workers and 'local knowledge': Neighbourhood stories in contemporary UK local governance. *Public Administration, 87*(1), 35–49.

Durose, C., van Hulst, H., Jeffares, S., Escobar, O., Agger, A., & de Graaf, L. (2016). Five ways to make a difference: Perceptions of practitioners working in urban neighborhoods. *Public Administration Review, 76*(4), 576–586.

Edwards, A. (2005). Relational agency: Learning to be a resourceful practitioner. *International Journal of Educational Research, 43,* 168–182.

Foster-Fishman, P. G., Cantillon, D., Pierce, S. J., & van Egeren, L. A. (2007). Building an active citizenry: The role of neighborhood problems, readiness, and capacity for change. *American Journal of Community Psychology, 39,* 91–106.

Harth, A., Schüffler, M., Schulze, M., Oßwald, S., Bouali, K., Gude, S., & Thal, T. (2017). *Sozialstudie Graefestraße 2016.* Überprüfung der Voraussetzungen für den Fortbestand der sozialen Erhaltungsverordnung nach § 172 Abs. 1 Satz 1 Nr. 2 BauGB. Studie im Auftrag von Bezirksamt Friedrichshain-Kreuzberg von Berlin. Bezirksamt Friedrichshain-Kreuzberg.

Haus, M., & Erling-Klausen, J. (2011). Urban leadership and community involvement: Ingredients for good governance? *Urban Affairs Review, 47*(2), 256–279.

Hendriks, F., & Tops, P. (2005). Everyday fixers as local heroes: A case study of vital interaction in urban governance. *Local Government Studies, 31*(4), 475–490.

Horak, M., &. Blokland, T. (2012). Neighborhoods and civic practice. In P. John, K. Mossberger, &. S. U. Clarke (Hrsg.), *The Oxford Handbook of Urban Politics.* doi: https://doi.org/10.1093/oxfordhb/9780195367867.013.0013.

Horelli, L., Saad-Sulonen, J., Wallin, S., & Botero, A. (2015). When self-organization intersects with urban planning: Two cases from Helsinki. *Planning Practice & Research, 30*(3), 286–302.

Hou, J. (Hrsg.). (2010). *Insurgent public space: Guerrilla urbanism and the remaking of contemporary cities.* Routledge.

Iveson, K. (2013). Cities within the city: Do-it-yourself urbanism and the right to the city. *International Journal of Urban and Regional Research, 37*(3), 941–956.

Klöti, T. (2016). Zum Verhältnis von partizipativer Stadtentwicklung, neoliberaler Stadtpolitik und stadtteilbezogener Sozialer Arbeit. In P. Oehler & M. Drilling (Hrsg.), *Soziale Arbeit in der unternehmerischen Stadt* (S. 53–73). VS Verlag.

Lawless, P., Foden, M., Wilson, I., & Beatty, C. (2010). Understanding area-based regeneration: The new deal for communities programme in England. *Urban Studies, 47*(2), 257–275.

Ledwith, M., & Springett, J. (2010). *Participatory practice: Community-based action for transformative change.* Policy Press.

Leventhal, T., & Brooks-Gunn, J. (2000). The neighborhoods they live in: The effects of neighborhood residence on child and adolescent outcomes. *Psychological Bulletin, 126,* 309–337.

Lowndes, V., & Sullivan, H. (2008). How low can you go? Rationalities and challenges for neighbourhood governance. *Public Administration, 86*(1), 53–74.

Lund, V., & Juujärvi, S. (2018). Residents' agency makes a difference in volunteering in an urban neighbourhood. *VOLUNTAS: International Journal of Voluntary and Nonprofit Organizations, 29*, 756–769.

Lydon, M., & Garcia, A. (2015). *Tactical urbanism: Short-term action for long-term change.* Island Press.

Maynard-Moody, S., & Musheno, M. (2003). *Cops, teachers, counselors: Stories from the front lines of public service.* University of Michigan Press.

Medved, P. (2016). The essence of neighbourhood community centres (NCCs) in European sustainable neighbourhoods. *Urban Design International, 22*(2), 150–167.

Moulaert, F. (2010). Social innovation and community development: Concepts, theories and challenges. In F. Moulaert, F. Martinelli, E. Swyngedouw, & S. González (Hrsg.), *Can Neighbourhoods Save the City?* (S. 4–16). Routledge.

Murphy, P. W., & Cunningham, J. V. (2003). *Organizing for community controlled development: Renewing civil society.* Sage.

Newman, J. (2013). Performing new worlds? Policy, politics and creative labour in hard times. *Policy & Politics, 41*(4), 515–532.

Novy, J., & Colomb, C. (2013). Struggling for the right to the (creative) city in Berlin and Hamburg: New urban social movements, new „spaces of hope"? *International Journal of Urban and Regional Research, 37*(5), 1816–1838.

Oehler, P., Drilling, M., & Guhl, J. (2016). Nachbarschaft – Reformulierung eines Konzeptes von Sozialer Arbeit im Kontext der unternehmerischen Stadt. In P. Oehler & M. Drilling (Hrsg.), *Soziale Arbeit in der unternehmerischen Stadt* (S. 23–40). VS Verlag für Sozialwissenschaften.

Pares, M., Bonet-Marti, J., & Marti-Costa, M. (2012). Does participation really matter in urban regeneration policies? Exploring governance networks in Catalonia (Spain). *Urban Affairs Review, 48*(2), 238–271.

Rose, N. S. (1996). The death of the social? Re-figuring the territory of government. *Economy and Society, 25*(3), 327–356.

Sawhney, N., de Klerk, C., & Malhotra, S. (2015). Civic engagement through diy urbanism and collective networked action. *Planning Practice & Research, 30*(3), 337–354.

Senatsverwaltung für Stadtentwicklung und Umwelt Berlin. (2015). Monitoring Soziale Stadtentwicklung Berlin 2015. Endbericht. https://www.stadtentwicklung.berlin.de/planen/basisdaten_stadtentwicklung/monitoring/de/2015/index.shtml. Zugegriffen: 4. Jan. 2022.

Sorensen, A. (2009). Neighborhood streets as meaningful spaces: Claiming rights to shared spaces in Tokyo. *City & Society, 21*(2), 207–229.

Szreter, S. (2002). The state of social capital: Bringing back in power, politics, and history. *Theory and Society, 31*, 573–621.

Tuurnas, S. (2016). Looking beyond the simplistic ideals of partcipatory projects: Fostering effective coproduction? *International Journal of Public Administration, 39*(13), 1077–1087.

van Marissing, E., Bolt, G., & van Kempen, R. (2006). Urban governance and social cohesion effects of urban restructuring policies in two Dutch cities. *Cities, 23*(4), 279–290.

Wagner, T. (2013). *Die Mitmachfalle: Bürgerbeteiligung als Herrschaftsinstrument.* PapyRossa Verlag.

Wortham-Galwin, B. D. (2013). An anthropology of urbanism: How people make places (and what designers and planners might learn from it). *Footprint, 7*(2), 21–40.

Simone Tappert forscht und lehrt an der Hochschule für Soziale Arbeit der Fachhochschule Nordwestschweiz. Derzeit promoviert sie im Fach Europäische Ethnologie an der LMU München im Schnittfeld von Nachbarschaften, Alltagspraktiken und Zugehörigkeiten. Ihre Schwerpunkte umfassen Nachbarschaft, sozial nachhaltige Quartiersentwicklung, Partizipation und Digitalisierung.

Open Access Dieses Kapitel wird unter der Creative Commons Namensnennung 4.0 International Lizenz (http://creativecommons.org/licenses/by/4.0/deed.de) veröffentlicht, welche die Nutzung, Vervielfältigung, Bearbeitung, Verbreitung und Wiedergabe in jeglichem Medium und Format erlaubt, sofern Sie den/die ursprünglichen Autor(en) und die Quelle ordnungsgemäß nennen, einen Link zur Creative Commons Lizenz beifügen und angeben, ob Änderungen vorgenommen wurden.

Die in diesem Kapitel enthaltenen Bilder und sonstiges Drittmaterial unterliegen ebenfalls der genannten Creative Commons Lizenz, sofern sich aus der Abbildungslegende nichts anderes ergibt. Sofern das betreffende Material nicht unter der genannten Creative Commons Lizenz steht und die betreffende Handlung nicht nach gesetzlichen Vorschriften erlaubt ist, ist für die oben aufgeführten Weiterverwendungen des Materials die Einwilligung des jeweiligen Rechteinhabers einzuholen.

Community Organizing: Das Konzept von Saul Alinsky und mögliche Formen der Umsetzung im Rahmen eines Stadtteilmanagements

Ute Fischer und Lothar Stock

Zusammenfassung

Community Organizing (CO) wurde Ende der 1930er Jahre in den USA maßgeblich von Saul D. Alinsky entwickelt. Dieser stand wohlfahrtsstaatlichen Bemühungen generell und dem von Jane Addams im Rahmen der Settlement-Bewegung in Chicago initiierten Hull House im Besonderen deutlich reserviert gegenüber. Auch in bester Absicht ausgeübte Fürsorge verhindere seiner Meinung nach die Emanzipation der jeweils angesprochenen Adressat*innen und ändere erst recht nichts an den bestehenden Machtverhältnissen. Passen somit CO und sozialarbeiterisch geprägtes, in der Regel top-down initiiertes Stadtteilmanagement denn überhaupt zusammen? Der Beitrag zeigt anhand eines konkreten Beispiels, wie Elemente und Handlungsansätze aus dem CO auch in diesem Rahmen zum Tragen kommen können – sofern gewisse Prämissen dabei beachtet werden.

Wenn in diesem Beitrag Begriffe aus dem Englischen unübersetzt übernommen werden, so wird dies auch bei der Deklination, der Pluralbildung sowie bei der Geschlechterbezeichnung entsprechend in der englischsprachigen Form belassen.

U. Fischer
Regionaler Caritasverband Aachen für die Regionen Aachen-Stadt und Aachen-Land e.V., Ehrenamt – Familie – Migration, Aachen, Deutschland
E-Mail: u.fischer@caritas-aachen.de

L. Stock (✉)
Hochschule für Technik, Wirtschaft und Kultur Leipzig, Fakultät Architektur und Sozialwissenschaften, Leipzig, Deutschland
E-Mail: lothar.stock@htwk-leipzig.de

© Der/die Autor(en) 2023
P. Oehler et al. (Hrsg.), *Marginalisierung, Stadt und Soziale Arbeit*, Quartiersforschung, https://doi.org/10.1007/978-3-658-37386-3_4

1   Einleitung

Die Initiierung von handlungsmächtigen Zusammenschlüssen von Menschen unterschiedlicher Kulturen auf lokaler Ebene bzw. im Stadtteil ist Ziel von Community Organizing (CO). Hierbei werden insbesondere solche Menschen angesprochen, deren Interessen in der (kommunalen) Politik nur eher geringe Berücksichtigung finden und deren demokratische Mitwirkung bei Wahlen, egal auf welcher Ebene, ebenfalls schwach ausgeprägt bzw. zuweilen gar nicht möglich ist. Entsprechend ist CO oftmals in Stadtteilen mit sozial benachteiligter Bevölkerungsstruktur verortet. Ausgehend von der historischen Entstehungsgeschichte sowie den grundlegenden Prinzipien von CO soll in diesem Beitrag aufgezeigt werden, in welcher Weise – trotz gänzlich anderer Ausgangsvoraussetzungen – Elemente aus dem CO auch im Rahmen eines sozialarbeiterisch geprägten Stadtteilmanagements umgesetzt werden können. Allgemeine Ausführungen zum Verhältnis von CO und Sozialer Arbeit schließen den Beitrag ab.

2   Entstehungsgeschichte von Community Organizing in den USA und Rezeption in Deutschland

CO wurde Ende der 1930er Jahre in den USA von Saul D. Alinsky entwickelt. Er selbst war Sohn einer jüdisch-orthodoxen Einwandererfamilie aus Weißrussland und wuchs mit seinen Eltern in einem der schlimmsten Slums von Chicago auf. Die jüdische Gemeinde bildete hier quasi ein weiteres, ein ethnisches Ghetto im ohnehin manifesten geografischen. Mittels eines Stipendiums studierte Alinsky an der University of Chicago zunächst Soziologie, dann Kriminologie. Nach Abschluss des Studiums arbeitete er in einem Jugendgefängnis mit delinquenten Jugendlichen. Schnell erkannte Alinsky, dass die Arbeit dort mit dem Ziel der Resozialisierung der Inhaftierten einen unzureichenden, reaktiven Ansatz auf der individuellen Verhaltensebene darstellt. Stattdessen musste seiner Meinung nach an der nachhaltigen Verbesserung der Lebensverhältnisse in den Armutsquartieren angesetzt werden, um delinquentes Verhalten erst gar nicht entstehen zu lassen.

Motor derartiger Veränderungsprozesse konnten nach Ansicht Alinskys allein die organisierten Bewohner*innen der Quartiere selbst im gemeinsamen Handeln sein. Fortan fokussierte er sein Wirken auf den Aufbau von eigenständigen, handlungsmächtigen Bürgerorganisationen („community organizations"[1]). Dabei grenzte er sein Tun mit Nachdruck sowohl gegenüber jeglichen wohlfahrtsstaatlichen Hilfeangeboten als auch gegenüber dem Settlement Movement ab. Deren prominenteste Vertreterin, Jane Addams, warf er vor, in dem von ihr geleiteten Hull House im 19. Chicagoer District weiterhin viel zu sehr stellvertretend für die dort lebenden Menschen zu handeln und diese damit ihrer eigenen Würde zu berauben, anstatt die Bewohner*innen dazu zu befähigen, eigenständig für ihre Belange einzutreten. Im Verständnis von Alinsky ist eine Bürgerorganisation „keine philanthropische Spielwiese oder irgendein sozialer Klimbim" (Alinsky, 1999, S. 128), sondern vielmehr eine „Konfliktpartei", deren Aufbau und Wirken einem neuen Machtfaktor im Stadtteil gleichkommt. Dies „bedeutet automatisch eine Einmischung in und eine Bedrohung für die bestehenden Machtverhältnisse und damit eine Infragestellung des Status quo" (ebd.).

1938 gründete Alinsky seine erste Bürgerorganisation, den „Back of the Yards Neighborhood Council" in Chicago. In diesem Stadtteil, unmittelbar hinter dem städtischen Schlachthof gelegen, lebten viele in die USA eingewanderte Menschen unterschiedlicher Nationaliät unter sehr erbärmlichen Wohn- und Arbeitsbedingungen. Arbeit fanden diese in aller Regel lediglich als Tagelöhner*innen im angrenzenden Schlachthof, immer dann, wenn große Tiertransporte aus dem Westen der USA dort ankamen und die Tiere geschlachtet sowie zu Wurst und Fleisch weiterverarbeitet werden mussten. Eine gewerkschaftliche Organisierung der stets nur temporär beschäftigten Arbeiter*innen war kaum vorhanden und damit wurden deren Interessen auch nicht durch die Gewerkschaften vertreten. Die Nachbarschaft bzw. der Stadtteil wurde so zum Organisationsfeld von Alinsky. Dieser stand zum damaligen Zeitpunkt in einem engen Kontakt mit John L. Lewis, einem bekannten Gewerkschaftsführer und Präsident der United Mine Workers of America (UMWA). Von ihm übernahm Alinsky das Modell des „broad based organizing", das „Organisieren von Organisationen", und führte auf diese Weise schließlich insgesamt 127 Vereine und Organisationen im „Back of the Yard Neighborhood Council" zusammen (vgl. Szynka, 2014,

---

[1] In der deutschen Übersetzung des Begriffs gibt es verschiedene Varianten. Wir haben uns, angelehnt an die frühen Übersetzungen von Alinskys Schriften, für die der Bürgerorganisation entschieden, wohlwissend dass bei enger Auslegung des Begriffs, Personen, denen das Wahlrecht nicht zusteht, damit ausgeschlossen sind. In der Praxis ist dies jedoch nicht von Relevanz.

S. 13). Als es Alinsky zudem gelang, die im Stadtteil tief verankerte katholische Kirche zur Unterstützung eines von der Gewerkschaft organisierten Streiks gegen die Fleischverpackungsindustrie zu gewinnen, lenkte diese ein und kam in der Folge den von den Streikenden erhobenen Forderungen nach. Dies bedeutete gleichzeitig den ersten großen Erfolg des von ihm entwickelten Community Organizing. Im Jahr 1940 gründete Alinsky die „Industrial Area Foundation" (IAF) als nationales Schulungszentrum und Dachorganisation für CO. Die IAF nimmt beide Funktionen auch heute noch wahr.

Neben dem von Alinsky praktizierten „broad based organizing" entwickelten sich im Laufe der Zeit in den USA auch andere Ansätze im CO, die sich z. B. mehr an den Prinzipien der Graswurzelbewegung orientierten und unter dem Begriff des „individual based organizing" zusammengefasst wurden. Heute sind viele der CO-Aktivitäten in irgendeiner Weise an lokale Kirchengemeinden angebunden, sodass von einem „churched based" oder auch von „congregation based organizing" gesprochen wird. In scharfer Kritik an sowie in deutlicher Abgrenzung zu Alinsky und der IAF steht der Ansatz des „transformative organizing" um Eric Mann, dem Gründer und langjährigen Präsidenten des Labor Community Strategy Center in Los Angeles. Mann und seine Mitstreiter*innen weisen Alinsky den Platz eines weißen Liberalen zu, dem es niemals um eine grundsätzliche Infragestellung der gesellschaftlichen Verhältnisse in den USA gegangen wäre, im Gegensatz zur prinzipiell gesellschaftsverändernden, anti-kapitalistischen Ausrichtung des „transformative organizing". In Deutschland wird dieser Ansatz von CO insbesondere von der Rosa-Luxemburg-Stiftung ver-breitet, worauf an dieser Stelle jedoch nicht weiter eingegangen werden soll.

CO in der Tradition von Alinsky wurde in Deutschland erstmals Anfang/Mitte der 1970er Jahre einem breiteren Publikum bekannt, insbesondere Studierenden der Sozialarbeit/Sozialpädagogik an den gerade gegründeten Fachhoch-schulen. In den Lehrplänen dort hatte sich die Gemeinwesenarbeit (GWA) als „Dritte Methode" der Sozialarbeit – neben der Einzel(fall)hilfe und der sozialen Gruppenarbeit – zwischenzeitlich weitestgehend etabliert. Innerhalb der ver-schiedenen Ausprägungen der GWA wurde CO dem „aggressiven Ansatz" zugeordnet (Müller, 1971) und unter diesem Duktus vielfach rezipiert. Was aber weitestgehend fehlte, war – von ganz wenigen Versuchen einmal abgesehen – dessen Umsetzung in konkretes sozialarbeiterisches Praxishandeln. So blieb es in dieser Phase hierzulande im Wesentlichen bei einer allein literarischen Rezeption der ins Deutsche übersetzten Werke Alinskys (1973, 1974). Auch wenn Teile der von ihm dort beschriebenen Aktionsformen in den 1980er Jahren Ein-gang in die damaligen Protestbewegungen fanden (Anti-Atomkraft-Bewegung, Frauenbewegung, Widerstand gegen die Stationierung US-amerikanischer

Marschflugkörper in der Bundesrepublik Deutschland), wurde es um CO an sich in diesem Zeitraum recht still. Dies änderte sich erst wieder 1993 mit der Veröffentlichung einer von vier Studierenden an der Katholischen Hochschule in Freiburg gemeinsam verfassten Diplomarbeit (Mohrlok et al., 1993), in der die Praxis von CO in den USA mit derjenigen der bundesdeutschen GWA verglichen wurde. Das Interesse an CO war plötzlich wieder geweckt und in der Folge gründete sich im Jahr 1995 das Forum Community Organizing e. V. (FOCO) und gut zehn Jahre später, im Jahr 2006, das Deutsche Institut für Community Organizing (DICO), das sich selbst unzweideutig in der Tradition von Saul Alinsky und der IAF verortet sieht. Anders als noch in den 1970er Jahren hat sich im Rahmen dieser zweiten Rezeption ab Mitte der 1990er Jahre in Deutschland eine bunte Vielfalt unterschiedlicher CO-Projekte entwickelt (vgl. Stock, 2016). Dies reicht von Ansätzen innerhalb der Gemeinwesenarbeit über Initiativen aus dem kirchlichen Bereich bis hin zu den vom DICO in verschiedenen deutschen Städten initiierten Bürgerplattformen. Auch im gewerkschaftlichen Bereich wird seit nunmehr etlichen Jahren auf die Handlungsansätze von Alinsky zurückgegriffen, insbesondere dort, wo in Betrieben des Dienstleistungssektors oder der New Economy der Organisierungsgrad unter den Beschäftigten nur sehr gering ausgeprägt ist. Auf das in jüngster Zeit ebenfalls verstärkt diskutierte „transformative organizing" wurde weiter oben bereits hingewiesen.

3 Grundlagen und Prinzipien von Community Organizing

Angesichts des Ziels von CO, durch den Aufbau von eigenständigen, handlungsfähigen Interessenvertretungen oftmals sozial benachteiligter Bevölkerungsgruppen bestehende (i. d. R. lokale) Machtstrukturen infrage zu stellen und diese im Hinblick auf demokratischere Entscheidungsprozesse zu transformieren, ist es nicht verwunderlich, dass der Begriff Macht („Power") bei Alinsky eine zentrale Position einnimmt. Der „Macht des Geldes" einzelner Personen oder Konzernen stellt CO die „Macht der (organisierten) Menschen" gegenüber. Im Gegensatz zur oft negativen Konnotation von Macht begreift Alinsky diese vielmehr als die Fähigkeit zum eigenen Handeln. In ähnlicher Weise äußert sich auch Martin Luther King (1968, S. 51): „Macht richtig verstanden, ist die Möglichkeit etwas zu erreichen. Es ist die Stärke, die man braucht, um soziale, politische oder wirtschaftliche Veränderungen herbeizuführen. In diesem Sinne ist Macht nicht nur erwünscht, sondern auch notwendig, um die Forderungen von Liebe und Gerechtigkeit zu erfüllen."

Damit Menschen aktiv werden und sich gemeinsam mit anderen für Veränderungen im Stadtteil bzw. für Verbesserungen ihrer Lebensbedingungen engagieren, braucht es nach Alinsky vor allem zwei Dinge: das Anknüpfen an deren Eigeninteresse sowie den Aufbau von Beziehungen. Für beides stellen Einzelgespräche („one-on-ones") das zentrale Handlungsinstrument im CO dar. Diese Gespräche stehen zu Beginn eines jeden Organizing-Prozesses, sind in der Regel terminlich fest vereinbart und dauern im Durchschnitt jeweils 30 bis 45 min. Neben dem Herausfinden des Eigeninteresses dienen sie gleichzeitig dem Beziehungsaufbau zwischen dem Organizer und der besuchten Person. Ganz im Sinne von Rosa Luxemburgs „Freiheit der Andersdenkenden" (1922) wird das persönliche Eigeninteresse im CO stets im Zusammenhang mit den (Eigen-)Interessen der Anderen gesehen und grenzt sich damit eindeutig von jeglicher Form des Egoismus und der Selbstsucht ab, ebenso aber auch von der zuweilen bedingungslosen Selbstlosigkeit, wie diese manchen Akteur*innen aus dem sozialen Bereich mitunter zu eigen ist. Der hohe Stellenwert, der dem Beziehungsaufbau im CO beigemessen wird, resultiert u. a. daraus, dass traditionelle Bindungen und damit einhergehende Beziehungen nicht erst seit heute vielerorts verloren gegangen sind. Am Ende eines jeden „one-on-one" steht die Frage nach weiteren Personen, mit denen ebenfalls gesprochen werden sollte, sowie die Einladung zu weiterem Engagement, gemeinsam mit anderen Personen aus dem Stadtteil. Auf die nachfolgenden Schritte im insgesamt vierstufigen Organizing-Prozess (s. auch Richers, 2014) wird anhand des unter Abschn. 4 vorgestellten Stadtteilmanagements in Baesweiler-Setterich ausführlich und in konkreter Weise eingegangen. Hier an dieser Stelle soll dagegen mit den Prinzipien und allgemeinen Grundlagen von CO fortgefahren werden.

Eines der für Alinsky zentralen Prinzipien ist die sowohl finanzielle als auch politische Unabhängigkeit der Bürgerorganisation. Die Mitgliedschaft von Parteien oder entsprechender Untergliederungen wird strikt abgelehnt, was jedoch nicht bedeutet, dass deren Mitgliedern damit gleichsam ein persönliches Engagement in der Organisation verwehrt bleibt. Finanziert wird die Arbeit durch Eigenbeiträge der Mitgliedsorganisationen sowie durch Spenden. Eine Förderung aus staatlichen Mitteln wird in der Regel abgelehnt, da dies die Unabhängigkeit der Bürgerorganisation, etwa in einer konflikthaften Auseinandersetzung mit der Stadtverwaltung oder anderen Behörden, doch erheblich beeinträchtigen könnte. An diesem Punkt offenbart sich die merklich andere gesellschaftliche Situation in den USA mit einem gegenüber Deutschland weit ausgeprägteren philanthropischen Mäzenatentum einerseits, aber auch mit einer signifikant geringeren Bedeutung staatlicher Wohlfahrt andererseits. Der uneingeschränkten Übertragbarkeit von CO auf die hierzulande in aller Regel wohlfahrtsstaatlich finanzierte Gemeinwesenarbeit sind damit offensichtlich bereits Grenzen gesetzt.

Wie bereits an Alinskys erster Bürgerorganisation, dem „Back oft the Yards Neigborhood Council" mit seinen insgesamt 127 Mitgliedsorganisationen, deutlich wird, setzt CO auf eine breite Basis in der Bevölkerung und damit auf eine „Kultur der Beziehungen". Kulturelle Vielfalt im Stadtteil wird daher als eine Bereicherung sowohl der Aktionsmöglichkeiten als auch der diskursiven Auseinandersetzungen empfunden und nicht etwa als eine besondere Herausforderung, die es im Organizing-Prozess zu überwinden gilt. CO ist damit weit von der auch heute noch in der GWA zuweilen anzutreffenden Zielgruppendominanz entfernt. Im Gegensatz zum Agieren beispielsweise in Bürgerinitiativen, die in aller Regel allein auf ein Thema fixiert sind, greift CO verschiedene Themen („issues") auf, wenngleich temporär einer Thematik durchaus die uneingeschränkte Priorität eingeräumt werden kann. Die Wahl dieser Themen sowie deren Priorisierung erfolgen in selbstbestimmten, demokratischen und stets transparenten Entscheidungsfindungsprozessen aller Beteiligten, wobei mit Transparenz ein weiteres zentrales Kriterium von CO angesprochen ist. Und ebenfalls anders als bei Bürgerinitiativen sind die Aktivitäten einer Bürgerorganisation nicht mit dem Sieg (oder auch der Niederlage) in der Auseinandersetzung mit der Gegenseite beendet, sondern stattdessen wendet man sich nun dem nächsten Thema zu. Denn letztlich besteht das Ziel von CO ja nicht allein in der Lösung offensichtlich vorhandener Probleme, sondern darüber hinaus in der Etablierung der Bürgerorganisation als einen neuen und nachhaltigen Machtfaktor im gesellschaftlichen Aushandlungsprozess mit Politik, Verwaltung und Wirtschaft.

Im CO geht es nicht um allgemeine, abstrakte Forderungen wie beispielsweise eine Welt ohne Waffen oder das friedliche Zusammenleben der Kulturen, sondern um konkrete Lösungen für konkret existente Probleme. Das Herunterbrechen derartiger Mega-Themen auf konkrete Forderungen im Alltagsleben zeichnet einen Teil der Handlungsfähigkeit der Bürgerorganisation aus, ebenso wie die sich daran anschließende Machtanalyse unter der Fragestellung: „Wer kann uns das geben, was wir wollen? Wer sind also unsere Gegner*innen und wo finden wir mögliche Verbündete?" Nur auf dieser Basis und im gemeinsamen Handeln kann ein produktives Austragen von allgegenwärtigen Konflikten – gegebenenfalls auch in der Öffentlichkeit! – für die Bürgerorganisation von Erfolg gekrönt sein.

CO basiert auf von allen gemeinsam getragenen Werten und Normen. Jene orientieren sich an demokratischen Prinzipien, Toleranz und Anerkennung von

Vielfalt, sozialer Gerechtigkeit sowie an den allgemeinen Menschenrechten und müssen an jeder Stelle im Organizing-Prozess, bei jeder öffentlichkeitswirksamen Aktion und auch bei allen anderen Aktivitäten zum Tragen kommen. Dies erfordert eine permanente Reflexion des eigenen Tuns. Insbesondere aber bei der Auswertung und Evaluation durchgeführter Kampagnen stellt sich unabdingbar die Frage, ob dabei stets den eigenen Werten und Normen treu geblieben wurde bzw. an welcher Stelle und warum diese verletzt wurden. Wie im gesamten Organizing-Prozess vertraut CO auch hierbei in die Fähigkeiten der Menschen, deren Potenziale sich im gemeinsamen Handeln immer mehr entfalten. An erster Stelle stehen im CO stets die Menschen, erst an zweiter die Probleme.

4   Umsetzung des Handlungskonzeptes Community Organizing im Rahmen des Stadtteilmanagements Baesweiler-Setterich

Baesweiler ist eine Stadt in Nordrhein-Westfalen mit ca. 28.000 Ein- wohner*innen, Setterich ist – neben dem Hauptort – der größte der insgesamt sechs Stadtteile. Im Programmgebiet „Soziale Stadt Setterich-Nord" leben etwa 3600 Menschen, davon ca. 40 % mit Zuwanderungsgeschichte. Anfang der 1990er Jahre wurde die letzte Zeche des Steinkohlebergbaus stillgelegt. Damit veränderte sich für viele Einwohner*innen nicht nur die wirtschaftliche Situation zum Negativen, sondern auch das soziale Leben verlor an verbindlichen und alltäglichen Strukturen, das Miteinander als „Kumpel" löste sich auf. Viele der ortsansässigen Vereine widmeten sich spezifischen Themen oder Zielgruppen (Kaninchenzucht, Taubenzucht, Schützenverein, Invaliden- und Seniorenverein usw.), sodass ein bislang wesentliches verbindendes Element fehlte. Setterich-Nord entwickelte sich in der Folge zu einem sozial benachteiligten Stadtteil und wurde 2009 in die Förderung des Programms „Soziale Stadt Nordrhein-West- falen"[2] aufgenommen.

Das Städtebauförderungsprogramm „Soziale Stadt" wurde 1999 von Bund und Ländern ins Leben gerufen mit dem Ziel, „die städtebauliche Aufwertung

---

[2] Finanzierung über Bundes-, Landes- und kommunale Mittel sowie einen Trägeranteil. Die Autorin arbeitete von 1999 bis 2020 als Stadtteilmanagerin in drei Städten, die durch dieses Programm gefördert wurden.

und die Stärkung des gesellschaftlichen Zusammenhalts in benachteiligten Stadt-
und Ortsteilen" (www.staedtebaufoerderung.info) zu unterstützen. Wichtige
Elemente des Programms sind neben den baulichen Verbesserungen u. a. die
Aktivierung und Beteiligung der Bewohner*innen, ein integriertes ressortüber-
greifendes Handeln sowie die Verstetigung der neu geschaffenen Strukturen über
die Programmlaufzeit hinaus. Auf welche Weise dies zu erreichen ist, wird nicht
explizit vorgegeben, sondern bleibt dem jeweils beauftragten Träger und der
auftragerteilenden Kommune überlassen. Die inhaltlich breit gefächerten Aufgaben des Stadtteilmanagements umfassen u. a. Kommunikations- sowie sich
selbststtragende Strukturen im Stadtteil aufzubauen, Dialoge zu moderieren und
Vernetzung anzuregen, die Bewohner*innen zu aktivieren sowie die lokale Ökonomie zu fördern (ausführlich s. ILS NRW, 2000, S. 25 ff.).

Grundlage für die Projektumsetzung ist ein Integriertes Handlungskonzept,
das von der jeweiligen Kommune erstellt wird und ausdrücklich auch die sozialen
Aspekte städtebaulicher Maßnahmen in die Konzeptionsentwicklung einbezieht.
Mit der Umsetzung der sozialen Maßnahmen in Baesweiler-Setterich wurde das
Deutsche Rote Kreuz (DRK), Kreisverband Städteregion Aachen e. V. beauftragt.
Anfang des Jahres 2010 begann die Arbeit der Stadtteilmanager*innen des DRK
in Setterich-Nord. Gemeinsam mit einer im Wohngebiet vertretenen Wohnungs-
gesellschaft wurde eine Dreizimmerwohnung angemietet. Grundlage der Arbeit
des Stadtteilbüros war ein durch CO inspiriertes Handlungskonzept.

In der Stadtteilarbeit stellt sich von Beginn an die Frage, wie es gelingen kann,
die Bewohner*innen nicht nur punktuell zu beteiligen, sondern auf längere Sicht
in die Stadtteilentwicklung einzubeziehen, denn sie sind die Expert*innen ihrer
Lebenswelt und wohnen auch dann noch im Stadtteil, wenn die Finanzierung
des Projektes ausgelaufen ist. Um mehr über die Lebenssituation der Menschen
in Setterich-Nord, über ihre Wünsche und Bedürfnisse zu erfahren sowie
um das Stadtteilmanagement im Wohngebiet bekannt zu machen, wurde ein
Zuhörprozess, wie unter Abschn. 3 beschrieben, gestartet. Daran anschließende
erste Gruppentreffen wurden im Warteraum der Wohnung, im kleinen dazu-
gehörigen Garten oder in Kooperation mit anderen Trägern des Stadtteils in deren
Räumen umgesetzt.

In der Folge entwickelten sich zwei verschiedene Handlungsstränge, die z. T.
parallel zueinander abliefen und sich gegenseitig ergänzten: der nach klassischem
CO-Vorgehen initiierte Aufbau einer nachhaltigen demokratischen Struktur der
Zusammenarbeit im Stadtteil sowie die Nutzung unterschiedlicher Elemente
aus dem methodischen Repertoire von CO bei der Umsetzung verschiedener
Einzelmaßnahmen des Stadtteilmanagements.

4.1 Aufbau einer nachhaltigen demokratischen Struktur

Möglichkeiten zur Teilnahme an öffentlichen Beteiligungsverfahren werden von sozial benachteiligten Bevölkerungsgruppen oft nicht wahrgenommen. Bekanntmachungen der Kommunen werden in der Lokalpresse nicht gelesen bzw. nicht verstanden oder aber die Adressat*innen fühlen sich nicht angesprochen. Eine Aktivierung und in der Folge eine gemeinsame Planung mit den Menschen vor Ort ist so kaum möglich. Die kommunalen Verantwortlichen handeln zwar nach bestem Wissen und Gewissen, aber es besteht immer die Gefahr, dass dabei an den Betroffenen vorbeigeplant wird. Dadurch werden die oftmals teuren Maßnahmen von diesen nicht als Verbesserung wahrgenommen, daher auch nicht wertgeschätzt und es kommt schneller zu Vandalismus.

Mit dem Handlungskonzept CO werden Bewohner*innen zusammengebracht, um gemeinsam Verbesserungen zu erzielen. Dabei werden vier Phasen durchlaufen, die sich bei einem lebendigen Prozess stets wiederholen und nie als abgeschlossen zu betrachten sind (s. Abb. 1).

Zu Projektbeginn wurde mit einem „Zuhörprozess" gestartet *(Phase 1)*. Hierbei fanden ca. 50 aktivierende Gespräche („one-on-ones") mit potenziellen Multiplikator*innen in Setterich-Nord statt, z. B. mit dem Imam, dem Pfarrer, der Leitung von Schulen und Kindergärten, mit Vereinsvorsitzenden und Vertreter*innen sozialer Einrichtungen. Ziel dabei war, sich kennenzulernen, Eigeninteressen, Themen und Ressourcen zu ermitteln, Kooperationsmöglichkeiten auszuloten und vertrauensvolle Arbeitsbeziehungen aufzubauen. Ein weiterer Aspekt dieser Gespräche war, Menschen zu finden, die viele Bewohner*innen des Stadtteils kannten und denen sie vertrauten. Im Stadtteil waren dies z. B. engagierte Eltern sowie Mitglieder von Moscheegemeinden. Mit ihnen wurde als Nächstes Kontakt aufgenommen und sie fungierten als sogenannte „Schlüsselpersonen". Ihre persönlichen Sichtweisen und Eigeninteressen wurden ermittelt, sodass nach und nach ein Bild des inneren Gemeinwesens, der informellen und formellen Strukturen sowie der jeweiligen Handlungsspielräume der verschiedenen Akteur*innen entstand. Hilfreich dafür war die Erweiterung des Teams durch eine Sozialarbeiterin türkischer Herkunft, die noch schneller Zugang zu den Menschen mit türkischer Zuwanderungsgeschichte fand. Darüber hinaus wurden die Themen („issues") zusammengetragen, die für die Menschen von Bedeutung waren und für die sie bereit waren, sich zu engagieren.

Im Austausch mit einem engagierten Pfarrer der Evangelischen Kirchengemeinde Setterich entstand die Idee, für interessierte Personen aus dem Stadtteil einen Workshop zu CO mit einem erfahrenen Organizer durchzuführen.

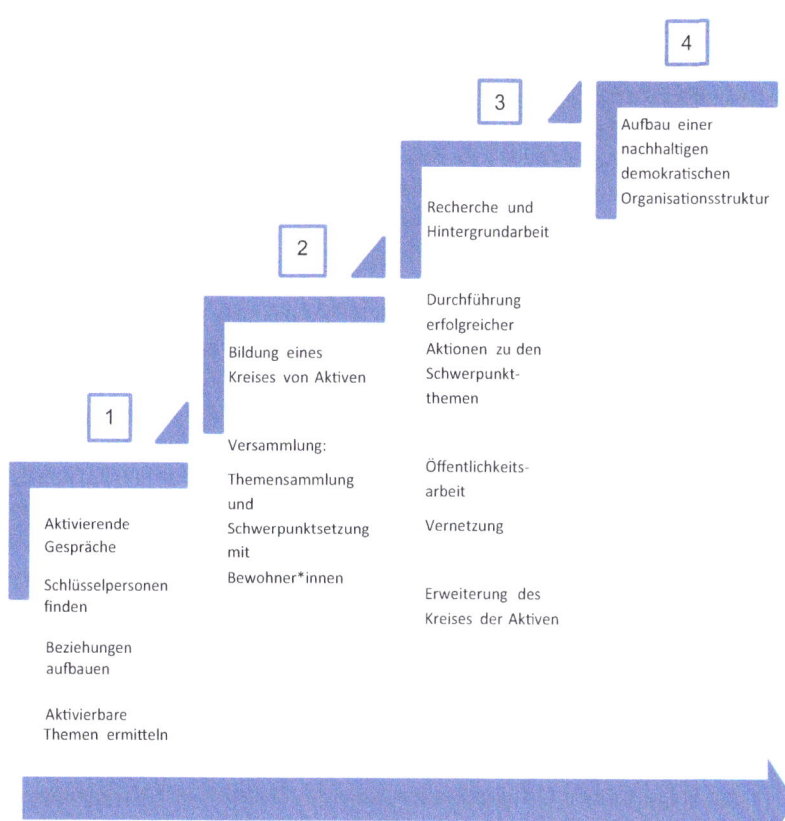

Abb. 1 Aufbau einer nachhaltigen demokratischen Organisationsstruktur. (Quelle: Eigene Darstellung, © U. Fischer 2021)

Menschen aus dem Programmgebiet „Soziale Stadt Setterich-Nord" sollten so in die Lage versetzt werden, sich für ihre Interessen selbst einzusetzen, anstatt lediglich auf schon geplante Maßnahmen zu reagieren. Weitere Träger schlossen sich an, die Finanzierung des Trainings erfolgte über den Verfügungsfonds des Förderprogramms. Im Rahmen des Zuhörprozesses konnten ca. 15 Teilnehmer*innen für das Training gewonnen werden *(Phase 2)*. Sie lernten, wie man aktivierende Gespräche führt (vgl. Lüttringhaus & Richers, 2019) und praktizierten diese anschließend selbst im Stadtteil, zunächst meist mit Bekannten in ihrer Nachbarschaft, später dann mit anderen Bewohner*innen. Auf diese Weise erweiterte sich der Kreis von Aktiven und die Themen, zu denen eine Aktivierung der Bewohner*innen möglich schien, wurden identifiziert. Die Gesprächsergebnisse wurden zusammengetragen und in einer Bewohnerversammlung öffentlich vorgestellt. Dort wurden die weiter zu verfolgenden Themenschwerpunkte auf demokratische Weise festgelegt. Zentrale Anliegen waren die Verbesserung der Lebenssituation von Kindern und Jugendlichen in Setterich-Nord sowie die Verschönerung und Verbesserung des Wohnumfelds. Zu beiden Themen bildeten sich Arbeitsgruppen, die Ideen und Lösungswege für die Probleme erarbeiteten und diese anschließend im Plenum vorstellten.

Durch erfolgreiche Aktionen, z. B. Reinigungsaktionen im Stadtteil mit bis zu 300 Mitwirkenden, und gemeinsame Aktivitäten, z. B. Beteiligung an Stadtteilfesten mit einem Spieleangebot, vergrößerte sich die Gruppe von Aktiven (Aktionskern) deutlich *(Phase 3)*. Zudem war es wichtig, auch ohne Finanzierung von außen selbstständig etwas für den Stadtteil zu tun und so auf sich aufmerksam zu machen sowie an Einfluss zu gewinnen. In der Projektkonzeption „Soziale Stadt Setterich-Nord" waren verschiedene Verbesserungsmaßnahmen zum Wohnumfeld im Programmgebiet vorgesehen. Mit dem hierfür verantwortlichen Mitarbeiter der Stadtplanungsbehörde wurde vereinbart, dass die engagierten Bewohner*innen ihre Sicht zu denjenigen Punkten einbringen konnten, bei denen es Handlungsspielräume in Bezug auf die Umsetzung gab. Mit dem Stadtteilmanagement wurde dazu ein Vorgehen abgesprochen, das einerseits ausreichend Zeit für einen Zuhörprozess in den jeweiligen Quartieren einräumte, andererseits dennoch in zeitlicher Nähe zur geplanten Umsetzung lag, damit die Erfolge des Engagements für die beteiligten Bewohner*innen unmittelbar spürbar wurden.

In der Folge wurden Ortsbegehungen gemacht, Haustür- und Kleingruppengespräche geführt (z. B. mit Gruppen, die sich auf den Grünflächen vor ihrer Haustür zusammensetzten) und auch Kinder und Jugendliche wurden direkt oder über Mulitplikator*innen angesprochen bzw. durch passende Methoden in den Prozess einbezogen. Im Anschluss daran lud die aus Bewohner*innen des Stadtteils im Rahmen der Aktivitäten entstandene Gruppe „Aktive Nachbarschaft Setterich" gemeinsam mit der Stadtverwaltung und dem örtlichen Wohnungsunternehmen zu einer weiteren Versammlung ein, an der mehr als 80 Personen aus dem betroffenen Quartier teilnahmen. Die Mitwirkenden des Aktionskerns stellten die Gesprächsergebnisse vor und erläuterten die Vorstellungen, die sich aus dem Zuhörprozess ergeben hatten. Auch die Wünsche der Jugendlichen wurden über deren Sprecher eingebracht.

Wünsche sowie Befürchtungen wurden ausgetauscht und die im Anschluss entwickelten Ideen flossen in die Planung ein. Im Ergebnis wurden Jugendtreffpunkte unter Beteiligung von Kindern und Jugendlichen eingerichtet, ausgebaut, ein Bolzplatz verbessert, Spielplätze gebaut oder den Wünschen der Kinder angepasst, verkehrsberuhigende Maßnahmen durchgeführt, eine Bürgerbegegnungsstätte als Treffpunkt für alle im Stadtteil eingerichtet sowie Plätze und Straßen verschönert und sicherer gemacht. Mit künstlerisch-handwerklichen Projekten wurden die Bewohner*innen von der Planung bis zur Umsetzung einbezogen. Die auf diese Weise umgesetzten Maßnahmen fanden eine hohe Akzeptanz und die damit erzielten Verbesserungen wurden wertgeschätzt. Darüber hinaus kamen sich die Bewohner*innen untereinander näher und fühlten sich in ihrem Stadtteil jetzt wesentlich wohler als zuvor. Der Prozess wurde von den Stadtteilmanager*innen[3] moderiert. Fragen nach der Art der Zusammenarbeit der Akteur*innen, des Umgangs mit Konflikten in der Gruppe, der Orientierung an Themen mit Aktivierungspotenzial sowie der Weiterführung von Aktionen waren dabei ebenso bedeutend wie die Gestaltung des Prozesses selbst.

Um eine nachhaltige demokratische Struktur in der Zusammenarbeit aufzubauen *(Phase 4)*, wurde Wert darauf gelegt, die Entscheidungswege in der Gruppe der aktiven Bewohner*innen von Beginn an demokratisch und jederzeit transparent zu gestalten. Aus der zunächst lockeren und informellen Zusammenarbeit entstand in der Folge der Verein „Aktive Nachbarschaft Setterich e. V.", der sich über Mitgliedsbeiträge und Spenden finanziert. Dies ermöglicht ihm ein eigenständiges Handeln. Das Stadtteilmanagement unterstützt den Verein weiterhin beratend. Die Themen, Verfahren und Aktivitäten werden jedoch von diesem in demokratischen Verfahren selbst bestimmt.

4.2 Maßnahmen der Stadtteilarbeit und Community Organizing

Nach den Vorgaben des Projektvertrags zwischen der Stadt Baesweiler und dem Träger DRK sollte u. a. ein „Erzählcafé" eingerichtet werden. Die Idee war, dass Menschen mit und ohne Zuwanderungsgeschichte sich untereinander austauschen und von ihrer Geschichte erzählen sollten, um so miteinander in Kontakt zu kommen. Dies sollte zudem gefilmt werden, um das Erfahrene auch einem größeren Kreis von Interessierten zugänglich machen zu können. Während des Zuhörprozesses wurde deutlich, dass insbesondere Frauen mit türkischer und marokkanischer Zuwanderungsgeschichte Interesse an einem gemeinsamen

---

[3] Im CO übernimmt dies der Organizer.

Austausch hatten, da ihnen hierfür geeignete Freiräume fehlten. Aus kulturellen Gründen konnte dies jedoch nicht gemeinsam mit Männern erfolgen. Bei den Gesprächen mit den Männern ergab sich, dass diese wenig Interesse an einer neuen Gruppe hatten, da sich die meisten ohnehin schon in Vereinen, in der Moschee oder in Bistros trafen und sich dort entsprechend miteinander austauschen konnten. Darüber hinaus wollten die meisten Frauen und Männer nicht gefilmt werden. Neben den sprachlichen Verständigungsschwierigkeiten wäre damit eine unüberwindbare Hürde für das Vorhaben hinzugekommen. Daher organisierten die Stadtteilmanager*innen in Absprache mit der Stadtverwaltung und in Rücksprache mit der zuständigen Bezirksregierung stattdessen ein niedrigschwelliges monatliches Angebot, das „Frauenfrühstück", zu dem jede Frau eine Kleinigkeit zu essen mitbrachte. Die Getränke und die Räumlichkeiten wurden vom Stadtteilmanagement gestellt. Die Frauen waren es gewohnt, mit anderen gemeinsam Feste auszurichten, Essen selbst zuzubereiten und gemeinsam zu kochen. Über das Teilen der mitgebrachten Köstlichkeiten aus den verschiedenen Ländern kamen sie miteinander ins Gespräch und lernte sich so schnell kennen.

Die Leiterin eines Kindergartens bedauerte bei einem „one-on-one", dass viele Frauen mit Zuwanderungsgeschichte kaum Deutsch sprächen, aber zu den angebotenen Deutschkursen nicht gekommen wären. Bei den Gesprächen mit den Frauen stellte sich jedoch heraus, dass viele von ihnen gerne Deutsch lernen wollten. Daher wurde nachgefragt, welche Voraussetzungen denn gegeben sein müssten, damit sie die Sprachkurse wahrnehmen würden. Diese sollten wohnortnah, nur von und für Frauen sowie kostengünstig sein. In Zusammenarbeit mit anderen Trägern und Einrichtungen sowie dem Stadtteilmanagement wurden die Kurse nun entsprechend den Rückmeldungen der Frauen organisiert. Daraufhin konnten fünf Kurse mit insgesamt 50 Frauen eingerichtet werden, die über mehrere Jahre hinweg gut besucht waren.

Bei den nun regelmäßig stattfindenden „Frauenfrühstücken" wurden weitere Aktivitäten gemeinsam geplant und umgesetzt (z. B. Sport- und Freizeitangebote). Viele Frauen erhielten hier auch den Anstoß, zum ersten Mal zu einer Bewohnerversammlung zu gehen, als es dort um Verbesserungsmaßnahmen in ihrem Wohnumfeld ging. Die Frauen fassten Mut dazu, weil sie sich gemeinsam zur Teilnahme verabredet hatten und für sie in ihre Sprache übersetzt wurde. Einige von ihnen wirkten später auch bei „Aktive Nachbarschaft Setterich" mit.

Die niedrigschwelligen Angebote, bei denen man sich ungezwungen kennenlernen konnte, führten nicht nur zur Belebung der zahlreichen Einzelmaßnahmen des Programms „Soziale Stadt Setterich-Nord", sondern waren auch Grundlage für das bürgerschaftliche Engagement vieler Frauen. Manche von ihnen bringen sich noch heute ehrenamtlich ein und einige fanden gar den Mut, schulische

Abschlüsse nachzuholen und beruflich tätig zu werden. Die infolge der niedrig-schwelligen Angebote entstandenen Aktivitäten wurden später in die Konzept-entwicklung der Bürgerbegegnungsstätte „Haus Setterich" aufgenommen. Die dortigen Bewegungsangebote der Volkshochschule sowie verschiedene Bildungs-angebote haben ihre Wurzeln im „Frauenfrühstück", das auch heute noch monat-lich stattfindet.

Folgende Elemente von CO waren für den Prozess zielführend:

- Zuhörgespräche fanden statt und die Eigeninteressen der Bewohner*innen wurden zusammengeführt. Die daraus entstandenen Beziehungen machten nachhaltige Erfolge möglich.
- Die Vorgaben des Integrierten Handlungskonzepts konnten, in Absprache mit der Stadt und der zuständigen Bezirksregierung, auf den konkreten Bedarf hin ausgerichtet werden.
- Schlüsselpersonen wurden in den Prozess eingebunden, die dann ihre Bekannten zu den nächsten Treffen einluden. Die geplante Maßnahme „Erzählcafé" wurde nicht nur akzeptiert, sondern auch mit Leben gefüllt.
- Durch die Einbeziehung von Schlüsselpersonen wurde ein kultur- und milieusensibles Vorgehen gefördert. Nicht die Vorstellungen der Mit-arbeiter*innen des Stadtteilbüros waren bei der Organisation der Sprachkurse entscheidend, sondern die Sicht der Frauen mit Migrationsgeschichte, mit dem Blick auf deren individuellen Möglichkeiten und kulturellen Gegebenheiten.
- Die Ressourcen der Bewohner*innen wurden aktiviert, sie brachten z. B. etwas zu essen mit. Ihre Kontakte untereinander wurden ausgebaut und infolge der Vernetzung untereinander nahmen sie nicht nur an den angebotenen Kursen teil, sondern lernten zudem auch Aktive aus anderen Bereichen kennen. Ehrenamtliche und bürgerschaftlich Engagierte wurden gewonnen, auch solche mit Migrationsgeschichte.
- Die Teilhabe sozial benachteiligter Bewohner*innen wurde gefördert, indem diese Einfluss auf die Gestaltung ihres Wohnumfelds nahmen und so selbst zur Verbesserung ihrer Lebenssituation beitrugen.

4.3   Zusammenfassende Bewertung

Im Rahmen des am Handlungskonzept CO orientierten Stadtteilmanagements in Baesweiler-Setterich bildete sich ein Kreis von aktiven Bewohner*innen heraus, der später in die Vereinsgründung „Aktive Nachbarschaft Setterich e. V." mündete. Daneben entstanden Kooperationen, Runde Tische sowie die passgenaue Konzeption und Raumplanung der im Jahr 2012 eröffneten Bürgerbegegnungsstätte „Haus Setterich". Die umfangreiche Einbeziehung externer Kooperationspartner (z. B. Familienpat*innen, Karnevalsverein, Verbraucherberatung, regelmäßige Sprechstunden des sozialpsychiatrischen Dienstes) in die Raumnutzung des Hauses führte nicht nur zu einer breiten Angebotsstruktur für die Bewohner*innen des Stadtteils, sondern trug gleichsam maßgeblich zur lokalen Vernetzung des Stadtteilbüros bei. Dessen Aktivitäten, Zielgruppen und Projekte weiteten sich im Laufe der Zeit deutlich auf die Gesamtstadt Baesweiler aus. Ende des Jahres 2019 beschloss der Stadtrat einstimmig die Fortsetzung der Arbeit des Stadtteilbüros für weitere drei Jahre mit vorrangig kommunalen Haushaltsmitteln, nachdem sich die Landesförderung über „Soziale Stadt Nordrhein-Westfalen" programmgemäß reduzierte.

Die Mitarbeiter*innen der Kommune konnten passgenauer und nachhaltiger planen sowie gemeinsam mit den hiervon betroffenen Bewohner*innen spürbare Verbesserungen in den Stadtteilen erreichen. Die vorhandenen Ressourcen in den Quartieren wurden genutzt und nachhaltig eingesetzt. Die Zufriedenheit und Identifikation der Menschen mit ihrer Nachbarschaft, ihrem Stadtteil und auch ihrer Stadt nahm zu. In sozial benachteiligten Stadtteilen wurden zudem Ansprechpartner*innen gefunden, die Konflikte vermeiden helfen oder in Konfliktsituationen, z. B. zwischen Kommune und Nachbarschaft, vermitteln können. Demokratie wird auf diese Weise vor Ort gelebt.

Als förderliche Rahmenbedingungen für die Anwendung von Elementen und methodischen Verfahren aus dem Handlungskonzept CO stellte sich in der Arbeit des Stadtteilmanagements heraus:

- Je besser die Rahmenbedingungen sind, desto eher gelingt es, die Ressourcen eines Stadtteils zu erschließen und Bewohner*innen zu eigenständig handelnden Akteur*innen zu machen. Ihre frühzeitige Einbeziehung in anstehende Planungsprozesse unterstützt diese Entwicklung zudem.
- Vor allem bedarf es zunächst eines „langen Atems" von allen Verantwortlichen und Beteiligten, der langfristig jedoch mit vertrauensvollen Arbeitsbeziehungen belohnt wird.
- Aushandlungsprozesse müssen von allen Seiten gelernt werden und die Kommunikation „auf Augenhöhe" muss gewollt sein. Entscheidend ist, dass sich Kommune und Projektträger auf einen ergebnisoffenen Dialog einlassen, unter Berücksichtigung demokratischer Vorgehensweisen und Grundsätze.
- Die Projektbeteiligten benötigen ausreichende zeitliche und personelle Ressourcen. Die Mitarbeiter*innen eines Stadtteilbüros müssen über die

erforderlichen Qualifikationen in CO verfügen, ebenso über kulturelle sowie milieuspezifische Sensibilität.

- Durch Zuhörgespräche und Netzwerkarbeit der Mitarbeiter*innen des Stadt-teilbüros nimmt deren Einfluss im Stadtteil zu, während Bewohnergruppen erst mit der Zeit entstehen. Die kritische Reflektion der eigenen Rolle sollte deshalb regelmäßig im Team erfolgen, um Entscheidungen nicht mit Blick auf die eigenen Vorstellungen zu manipulieren.

- Angesichts der Komplexität der Aufgaben sind persönliche Ansprech-partner*innen mit entsprechender Entscheidungskompetenz sowohl in der Kommune als auch bei den Wohnungsgesellschaften sehr hilfreich. Dies ermöglicht zum einen eine unbürokratische Vorgehensweise und zum anderen die in der Stadtteilarbeit häufig erforderliche Flexibilität. Förderlich ist ebenso die interdisziplinäre und interkulturelle Zusammenarbeit auf möglichst vielen Ebenen, d. h. sowohl innerhalb der Verwaltung als auch mit anderen Akteur*innen des jeweiligen Gebiets.

- Von besonderer Bedeutung ist, dass ausreichende Handlungsspielräume für Entscheidungen der Bewohner*innen vorhanden sind. Reine Pro-Forma-Beteiligung wirkt kontraproduktiv und widerspricht einer vertrauensvollen Arbeitsbeziehung. Zudem leidet die Glaubwürdigkeit der Mitarbeiter*innen des Stadtteilmanagements darunter.

- Eine erfolgreiche Arbeit im Stadtteil kann nur gelingen, wenn mit den dort existierenden Gruppen auf gleicher Augenhöhe kooperiert wird. Konflikte sind der Arbeit inhärent. Diese dürfen aber nicht per se negativ bewertet, sondern müssen stattdessen als Chance gesehen werden, gemeinsam Verbesserungen zu erreichen.

- CO kann auf der Straße, in Kirchengemeinden, auf öffentlichen Plätzen, in privaten Wohnungen, quasi überall zum Einsatz kommen und ist nicht an eigene Räumlichkeiten gebunden.

- Freie Träger, die mit dem Handlungskonzept CO arbeiten, sind ideale Partner zur Förderung von Teilhabe und Inklusion der Menschen im Stadtteil.

5   Community Organizing und Soziale Arbeit

Community Organizing ist weder Soziale Arbeit noch Gemeinwesenarbeit und schon gar nicht Stadtteilmanagement – Ausgangsvoraussetzungen und Rahmen-bedingungen stehen sich vielmehr zum Teil diametral gegenüber. Findet Soziale Arbeit und damit Gemeinwesenarbeit ebenso wie Stadtteimanagement in

Deutschland doch stets im Rahmen wohlfahrtsstaatlicher Verfasstheit und in
der Regel alimentiert durch staatliche Fördermittel statt, vertrat Alinsky (1940,
S. 45) in Bezug auf die US-amerikanischen Wohlfahrtsorganisationen dagegen
die Auffassung „welfare is hellfare" und wurde nicht müde, die Notwendigkeit einer von öffentlichen Mitteln unabhängigen Finanzierung der Bürgerorganisation zu betonen (auch wenn er in den 1960er Jahren selbst von dieser
Vorgabe ein Stück weit abrückte). Dennoch können Prinzipien und insbesondere
Handlungsinstrumente aus dem CO – wie in diesem Beitrag an einem konkreten
Beispiel aufgezeigt wurde – in sozialarbeiterisches Handeln im Rahmen eines
staatlich finanzierten und von einem Wohlfahrtsverband getragenen Stadtteilmanagements einfließen. Das Eingebundensein der Professionellen in diese
Rahmenbedingungen schränkt die Reichweite von deren Handlungsspielräumen
sicherlich in mitunter nicht unerheblichem Ausmaß ein, schließt das Vorhandensein solcher jedoch keineswegs aus.

Die Ausgestaltung von dem, was möglich ist, und wo dann jeweils die
Grenzen liegen, ist stets von der konkreten Situation vor Ort abhängig. Die vor-
gefundenen Konstellationen in der örtlichen Kommunalpolitik, das Selbstverständnis des Trägers, die soziostrukturelle Zusammensetzung der Bevökerung
im Wohngebiet sowie das allgemeine politische Klima in der Kommune bzw.
im Stadtteil sind dabei entscheidende Einflussfaktoren, ebenso aber auch die
persönliche Haltung der Professionellen selbst. Nur wenn Letztere ihren oftmals
vorhandenen defizitorientierten Zugang zu den Adressat*innen ihrer Arbeit überwinden und stattdessen den respektvollen Umgang miteinander auf gleicher
Augenhöhe praktizieren, können entsprechende Empowerment-Prozesse
im Stadtteil angestoßen werden. Diese beziehen dann – wie das Beispiel in
Baesweiler-Setterich mit Nachdruck zeigt – insbesondere auch solche Personen
mit ein, die bislang nicht als „Schlüsselpersonen" im Stadtteil wahrgenommen
wurden. In der Regel haben diese „neuen" Akteur*innen ebenso einen Zugang
zu weiteren Personen in ihrem persönlichen Umfeld, die in Angelegenheiten
des Stadtteils – und damit gleichsam in „eigener Sache" – bislang noch nicht in
Erscheinung getreten sind. Und genau um deren Einbindung in die (zukünftigen)
Stadtteilaktivitäten und -entwicklung geht es, will man sich dem Vorwurf
erwehren, GWA bzw. Stadtteilmanagement arbeite primär oder gar ausschließlich
mit den ohnehin Engagierten. Zahlreiche Beispiele aus der Organizing-Praxis in
den USA belegen, dass durch CO gerade die bislang „stillen" Bewohner*innen
handlungsmächtig werden, dass „gewöhnliche Menschen Außergewöhnliches
leisten" (Trapp, 2020, S. 215).

Literatur

Alinsky, S. D. (1940). *A departure in community organization.* Proceedings of the National Conference of Juvenile Agencies.

Alinsky, S. D. (1973). *Leidenschaft für den Nächsten.* Burckhardthaus-Verlag.

Alinsky, S. D. (1974). *Die Stunde der Radikalen.* Burckhardthaus-Verlag.

Alinsky, S. D. (1999). *Anleitung zum Mächtigsein. Ausgewählte Schriften.* LAMUV.

Institut für Landes- und Stadtentwicklungsforschung des Landes Nordrhein-Westfalen (ILS), (Hrsg.). (2000). Analyse der Umsetzung des integrierten Handlungsprogramms für Stadtteile mit besonderem Entwicklungsbedarf. *ILS-Schriften, Bd. 166.* ILS.

King, M. L. (1968). Wohin führt unser Weg? Chaos oder Gemeinschaft. Fischer.

Lüttringhaus, M. & Richers, H. (2019). Handbuch Aktivierende Befragung. Konzepte, Erfahrungen, Tipps für die Praxis. *Arbeitshilfen für Selbsthilfe- und Bürgerinitiativen Nr. 29,* (4. akutalisierte und ergänzte Aufl.). Stiftung Mitarbeit.

Luxemburg, R. (1922). Die russische Revolution. Eine kritische Würdigung. Aus dem Nachlass. Herausgegeben und eingeleitet von Paul Levin. Verlag Gesellschaft und Erziehung.

Mohrlok, M., Neubauer, M., Neubauer, R., & Schönfelder, W. (1993). Let's Organize! Gemeinwesenarbeit und Community Organization im Vergleich. Reihe *Gemeinwesenarbeit.* Materialien der AG SPAK 113. AG SPAK Bücher.

Müller, C. W. (1971). Die Rezeption der Gemeinwesenarbeit in der Bundesrepublik Deutschland. In C. W. Müller & P. Nimmermann (Hrsg.), *Stadtplanung und Gemeinwesenarbeit,* 228–240. Juventa.

Richers, H. (2014). Wie man Community Organizing lernen kann – und warum es hier keine Trainingsunterlagen zu lesen gibt. In: Handbuch Community Organizing. Theorie und Praxis in Deutschland. *Arbeitshilfen für Selbsthilfe- und Bürgerinitiativen Nr. 46,* Hrsg. Forum Community Organizing e. V. (FOCO), Stiftung Mitarbeit, 89–98. Stiftung Mitarbeit.

Stock, L. (2016). Community Organizing in Deutschland. *Soziale Arbeit, 65*(5), 168–176.

Szynka, P. (2014). Wurzeln des Community Organizing bei Saul D. Alinsky. In: Handbuch Community Organizing. Theorie und Praxis in Deutschland. *Arbeitshilfen für Selbsthilfe- und Bürgerinitiativen Nr. 46,* Hrsg. Forum Community Organizing e. V. (FOCO), Stiftung Mitarbeit, 11–15. Stiftung Mitarbeit.

Trapp, S. (2020). Dynamiken des Organizing. Menschen ermutigen – die innere Haltung stärken – Macht aufbauen. Aus dem Englischen übersetzt und herausgegeben von: Jane Addams Zentrum e. V. (jaz) & Forum Community Organizing e. V. (FOCO). Books on Demand.

Internetquellen

https://aktive-nachbarschaft-setterich.de

https://www.rosalux.de

https://www.soziale-stadt-nrw.de

https://www.staedtebaufoerderung.info/StBauF/DE/Programm/SozialeStadt/Programm/programm_node.html. Zugegriffen: 05. Mai. 2020.

www.dico-berlin.org

www.fo-co.info

Ute Fischer Diplom-Sozialarbeiterin/Sozialpädagogin; seit 1999 Stadtteilmanagement und Gemeindesozialarbeit in verschiedenen Städten mit dem Schwerpunkt Community Organizing, diverse Lehrtätigkeiten an der Katholischen Hochschule Nordrhein-Westfalen – Abteilung Aachen; Mitglied im Forum Community Organizing e. V.

Lothar Stock Prof. im Ruhestand, Dr. phil., Diplom-Pädagoge, war von 1999 bis 2018 Professor für Sozialarbeitswissenschaft an der Hochschule für Technik Wirtschaft und Kultur (HTWK) Leipzig mit den Schwerpunkten Methoden der Sozialen Arbeit/Gemeinwesenarbeit, Sozialpolitik; zudem von 1997 bis 2019 Vorstandsmitglied im Forum Community Organizing e. V.

Open Access Dieses Kapitel wird unter der Creative Commons Namensnennung 4.0 International Lizenz (http://creativecommons.org/licenses/by/4.0/deed.de) veröffentlicht, welche die Nutzung, Vervielfältigung, Bearbeitung, Verbreitung und Wiedergabe in jeglichem Medium und Format erlaubt, sofern Sie den/die ursprünglichen Autor(en) und die Quelle ordnungsgemäß nennen, einen Link zur Creative Commons Lizenz beifügen und angeben, ob Änderungen vorgenommen wurden.

Die in diesem Kapitel enthaltenen Bilder und sonstiges Drittmaterial unterliegen ebenfalls der genannten Creative Commons Lizenz, sofern sich aus der Abbildungslegende nichts anderes ergibt. Sofern das betreffende Material nicht unter der genannten Creative Commons Lizenz steht und die betreffende Handlung nicht nach gesetzlichen Vorschriften erlaubt ist, ist für die oben aufgeführten Weiterverwendungen des Materials die Einwilligung des jeweiligen Rechteinhabers einzuholen.

Ideen, Interessen und Zusammenarbeit in der Stadtentwicklung

Auf dem Weg zu einer lokalen Kultur der Partizipation

Anke Kaschlik und Jaqueline Schmidt

Zusammenfassung

Unter der Annahme, dass nachhaltige Stadtentwicklung nur möglich ist, wenn vielfältige Lebensinteressen berücksichtigt und auch bürgerschaftliche Potenziale einbezogen werden, fragt dieser Beitrag nach notwendigen Rahmenbedingungen der Handlungsfähigkeit für und ggf. durch bürgerschaftliche Projekte. Grundlage sind zwei Projekte zur Altstadtentwicklung in einer kleineren deutschen Stadt, die im Rahmen des Praxisforschungsprojekts „Transformation urbaner Zentren" durchgeführt wurden. Die Analyse erfolgt auf Grundlage von Konzepten zu Governance, Partizipation, Empowerment und Selbstwirksamkeit. Aus der Betrachtung der Motive und Interessen der beteiligten Personen sowie deren Erwartungen an die Projektbegleitung und einer Reflexion der Projektarbeit vor Ort werden begünstigende Rahmenbedingungen für bürgerschaftliche Projekte im Rahmen der Stadtentwicklung benannt.

A. Kaschlik (✉)
Zürcher Hochschule für angewandte Wissenschaften/Institut für Vielfalt und gesellschaftliche Teilhabe, Zürich, Schweiz
E-Mail: anke.kaschlik@zhaw.ch

J. Schmidt
Hochschule für angewandte Wissenschaft und Kunst Hildesheim,
Holzminden, Göttingen/Fakultät Management, Soziale Arbeit, Bauen, Holzminden,
Deutschland
E-Mail: jaqueline.schmidt1@hawk.de

© Der/die Autor(en) 2023
P. Oehler et al. (Hrsg.), *Marginalisierung, Stadt und Soziale Arbeit*,
Quartiersforschung, https://doi.org/10.1007/978-3-658-37386-3_5

1   Einleitung

Stadtentwicklung ist eine Gemeinschaftsaufgabe, und das nicht erst seit der Charta zur nachhaltigen europäischen Stadt (BMUB, 2007). Bereits beim Bau einer Stadt ist eine Vielfalt an Akteur*innen beteiligt und erst recht bei deren Entwicklung (z. B. Selle, 2016, 2017). Auch „die Stadt" (Verwaltung und Politik) ist nur eine Akteurin unter mehreren. Unter Governance-Perspektive ist es nach Häußermann, Läpple und Siebel nicht mehr die Frage, wer die Macht hat, sondern wie Handlungsmacht überhaupt zustande kommt. *„Macht im Sinne von Handlungsfähigkeit muss hergestellt werden. Man fragt (…) wie Macht in sozialen Prozessen erzeugt wird (…) Wie kann man überhaupt etwas erreichen?"* (2008, S. 349 f.).

Unter der Annahme, dass nachhaltige Stadtentwicklung nur möglich ist, wenn vielfältige Lebensinteressen berücksichtigt und auch bürgerschaftliche Potenziale genutzt werden, fragt dieser Beitrag insbesondere nach den notwendigen Rahmenbedingungen der Handlungsfähigkeit für und ggf. durch bürgerschaftliche Projekte. Es geht also auf der einen Seite um vorhandene und möglicherweise durch die Projektarbeit aufgebaute kollektive Selbstwirksamkeitserwartungen (Gibson, 1999) bei den Beteiligten der bürgerschaftlichen Projekte selbst und darüber hinaus in der Stadtgesellschaft. Auf der anderen Seite geht es um notwendige Strukturen, die bürgerschaftliche Projekte begünstigen oder gar erst möglich machen.

Grundlage des Beitrags sind zwei bürgerschaftliche Projekte zur Altstadtentwicklung in einer kleineren deutschen Stadt, die im Rahmen des Praxisforschungsprojekts Transformation urbaner Zentren (TransZ) initiiert wurden und derzeit noch begleitet werden.[1] Methodisch stützt sich die Analyse der Ausgangslage neben Dokumenten und Daten zur Stadtentwicklung auf leitfadengestützte problemzentrierte Interviews mit Expert*innen (Bogner & Menz, 2002) der Stadtentwicklung im weiteren Sinne, die inhaltsanalytisch mit deduktiver Kategorienbildung im Leitfaden (Mayring, 2000) ausgewertet wurden. Zur

---

[1] Ziel des Forschungsverbunds ist es, einen Beitrag zur nachhaltigen Transformation und Entwicklung gewachsener Zentren zu leisten. Es geht um die Identifizierung und Stärkung von transformativen Kräften vor Ort. Im Sinne sozialer Innovationen (Stein, 2014; Zapf, 1989), deren Basis die spezifischen Konstellationen von Akteur*innen sowie die unterschiedlichen Interessen, Perspektiven und Handlungsmöglichkeiten darstellen, werden Veränderungen angestoßen und begleitet sowie Möglichkeiten der Verstetigung gesucht. Weitere Informationen unter: www.transz.de.

Analyse der Gruppenarbeitsprozesse sowie der Motivationen und Interessen der Beteiligten wurden leitfadengestützte Interviews mit erzählgenerierender Eingangsfrage (Schütze, 1983) mit den Beteiligten der beiden Projekte geführt sowie Protokolle und Memos der Arbeitsgruppensitzungen herangezogen. Diese wurden inhaltsanalytisch mit induktiver Kategorienbildung (Mayring, 2000) ausgewertet. Zur Analyse des Verlaufs der Projekte und der Beteiligung wurden zusätzlich zu verschiedenen Zeitpunkten Situation Maps (Clark, 2012) sowie Akteurslandkarten (Zimmermann, 2006) erstellt.

Abschn. 2 benennt die theoretische Einbettung in die Themengebiete Governance und Partizipation sowie Empowerment und Selbstwirksamkeit. In Abschn. 3 wird die Ausgangslage sowie die Arbeitsweise von TransZ vor Ort dargestellt, um darauf aufbauend die beiden näher betrachteten Arbeitsgruppen/Projekte zu beschreiben. Abschn. 4 widmet sich den Motiven und Interessen der beteiligten Personen, um anschließend Selbstwirksamkeitsüberzeugungen und Empowerment durch die Gruppenarbeit sowie die Erwartungen an die Projektbegleitung seitens der Beteiligten in den Blick zu nehmen. Abschließend erfolgt eine Reflexion der Projektarbeit vor Ort (Abschn. 5) und es werden Rahmenbedingungen benannt, die bürgerschaftliche Projekte im Rahmen der Stadtentwicklung begünstigen (Abschn. 6).

2   Stadtentwicklung als Gemeinschaftsaufgabe: Theoretische Bezüge

Wenn Stadtentwicklung als Aufgabe aller anerkannt wird, hat dies weitreichende Konsequenzen. Es ist eine Kulturveränderung erforderlich (Selle, 2013), die den Wert der Beteiligung als Potenzial anerkennt und nutzt. Ziele, Interessen, Ressourcen, Problemwahrnehmungen, Bewältigungsstrategien etc. müssen kommunikativ bearbeitet werden, um nachhaltige Entwicklungen zu erreichen. Unter Governance-Perspektive geht es dabei vielfach um „Muster der Interdependenzbewältigung zwischen Akteuren", die darauf beruhen, dass Akteur*innen ihr Handeln auf das (vermutete) Handeln anderer beziehen (Schimank, 2007, S. 29). Dabei enthält das Handeln der Aktiven viel Selbstverständliches, viel Unbewusstes und wird im routinisierten Handeln stets reproduziert (Wehling, 2010, S. 522). Dies unterstreicht die Bedeutung von lokalen Wissensbeständen, die nur zum Teil auf Fakten basieren. Zusätzlich prägen Erfahrungen der Vergangenheit das lokale Handlungswissen. Im Setting der kleinen Stadt ist dies durch den „hohen Grad von Bekanntheit und den geringen Grad von Indifferenz" sozialer Beziehungen sowie eine „relativ hohe informelle soziale Kontrolle" gekennzeichnet (Hüttermann, 2010, S. 25). Hinzu kommt die hohe Bedeutung der Persönlichkeiten, die insbesondere Bürgermeister*innen oder wichtige Unternehmer*innen im Rahmen der Entwicklung kleiner Städte haben (Boos-Krüger, 2005; Hannemann, 2004; Volkenant, 2011). Gleichwohl weist Beetz (2017) auf die Diversität gesellschaftlicher Strukturen hin und spricht in diesem Zusammenhang von der „Überschaubarkeitsfiktion" kleiner Städte.

In den letzten Jahren wird der Partizipation der Zivilgesellschaft an der Stadtentwicklung verstärkt Aufmerksamkeit gewidmet (z. B. Selle, 2013). „Partizipation ist eingebettet in institutionelle Verfahren, die regeln, wer unter welchen Bedingungen (mit)entscheiden kann bzw. wer in die Entscheidung einbezogen werden muss und wie mit Konflikten umgegangen wird" (Straßburger & Rieger, 2019, S. 18–19). Dieser Bezug auf die tatsächliche Entscheidung bzw. das Teilen der Entscheidungsmacht verdeutlicht, dass es Vorstufen der Partizipation geben muss, auf denen es z. B. um Informationsaustausch geht.

Im Rahmen der Stadtentwicklung wird überwiegend aus professioneller Perspektive, verstanden als Teilhabe- bzw. Teilnahmegewährung oder -förderung an (hoheitlichen) Planungsprozessen auf Partizipation geschaut. Lüttringhaus (2000) sowie Straßburger und Rieger (2019) zeigen dieser gegenübergestellt die bürgerschaftliche Perspektive auf, im Sinne der aktiven Teilnahme an Entwicklungsprozessen. In der umfänglichsten Form zeigt sich dies als bürgerschaftliche Eigenaktivität ohne professionell-institutionelle Unterstützung und geht damit über Partizipation an hoheitlichen Planungs- und Entwicklungsprozessen hinaus. Es handelt sich dabei vielmehr um Engagement für das Gemeinwohl in Eigenregie bzw. um gesellschaftliche Partizipation. Somit geht es in diesem Beitrag um Projekte, die am Übergang zu bürgerschaftlicher Eigenaktivität stehen (sollten). Neben der Frage nach der Verantwortung für den jeweiligen Prozess verweisen Straßburger und Rieger (2019, S. 15) für Analyse und Planung partizipativer Prozesse auch darauf, dass es bedeutsam ist, von wem die Initiative für die Partizipation ausging.

Dabei ist Freiwilligkeit Grundlage für eine gewinnbringende Partizipation (Lüttringhaus, 2000). Gleichwohl ist Nichtpartizipation nur zum Teil auf fehlende Ressourcen oder mangelndes Interesse zurückzuführen. Vielmehr fehlt oftmals die Überzeugung, durch Partizipation etwas bewegen und politische Prozesse beeinflussen zu können. Die von Selle (2013) geforderte Kulturveränderung hin zu einer Kultur der Partizipation setzt hier an und wirkt dabei in zwei Richtungen auf Lernprozesse und Selbstwirksamkeitsüberzeugungen, einmal nach innen gerichtet (internal efficacy) auf die individuellen Fähigkeiten zur politischen Teilhabe und Teilnahme und einmal nach außen auf die Einschätzungen des politischen Systems gerichtet (external efficacy) (Tonassi et al., 2019, S. 8).

Kollektive Selbstwirksamkeitsüberzeugungen – definiert als gemeinsame Überzeugung von Teammitgliedern, durch Motivation, Fähigkeiten und Handlungen Herausforderungen bewältigen und/oder ein gemeinsames Ziel erreichen zu können (Gibson, 1999) – sind damit Voraussetzung von Partizipation und selbsttragenden Projekten. Gleichzeitig werden sie durch diese aber auch gewonnen, ebenso wie notwendige (kommunikative) Kompetenzen und Wissen. Darin zeigt sich ein Dilemma und es erklärt, warum Menschen, die sich als selbstwirksam wahrnehmen, auch in partizipativen Projekten aktiver sind. Ebenso stellt sich die Situation hinsichtlich der Einschätzungen des Zusammengehörigkeitsgefühls von Teammitgliedern dar: Es wird „als ein zentraler Faktor für die Leistungsfähigkeit einer Arbeitsgruppe angesehen. Allerdings wird ebenso die Position vertreten, dass gute interpersonelle Beziehungen nicht die Voraussetzung, sondern das Ergebnis erfolgreicher Arbeit sind" (Kuhn, 2015, S. 158). Auch sind gemeinsame Absichten und Werte, als wichtigstes Muster von selbsttragenden bürgerschaftlichen Projekten bzw. Commons[2], nicht von Beginn an gegeben, sondern „müssen im Laufe der Zeit erarbeitet werden, im Ringen darum, vielfältige Perspektiven abzustimmen, wenn notwendig in Einklang zu bringen oder auch nebeneinander stehen zu lassen" (Helfrich & Bollier, 2019, S. 99). So stellt sich die Frage, wodurch ihr Fehlen zu Beginn kompensiert werden kann und wie Lernprozesse unterstützt werden können. Dabei sind Gruppen selbstreferenziell und auf gemeinsam Erlebtes bezogen, zugleich aber von Bedingungen der Außenwelt geprägt (Schattenhofer & Edding, 2015).

Einer Projektbegleitung kommt damit die Aufgabe zu, individuelle oder kollektive Selbstgestaltungskräfte zu unterstützen. Es geht darum, Personen oder Gruppen von ihrem Ohnmachtsgefühl zu befreien, indem sie sich der eigenen Stärken und Selbstwirksamkeit bewusst werden (Bröckling, 2007). Unter Ressourcenorientierung gilt es, Menschen zusammenzuführen und beim Aufbau resilienter Strukturen zu unterstützen, damit Verantwortung für das eigene und kollektive Handeln übernommen und letztlich das Gemeinschafts- und Zugehörigkeitsgefühl vertieft werden kann (Willener & Friz, 2019). Dieses angesprochene Empowerment bzw. die Selbstermächtigung zielt auf die Stärkung von Autonomie (Herriger, 2020) und bildet damit die Grundlage für Auseinandersetzungen mit der Außenwelt. Denn in politischen Zusammenhängen wie der Stadtentwicklung ist Empowerment ein „konflikthafter *Prozeß* der Umverteilung

---

[2] Die hier betrachteten Projekte haben zwar selbst nicht die Ansprüche, Commons zu sein, können aber durchaus als solche analysiert werden.

von politischer Macht" (Herriger, 2020, S. 14; Hervorhebung im Original). Nach Herriger (2020, S. 86 ff.) ist dafür Empowerment auf den Ebenen Individuum, Gruppe, Institution und Sozialraum erforderlich und für das Empowerment wiederum Partizipation (Straßburger & Rieger, 2019, S. 46).

Welche Effekte auf die Handlungsfähigkeit der Beteiligten durch die von außen initiierten Projekte erreicht wurden, wird im nachfolgenden Abschnitt erläutert. Dafür erfolgt zunächst ein Überblick über die Ausgangslage vor Ort und ein Abriss über die Entwicklung der beiden Projekte.

3 Ausgangslage und bürgerschaftliche Projekte vor Ort

3.1 Zur Ausgangslage in der Stadt

Die Untersuchungsstadt liegt in landschaftlich schöner Lage, die Altstadt hat einen hohen bauhistorischen Wert, die wirtschaftlich Lage ist vergleichsweise gut, trotzdem verschlechtert sich die Situation in der Altstadt seit Jahren. Ein Teufelskreis aus schlechtem baulichem Zustand, geringen Mieteinnahmen, hohem Leerstand, schlechtem Image, zurückgehenden Zahlen an Besucher*innen u. a. m. ist zu verzeichnen. Die umfassenden Investitionen in öffentliche Räume im Rahmen der Stadtsanierung konnten keine nachhaltig positive Wirkung entfalten. Diese Entwicklungen tragen zu einer negativen Stimmung innerhalb der Bevölkerung bei: Der Fokus ist hauptsächlich auf Missstände, statt auf Qualitäten gerichtet. „Die Innenstadt wird auch leerer und leerer. Es werden immer weniger Bürger in die Stadt gelockt, sage ich mal absichtlich, und die Stadt ist leer" (IP1: Z. 15 f.). Ein Gefühl des Abgehängtseins wird durch die schlechte Verkehrsanbindung sowie das als Nichthandeln empfundene Verhalten von Stadtverwaltung und -politik, oftmals festgemacht an der Person des Bürgermeisters, verstärkt. „Was hier in der Verwaltung los ist, ist frustrierend. (…) weil Rat und Bürgermeister beide nicht machen, was sie sollen" (IP9: Z. 61 ff.). Die Stadt sei „geprägt von diesen persönlichen Animositäten" (IP9: Z. 309 f.)

Es gibt keine lokale Kultur der Partizipation und eine spürbar hohe Erwartungshaltung gegenüber der Stadtverwaltung und -politik und deren vermuteten Zuständigkeitsbereichen. „Es gibt dann seitens der Verwaltung Bürgerbeteiligungsprogramme … wo Innenstadtentwicklung und so weiter besprochen wird, wo aber nichts passiert" (IP10: Z. 28 ff.). Sequenzielle Beteiligungsangebote ohne für die Bevölkerung sichtbare Effekte erzeugten in der Vergangenheit Enttäuschungen, die sich in einer insgesamt pessimistischen Grundhaltung manifestieren: „Wenn es dann aber nachher ernst wird, nämlich aus den Planungen ein Machen zu überführen, dann ja, dann gibt es dann doch wieder die Enttäuschung, dass der Bürger eben außen vor gelassen wird und das halte ich für sehr, sehr kontraproduktiv und ich glaube, deswegen haben sich auch sehr viele Bürger schon abgewendet" (IP4: Z. 100 ff.).

3.2   Vorgehen von TransZ in der Arbeit vor Ort

Zur Umsetzung des übergeordneten Ziels, von den Akteur*innen getragene Prozesse und gemeinschaftliche Projekte anzustoßen, unterschiedliche Ideen und Interessen zusammenzuführen und damit die Herausbildung resilienter Strukturen für die Zusammenarbeit zu erleichtern, wurde durch das Projekt TransZ eine Projektbegleitung eingerichtet. Das Vorgehen ist unterstützend, weniger initiierend. Die Arbeitsweise ist in jeder Hinsicht offen, situativ und gleichzeitig verlässlich. Im Hinblick auf die Beteiligung wird auf Selbstrekrutierung durch umfangreiche Öffentlichkeitsarbeit über die Lokalzeitung und lokale Seiten virtueller Medien sowie Mund-zu-Mund-Propaganda gesetzt. Die Wahl der zu bearbeitenden Themen und die Wahl der methodischen Zugänge erfolgt durch bzw. in Abstimmung mit den jeweils Beteiligten. Vor allem zu Beginn hatte die Projektbegleitung eine zentrale Rolle im gesamten Prozess sowie innerhalb der Arbeitsgruppen. Aufgrund der bereits im Vorfeld bestehenden, häufig negativ geprägten Grundhaltung gegenüber der Stadt(verwaltung) sowie dem mangelnden Vertrauen in die Unterstützung durch gescheiterte (Beteiligungs-)Prozesse in der Vergangenheit, wurde bewusst auf die direkte Einbindung der Stadtverwaltung und -politik verzichtet.

Um erste Aufmerksamkeit bei den Bewohner*innen, bereits Aktiven und thematisch Interessierten zu erzeugen, wurde eine öffentliche Auftaktveranstaltung durchgeführt, auf der Ergebnisse der Bestandsanalyse, die Arbeitsweise der Projektbegleitung sowie erste Ideen für mögliche gemeinschaftliche Projekte präsentiert und diskutiert wurden. Drei Arbeitsgruppen bildeten sich anhand vorgeschlagener Themen; die Arbeitsgruppen zu den Themen Zwischennutzungen und Immobilien sind Gegenstand dieses Beitrags. Nach dem Austausch über die aktuelle Lage in der Stadt und der Altstadt sowie Wahrnehmungen über bisherige Erfolge bzw. Misserfolge der Stadtentwicklungsplanung in zahlreichen Arbeitsgruppentreffen, ergab sich die Frage nach Inspiration, d. h. konkret nach erfolgreichen Projekten in anderen Städten. Zu diesem Zweck wurde eine öffentliche Vortragsreihe durchgeführt, auf der sich gemeinschaftliche Projekte aus vergleichbaren Städten präsentierten. Im Folgenden wird der Fortgang der beiden Projekte chronologisch beschrieben; es lassen sich rückblickend für beide Projekte unterschiedliche Phasen als Situationen (Clark, 2012) darstellen.

3.3 Arbeitsgruppe Zwischennutzungen und Weiterentwicklung zum *Kunst (T) Raum*

Auf der o. g. Auftaktveranstaltung fanden sich berufstätige Personen mittleren Alters sowie ältere, bereits pensionierte Personen unter der von uns vorgeschlagenen Themenstellung Zwischennutzungen zusammen. Ursprüngliches Ziel der Arbeitsgruppe war es, Ladenleerständen mit Zwischennutzungen entgegenzuwirken: „Dieses Thema beschäftigt mich schon, seitdem es diese Leerstände mehr und mehr gibt.... Und das war eigentlich der Sinn, Leben in die Bude zu bringen" (IP2: Z. 12 ff.).

Die Projektbegleitung lud in der Folge zu regelmäßigen Treffen in die Hochschule ein, moderierte die Sitzungen und führte Protokoll. Neben dem Kennenlernen standen Diskussionen um den Zustand der Altstadt, Versäumnisse der Stadtentwicklung sowie die Ideenkonkretisierung im Mittelpunkt. Neben einigen festen Mitgliedern kamen in dieser Phase vielfach Personen zu einzelnen Treffen dazu. Dieser Gruppenprozess und die Diskussionen wurden durch die Beteiligten sehr unterschiedlich erlebt. Dies reicht von Begeisterung über lebhafte Diskussionen – „Aber in der Gruppe da ist, da ist das Leben drin, da wird diskutiert, der eine hat den Vorschlag, der andere hat die Idee und das ist positiv, ne?!" (IP2: Z. 94 f.) – bis hin zu Verdruss über deren Langwierigkeit: „Ich wäre ja schon fast mal irgendwann nicht mehr hingegangen, weil ja immer wieder sich das im Kreis drehte" (IP1: Z. 76 f.). Berufstätige Personen haben sich vermehrt zurückgezogen. Als Gründe dafür wurden die als Zeitverschwendung empfundenen, oftmals rückwärtsgewandten und wenig zielgerichteten Diskussionen benannt. Von uns vorgestellte Beispiele aus anderen Städten wurden als interessant erachtet, konnten aber in dieser Form nicht als umsetzbar angenommen werden. Es entstand der Wunsch nach Erfahrungen aus erster Hand. Dem wurde mit der o. g. Vortragsreihe entsprochen.

In der Arbeitsphase danach konkretisierten sich die Ideen zunächst hinsichtlich der Dekoration eines Schaufensters eines leerstehenden Ladenlokals, entwickelten sich aber schnell zur Einrichtung eines Ortes der Kommunikation und Begegnung. Obwohl nur zwei Personen der Gruppe künstlerisch aktiv waren, sollte der Schwerpunkt auf dem Bereich Kunst und Kultur liegen und der Raum auch als Ausstellungsfläche für regionale (Hobby-)Künstler*innen dienen. Die regelmäßigen Gruppentreffen wurden weiterhin durch uns organisiert, moderiert und protokolliert. Versuche, zumindest Teile dieser Arbeiten in die Gruppe zu geben, scheiterten. Einzelne Personen waren nicht bereit, diese Aufgaben in ihrer Wahrnehmung „für andere Personen" zu übernehmen, ein Gruppenzugehörigkeitsgefühl fehlte nahezu bei allen Mitgliedern.

Sehr wahrscheinlich bedingt durch die „Seriosität" der Hochschule im Hintergrund konnten wir mit dem Eigentümer eines leerstehenden Ladenlokals an gut frequentierter Lage in der Fußgängerzone einen Nutzungsvertrag abschließen. Nach einer zweimonatigen Renovierungsphase durch Engagement aus der Gruppe, die zudem lokale Handwerker gewinnen konnte, wurde der *Kunst (T) Raum* eröffnet. Organisationsaufgaben blieben bei der Projektbegleitung. Insbesondere die gemeinsame praktische Arbeit, der vorhandene physische Raum sowie die positive Resonanz in der Presse führten dazu, dass zumindest situationsbedingt Tendenzen eines Wir-Gefühls zu erkennen waren.

Die Kontaktbeschränkungen in der Coronapandemie brachten die Gruppenarbeit zum Erliegen. Physische Treffen konnten nicht stattfinden, wegen der fehlenden technischen Ausstattung der Mitglieder waren digitale Treffen nicht möglich. Die Ausstellungsplanung und Bespielung des Raums wurde in dieser Zeit allein durch die Projektbegleitung gewährleistet.

Nach mehr als zweijähriger Arbeit stellt die Gruppe noch immer eher eine Ansammlung von Einzelpersonen als eine gefestigte Arbeitsgruppe dar. Dies wird von einigen Mitgliedern bemängelt, für andere scheint genau dies die Grundlage für die Beteiligung zu sein. So wird die Gruppe insgesamt den Anforderungen an ein erfolgreiches Team, dass Arbeitsaufgaben erfüllt, die Interessen und Bedürfnisse der Beteiligten zumindest teilweise befriedigt und für den eigenen Erhalt sorgt (Edding & Schattenhofer, 2015) bisher nicht gerecht.

Der *Kunst (T) Raum* wird zwar mit stetig wechselnden Ausstellungen bespielt, für Gruppentreffen und teilweise als Ort des Schaffens von Mitgliedern der Gruppe und von lokalen Künstler*innen genutzt, die Organisation der Gruppenarbeit wie auch die Vernetzungsarbeit innerhalb der Stadt liegt jedoch weiterhin bei der Projektbegleitung. Verantwortung wird von den Beteiligten weder für den physischen Raum im Sinne von dauerhafter Ordnung und Sauberkeit noch für den Fortbestand des Projekts durch Überführung in eine eigene Organisationsform übernommen. Durch die prozessbegleitende Öffentlichkeitsarbeit in der Lokalzeitung und digitalen Medien hat der *Kunst (T) Raum* trotzdem eine große Bekanntheit in der Stadt erlangt.

3.4   Arbeitsgruppe Immobilien und Finanzierung und Weiterentwicklung zur Bürgergenossenschaft

Auf der o. g. Auftaktveranstaltung fanden sich ausnahmslos männliche, berufstätige Personen mittleren Alters unter der von uns vorgeschlagenen Themenstellung Immobilienentwicklung zusammen. Bereits auf diesem ersten Treffen wurde die Gründung einer Immobiliegesellschaft besprochen – einer Projektidee, die bereits seit längerer Zeit in der Stadt kursierte, aber bisher nicht umgesetzt werden konnte. Auf zwei weiteren, durch die Projektbegleitung organisierten, moderierten und protokollierten Treffen ging es um den Austausch von Frustration über die Entwicklung der Stadt. Es wurde aber sehr schnell nach vorn geblickt und auf die Idee der Bürgergenossenschaft fokussiert. Idee war es, wertvolle Bausubstanz in der Altstadt zu erhalten und zu diesem Zweck leerstehende Immobilien aufzukaufen, (mit einem hohen Anteil Eigenarbeit) zu sanieren und anschließend zu vermieten. Von den Beteiligten, die überwiegend schon in der Vergangenheit mit dem Thema beschäftigt waren, wurde vor allem die Möglichkeit geschätzt, unabhängig von städtischer Verwaltung und Politik arbeiten zu können, denn „was hier in der Verwaltung los ist, ist frustrierend" (IP10: Z. 61). Es entstand auch in dieser Gruppe die Frage nach Erfahrungen aus erster Hand von ähnlichen Projekten, somit wurde eine Arbeitspause vereinbart, um die o. g. Vortragreihe vorzubereiten und durchzuführen.

Die Vertreter*innen einer Bürgergenossenschaft sowie eines Genossenschaftsverbands wurden nach ihren Vorträgen von den Gruppenmitgliedern eingehend nach konkreten Erfahrungen und Notwendigkeiten befragt. In der Folge wurde durch ein ehemaliges Mitglied des Stadtrats die Idee der Bürgergenossenschaft zunächst unabhängig von unserem Projekt aufgegriffen. Er sprach als Einzelperson Menschen in der Stadt zu ihren Interessen nach Investitionen in eine Bürgergenossenschaft an und bat TransZ bezüglich der Öffentlichkeitsarbeit um Unterstützung. Durch ein weiteres ehemaliges Stadtratsmitglied, das sich anschloss, wurden die Planungen konkretisiert. Gemeinsam wurde das weitere Vorgehen besprochen und notwendige Informationen eingeholt. Durch persönliche Ansprache seitens der beiden Aktiven wurden Verantwortliche für Geschäftsführung, Aufsichtsrat und Beirat gewonnen. Zur Sensibilisierung und Aktivierung der Stadtöffentlichkeit wurde arbeitsteilig zwischen Projektbegleitung und den Aktiven u. a. eine Infoveranstaltung organisiert. Mit Unterstützung eines Genossenschaftsverbands wurde ca. ein halbes Jahr später die Bürgergenossenschaft gegründet.

Die Arbeit der Genossenschaft läuft seither auf die Beteiligten der Gremien verteilt; die Projektbegleitung wird punktuell mit konkreten Fragen oder Anliegen involviert. Die in der Genossenschaft Aktiven stehen fast alle im Berufsleben und decken die für die Gremienarbeit notwendigen Qualifikationen ab. Sowohl die städtische Bauverwaltung als auch die Stadtwerke und ein für die Altstadt wichtiges Unternehmen sind jeweils mit einem Mitarbeiter vertreten. Gemeinsam wurden eine erste Immobilie erworben und in Eigenarbeit entkernt, ca. 200 Mitglieder und zusätzliche Spenden eingeworben, die Gründung eines Fördervereins vorbereitet u. a. m. Zudem konnte eine Beteiligung der Stadt mit einem Anteil von zwei Dritteln der privaten Anteile erreicht werden. Die von den Aktiven angestrebte breite Beteiligung der Bevölkerung drückt sich derzeit nur durch die stetig steigende Mitgliederzahl aus, die auch durch den geringen Anteilspreis von 100 € möglich ist. Aufgrund der Kontaktbeschränkungen in der Coronakrise konnten die Sanierungsarbeiten bisher nicht wie geplant mit einer größeren Zahl an Freiwilligen durchgeführt werden.

Es besteht eine gute Vernetzung in die städtische Politik und Verwaltung. „Ich finde, das ist eine ganz ausgewogene Mischung, die wir da auch haben, die alle auch so ihren Einfluss haben auf ihren Bereich und das finde ich auch ganz gut" (IP8: Z. 116 f.). Man ist sich der eigenen Ressourcen bewusst und weiß diese für die Ziele der Genossenschaft zu nutzen. Die Beteiligten wertschätzen sich überwiegend mit ihrem jeweiligen Wissen und den Kompetenzen, wenngleich die konstruktive Zusammenarbeit nicht durchgehend gelingt. „Aber alles in allem denke ich, es ist eine gute Gruppe und man muss die manchmal vielleicht ein bisschen pieksen, damit ein bisschen was passiert" (IP7: Z. 125 ff.). Die Genossenschaft hat eine große Bekanntheit und sehr breite (ideelle) Unterstützung in der Stadt erlangt.

4 Motive, Interessen und Handlungsmacht der Aktiven vor Ort

Trotz der Unterschiede in Ausrichtung und Arbeitsweise beider Projekte sind hinsichtlich der Motive und Interessen der Beteiligten kaum Unterschiede zwischen den Gruppen zu erkennen. Hingegen unterscheiden sie sich in ihrer Handlungsmacht deutlich.

4.1 Motive und Interessen für Engagement

Persönliches Engagement wird von den meisten Projektbeteiligten als „Normalfall" dargestellt. Fast alle Beteiligten waren vor ihrer Beteiligung an den

Projekten, wie es Untersuchungen zu Engagementmotiven nahelegen (Corsten et al., 2008), vielfach seit ihrer Jugend freiwillig engagiert. Zudem fühlen sich alle Beteiligten mit „ihrer" Stadt verbunden. Überwiegend sind sie hier aufgewachsen und nach Ausbildungs- und teilweise langen Berufsjahren zurückgekehrt.

„Ich wollte eigentlich nur was tun, damit die Stadt nicht so traurig aussieht, wie sie sich eben zurzeit darstellt" (IP1: Z. 36 f.). In ähnlicher Weise geben fast alle Aktiven die Situation der Innenstadt mit seit Jahren zunehmenden Leerständen und den in weiten Teilen mangelhaften Zuständen von Gebäuden sowie die wenig gepflegten öffentlichen Räume als herausragendes Motiv an. „Viele schimpfen immer nur, aber die Wenigsten sind dann bereit. ... Wenn ich schon schimpfe oder irgendetwas bewegen will, dann muss ich aber auch bereit sein, mich dafür zu engagieren" (IP9: Z. 37 ff.). Zusätzlich wirkt das als Nichthandeln empfundene Vorgehen von Stadtpolitik und -verwaltung bzw. deren unterstelltes mangelndes Interesse an der Entwicklung der Altstadt als Engagementmotiv.

„Und dann habe ich mir überlegt, doch etwas zu tun für die Allgemeinheit, aber auch für mich selbst" (IP7: Z. 17 ff.). Die Eigeninitiative wird mit dem Wunsch nach eigener Weiterentwicklung verknüpft. Einige Personen erhoffen sich auch persönlich Vorteile; so zum Beispiel, wenn durch das Wirken der Genossenschaft eine Aufwertung der Altstadt und damit steigende Preise für die eigenen Immobilien erwartet werden oder wenn der *Kunst (T) Raum* zu persönlichen Zwecken genutzt werden kann.

Das Agieren im Engagement stellt zumeist eine Fortführung früherer Aufgaben im Beruf oder im Ehrenamt dar. Personen, die bei der Genossenschaft verantwortliche Positionen oder Aufgaben übernehmen, waren zuvor auch in verantwortlichen Positionen in Aufsichtsräten, Vereinsvorständen etc. aktiv. Beim *Kunst (T) Raum* fehlt zwar bisher die Verantwortungsübernahme, Personen, die früher in leitenden Positionen aktiv waren, sehen sich aber auch innerhalb dieses Projekts eher als Wortführer*innen und zeigen Interesse am Fortbestand.

Auffallend ist, dass „Gemeinschaft" oder „gemeinsam etwas bewegen zu wollen" nur von einer Person tatsächlich als Motivation für die Mitarbeit benannt wird (IP6: Z. 79 ff.); für einige andere ist dies implizit ein Grund unter mehreren. Damit stehen die benannten Motivationen etwas neben denen, die der Deutsche Freiwilligensurvey benennt: An erster Stelle steht dort der Spaß an der Tätigkeit, gefolgt von sozialer Interaktion (Müller et al., 2014). Allein die Beteiligung an den Projekten unterstreicht aber, dass sich die Frage nicht stellt, „ob Menschen kooperieren wollen, sondern wie ihnen geholfen werden kann, das zu tun" (Ostrom & Helfrich, 2011, S. 12). Die Projektbegleitung versucht genau diese Hilfe zu leisten: „Ermutigung, Unterstützung und Räume zum Experimentieren" (Ostrom & Helfrich, 2011, S. 14). Welche Ergebnisse dabei erzielt werden konnten, wird im Folgenden erläutert.

4.2   Empowerment und gemeinschaftliche Projekte

Durch gemeinschaftliches Handeln konnten erste Ansätze für neue Sichtweisen auf alte Problemlagen, neue Perspektiven auf Entwicklungsoptionen, Erfahrungen mit Möglichkeiten und Wünschen anderer Akteur*innen und daraus dann neue Ideen gewonnen werden. Auf der Suche nach den Beweggründen lohnt ein Blick auf gemeinsame Lernprozesse aus der Empowerment-Perspektive.

Die Bildung der Arbeitsgruppen unterstreicht einerseits den von den Beteiligten benannten Problemdruck als Motiv für ihr Engagement, andererseits aber auch ein gewisses Maß an Vertrauen darauf, mit der angebotenen Unterstützung etwas bewegen zu können. Der Hunger nach echter Partizipation an Stadtentwicklung wurde in den ersten Arbeitsgruppensitzungen deutlich zum Ausdruck gebracht.

Die Beteiligten des *Kunst (T) Raums* benötigten einen längeren unterstützten Arbeitsprozess, bevor sie erkennen konnten, dass Einfluss auf Stadtentwicklung auch ohne direkte Beteiligung oder gar Initiative der „Stadt" möglich ist. Erst nach einem knapp anderthalbjährigen, intensiven Gruppenprozess, hat sich eine konkrete Projektidee herauskristallisiert. Eigentlich hat auch erst zu diesem Zeitpunkt die Gruppenbildung tatsächlich stattgefunden (Rubner & Rubner, 2016, S. 21). Es stiegen Akteur*innen aus, die sich mit der Idee nicht identifizieren konnten, andere kamen hinzu, weil ihnen nun eine Identifikation möglich war. Damit konnten die Wirkungen der anfänglichen Konflikte innerhalb des selbstreferenziellen Settings der Arbeitsgruppe (Schattenhofer & Edding, 2015) etwas aufgebrochen werden.

Der Einzug in den *Kunst (T) Raum* bedeutete eine deutliche Aufbruchsstimmung. Durch die praktische Arbeit der Sanierung unter punktueller Beteiligung von Fachleuten, die wachsende Beteiligung regionaler Künstler*innen sowie die breite Bekanntheit in der Stadtöffentlichkeit wuchs das Selbstbewusstsein der Beteiligten, was sich bisher aber eher in unabgesprochenen Aktivitäten Einzelner äußert, weniger in einem Zusammengehörigkeitsgefühl. Verantwortungsbewusstsein für das Gesamtgefüge ist seitens der Gruppe noch nicht vorhanden und eine resiliente Organisation wird dem Zuständigkeitsbereich der Projektbegleitung zugeschrieben. Die Gruppenformierung ist noch nicht verinnerlicht und braucht entsprechend noch Unterstützung bzw. ein stärkeres Gruppenzugehörigkeitsgefühl, um eine verbindliche Aufgabenverteilung erreichen zu können (Kieffer, 1984). Aber „(i)m Augenblick tun wir ja so: ‚Aha, da gibt es ja zwei Damen, die sich um diese Sachen kümmern'" (IP4: Z. 163 f.). Die verlässliche Arbeit der Projektbegleitung führt immer noch dazu, dass sich die Beteiligten der Verantwortung nicht stellen müssen. Die bisher gesammelten Erfahrungen in der Gruppe sowie die Einsicht, dass nicht „die Stadt" allein verantwortlich ist oder etwas bewegen kann, treibt die Akteur*innen an, neue Ideen einzubringen und auf diese Weise den Entwicklungsprozess – oftmals jedoch unbewusst – mitzugestalten. Bewusstseinsbildung über die eigene Wirksamkeit ist also weiterhin erforderlich.

Die Sichtbarkeit der Entwicklung des *Kunst (T) Raums* und der Verlässlichkeit der Projektbegleitung in der Öffentlichkeit sowie die Unabhängigkeit von städtischer Politik und Verwaltung haben dazu geführt, dass bei der anderen Gruppe eine Genossenschaftsgründung wieder denkbar und in relativ kurzer Zeit umgesetzt wurde. Die eigene gesellschaftliche Stellung und das lokalpolitische Know-how waren für die Initiator*innen ein wesentlicher Ausgangspunkt zur Gründung der Genossenschaft. Geeignete Personen für die Arbeit in den Gremien wurden explizit aufgrund ihrer stadtgesellschaftlichen und beruflichen Position gesucht. Vor diesem Hintergrund konnte die Unzufriedenheit mit den bisherigen Entwicklungen in der Stadt, anders als beim *Kunst (T) Raum*, direkt in Aktivität umgewandelt werden. Gemeinsam war man sich im Sinne kollektiver Selbstwirksamkeitsüberzeugung (Gibson, 1999) sicher, das Projekt umsetzen zu können, und nahm die Organisation mit punktueller Unterstützung durch die Projektbegleitung arbeitsteilig in die Hand. Bewusste Selbstorganisation unter Gleichrangigen bzw. Peer-Governance, die ein wesentlicher Baustein erfolgreicher Commons ist (Helfrich & Bollier, 2019), zeichnen die Zusammenarbeit der an der Bürgergenossenschaft Beteiligten aus.

Die Beteiligten sind dabei auch von der Motivation getragen, die vorhandenen Ressourcen und Fähigkeiten nicht (allein) für den eigenen Vorteil zu nutzen, sondern solidarisch für „ihre Stadt", mit der sie sich verbunden fühlen. Im Sinne von Powersharing (Nassir-Shahnian, 2020) stellen sie ihre Ressourcen, die aus den privilegierten Positionen resultieren, für die Stadt(gesellschaft) zur Verfügung. Auch wenn es nicht das vorrangige Ziel ihres Engagements ist, geht es ihnen doch darum, die Altstadt für die Allgemeinheit attraktiv zu gestalten, und darum, durch einen geringen Preis der Genossenschaftsanteile und die Möglichkeit zur praktischen Mitarbeit bei der Sanierung eine möglichst breite Beteiligung zu erreichen. Gleichzeitig weiß man selbstverständlich um die Wirkung der breiten Beteiligung, um als „Bürgerprojekt" auch auf stadtpolitischer Ebene Stimmgewalt zu erlangen.

Die Projektarbeit und das Empowerment der Beteiligten wäre ohne das Zutun von TransZ und die Begleitung in dieser Form nicht entstanden. Es sind jedoch damit auch Erwartungen an uns als Projektbegleitung verbunden. Diese werden im Folgenden dargestellt.

4.3   Erwartungen an die Projektbegleitung

Die Arbeit in den Gruppen war für die Beteiligten nicht immer einfach. Es gab Auseinandersetzungen und Rückwärtsgewandtheit, die für einige zu viel Zeit in Anspruch nahmen. Diskussionen drehten sich im Kreis und mussten wiederholt geführten werden, um neue Gruppenmitglieder in den Prozess einzubinden. Vielfach haben die Aktiven darauf hingewiesen, dass die Zusammenarbeit mit der Projektbegleitung darüber entscheidet, ob man sich engagiert oder nicht; einige blieben dabei, obwohl sie die Arbeit in der Gruppe zwischenzeitlich als unproduktiv erlebten. „In diesem konkreten Fall fand ich die Zusammenarbeit erstens sehr angenehm und so eine professionelle und mit dem zeitlichen Rahmen ausgestattete Unterstützung (…) hat dem Projekt gutgetan" (IP8: Z. 215 f.). In einem ausreichend langen Prozess konnte Vertrauen in die Ernsthaftigkeit und Verlässlichkeit des Mitwirkungsangebots durch die Bereitstellung von Raum und Zeit aufgebaut werden, es entstanden Folgeideen. Einige Personen sind aber aus den Gruppenprozessen auch ausgestiegen, teilweise mit dem Hinweis auf unproduktive Gruppenarbeit. Somit stellen sich Fragen nach dem Umfang des Eingreifens der Projektbegleitung in Diskussionen und Gruppenprozesse zur Konfliktbearbeitung. Es braucht eine stetige Abwägung zwischen dem notwendigen Raum für Erzählungen und Wiederholungen und dem Vermeiden von Langeweile.

„Ohne TransZ wären wir längst nicht da, wo wir jetzt sind. Und wenn wir das alles hätten ohne ihre Hilfe stemmen müssen, also ihre jetzt mal klein geschrieben, das wäre gar nicht gegangen" (IP7: Z. 220 ff.). Als wesentlich für die erfolgreiche Prozessgestaltung vor allem beim *Kunst (T) Raum* stellte sich das aktive Mittun der Projektbegleitung in konkreten Arbeitsschritten heraus. Dies betrifft vor allem die Organisation und Moderation von Gruppentreffen, aber auch die praktische Arbeit z. B. der Renovierung. Die Beteiligten äußern Ideen oder Wünsche und formulieren damit sogleich Anforderungen an die Projektleitung im Sinne von „man müsste mal". Die Projektbegleitung wird (immer noch) ganz klar als Adressatin für Ideen und Wünsche gesehen, nicht als Unterstützerin eigener Projekte.

Für die Beteiligten der Bürgergenossenschaft hingegen war vor allem unsere Unabhängigkeit von „der Stadt" bzw. von politischen Akteur*innen und Strukturen wichtig. Die Beteiligten konnten so ohne „Vorbelastung" auf potenzielle Mitstreiter*innen und die Öffentlichkeit zugehen. Auf diese Weise konnte die mehrfach nicht umgesetzte Idee der Immobilien-/Stadtentwicklungsgesellschaft erneut angegangen und schließlich mit neuem Antrieb umgesetzt werden.

5   Reflexion der Arbeit vor Ort

Die themen- und beteiligungsoffene Herangehensweise hat sich insbesondere für den Auftakt als sinnvoll erwiesen. Es konnten Menschen für die Zusammenarbeit gewonnen werden, die sich ohne unser Angebot nicht engagiert hätten. Ebenso wertvoll war die Neutralität, verbrieft in unserem Fall durch die Hochschule, die sich daran festmacht, dass wir keine eigenen inhaltlichen Ziele verfolgen und vor allem, dass wir unabhängig von städtischen Interessen, Strukturen, aber auch von Persönlichkeiten agieren konnten.

Mit dieser Herangehensweise ergaben sich aber auch einige Herausforderungen. So ist eine deutliche Separierung ressourcenstarker und ressourcenschwacher Gruppen zu erkennen, die Klatt (2012) auf Selbstselektion zurückführt. Damit verstärkt sich das oben erwähnte Dilemma hinsichtlich der Ressourcen, die für die Zusammenarbeit erforderlich sind, die aber auch durch Zusammenarbeit erworben werden können. Die Initiatoren der Bürgergenossenschaft konnten mit ihrer Ressourcenausstattung die angebotenen Unterstützungsmöglichkeiten aufgreifen und in der Gruppe weitere Ressourcen bündeln, um das Projekt erfolgreich umzusetzen. Für die Umsetzung dieser relativ konkreten Idee sowie für die Unterstützung „partizipationsaffiner" Personen war die Herangehensweise gut geeignet. Es brauchte (lediglich) Inspiration und das Vertrauen in die Verlässlichkeit des Unterstützungsangebots.

Für die hinsichtlich der Zusammenarbeit eher ressourcenschwache Gruppe des *Kunst (T) Raums* waren die Unterstützungsangebote bisher offensichtlich unpassend oder unzureichend. Die oben geschilderten Erwartungen an die Projektbegleitung zeigen, dass TransZ von den Beteiligten dieser Gruppe als Partizipationsangebot wahrgenommen wurde und wird, im Sinne von Straßburger und Rieger (2019) also als institutionelles Projekt, an dem man sich beteiligen kann, für das die Verantwortung aber bei der Projektbegleitung liegt. Auch wenn wir weder die Legitimation noch den Willen haben, eine Institution zu sein, an deren Projekten man sich beteiligen kann, werden wir so wahrgenommen. Unser Ziel war es, eine Plattform für die Ermöglichung bürgerschaftlicher Projekte bereitzustellen. Es sollten Rahmenbedingungen bereitgestellt werden, die Engagement ermöglichen und unterstützen. Dies wurde von Beginn an kommuniziert, aber von den Beteiligten des *Kunst (T) Raums* so nicht wahrgenommen. Bis heute scheint der Ausgangspunkt für das Gesamtprojekt TransZ von außen wirksamer zu sein als der gemeinsame Entwicklungsprozess des *Kunst (T) Raums*. Straßburger und Rieger (2019, S. 15) weisen auf die Bedeutung der Initiative für die Beteiligung und die Verantwortungsübernahme hin.

Aber auch die Gründung der Bürgergenossenschaft unterstreicht die herausragende Bedeutung der Initiative für ein Projekt für Beteiligung und Verantwortungsübernahme. Dort bestand die Idee bereits im Vorfeld, die Initiative zur schlussendlichen Umsetzung kam direkt von Beteiligten, sodass die Gruppe und der gesamte Prozess schnell eine Eigendynamik entwickelte und TransZ nur unterstützend, weniger initiierend beteiligt war.

Trotz gemeinsam überwundener Hürden und des (zaghaften) Aufbaus von Selbstwirksamkeitserwartungen (Gibson, 1999) im Entwicklungsprozess konnte bei der *Kunst (T) Raum*-Gruppe ein solches Gemeinschaftsgefühl bisher nicht entstehen. Dazu trägt sicher auch die Heterogenität der Gruppe, die nur durch unser Partizipationsangebot zusammengefunden hat, bei. Zudem wirken die lang andauernden Kontaktbeschränkungen bei gleichzeitig geringer Affinität zu digitaler Kommunikation oder das seitens des Vermieters jeweils nur für zwei Monate verlängerte Mietverhältnis für das Ladenlokal einschränkend. Insbesondere die Mittelbereitstellung z. B. im Renovierungsprozess über die Hochschule verdeutlichte für die Beteiligten immer wieder unseren Machtvorsprung. Die mehrfache Verlängerung des Gesamtprojekts ließ das Projektende für die Beteiligten bisher eher unrealistisch erscheinen und somit die Verantwortungsübernahme wenig dringlich. Der bereitgestellte Raum, der nach Renner (2019, S. 92) neben „Informationen, um Durchblick zu ermöglichen" sowie „Zeit, um sich eine Meinung zu bilden" für strukturelles Empowerment erforderlich ist, war bisher nicht ausreichend oder unpassend, ggf. ist auch das Interesse am Fortbestand des Projekts bei den Beteiligten zu gering ausgeprägt. Die mangelnde Initiative der Beteiligten in Richtung Verantwortungsübernahme hat uns als Projektbegleitung immer wieder Aktivitäten abverlangt, um neue Verbündete zu finden und damit letztlich immer wieder zur Unselbstständigkeit der Gruppe beigetragen. In der Folge sind Fragen nach dem richtigen Zeitpunkt für den Rückzug der Projektbegleitung oder auch der Übertragbarkeit von (Teil-)Aufgaben beispielsweise an die Stadt bis heute ungeklärt.

Im gesamten Projektverlauf von TransZ kamen erst mit der Bürgergenossenschaft Personen auf den Plan, die unser Angebot für eine eigene Idee nutzen konnten. Inwieweit dafür der Vorlauf durch die anderen Projekte verantwortlich war und inwieweit die beteiligten Personen mit ihren Kompetenzen, Ressourcen und Erfahrungen, bleibt ungeklärt. Strukturen, die die Umsetzung von Ideen und damit die Nutzung vorhandener Potenziale sowie Engagement begünstigen, widmet sich das abschließende Fazit.

6   Fazit: Über einige Bedingungen für eine Stadtentwicklung als Gemeinschaftsaufgabe

Letztlich geht es in beiden Projekten um die Frage: Wem gehört die Stadt? Auch wenn diese von den Beteiligten überwiegend so nicht gestellt wurde. Der stetige Abwertungsprozess der Altstadt, die spürbare Abwehrhaltung gegenüber dem Handeln von Stadtpolitik und -verwaltung sowie die insgesamt eher negative Stimmung zu Beginn des Projekts unterstreichen dies. Der Entwicklungsprozess TransZ, der zusätzlich zu den beschriebenen Projekten weitere temporäre Projekte umfasste, führte bisher dazu, dass die Projekte als „besondere Orte" (Ipsen, 2006, 2009) wahrgenommen werden, die „eine Ausstrahlung haben…, die sich der Reproduzierbarkeit entziehen" (Ipsen, 2006, S. 142). Sie haben einen hohen Bekanntheitsgrad in der Stadtgesellschaft und beginnen sich dadurch zaghaft zu Identifikationspunkten der Bevölkerung zu entwickeln.

„Bürgerengagement und konstruktive Teilhabe sind aber nur ganz oder gar nicht zu haben. Man kann sie nicht nach Wunsch ein- oder abschalten" (Selle, 2007, S. 70). Deshalb braucht es auf kommunaler Ebene unterstützende Strukturen und eine Kultur der Partizipation, die Teilhabe an (hoheitlichen) Planungsprozessen ebenso einschließt wie die aktive Teilnahme an der Stadtentwicklung im Rahmen bürgerschaftlicher Projekte oder des freiwilligen Engagements. Die beschriebenen Projekte zeigen, dass dafür eine offene und unabhängige Prozessbegleitung hilfreich ist, aber nicht in jedem Fall ausreicht. Wichtige Punkte dafür sollen aus der Erfahrung der geschilderten Projekte im Folgenden angesprochen werden: „Damit aus ‚governance' ‚good governace' wird, ist das Verständigen auf Leitbilder, Qualitäten und Standards des Umgangs miteinander – und deren Umsetzung in der Praxis – notwendig" (Selle, 2013, S. 74). Die Einbindung in gesamtstädtische Entwicklungen bzw. eine gesamtstädtische Entwicklungsstrategie kann die Wirkung der Projekte erhöhen, gleichzeitig aber auch die Akzeptanz und den Mitgestaltungswillen der Bevölkerung an der Stadtentwicklung.

Dabei gilt es, die konträren Handlungslogiken von „Stadt" und bürgerschaftlichen Projekten zu beachten: „Die Zivilgesellschaft handelt, wenn sie es will – die öffentliche Hand, weil sie es muss" (Becker & Runkel, 2010). Dass sich die Anstrengungen lohnen, zeigt sich in breit abgestützten und damit unproblematisch umsetzbaren Projekten, vor allem aber darin, dass Bürger*innen durch niedrigschwellige, auch unverbindliche Partizipationsmöglichkeiten über die Zeit Selbstwirksamkeitserwartungen aufbauen und so für Projekte auf höheren Partizipationsstufen (Straßburger & Rieger, 2019) wertvolle Partner*innen werden, ihre Handlungsmacht erkennen und eigeninitiativ Beiträge zum Gemeinwesen und für eine nachhaltige Entwicklung leisten (Emanuel et al., 2021).

Selbstverständlich ist „die Stadt" im Rahmen von Local Governance und einer lokalen Kultur der Partizipation nur eine Akteurin unter vielen. Gleichwohl hat sie eine Sonderrolle. Vor allem im Rahmen der Daseinsvorsorge und zur Gewährleistung demokratischer Strukturen ist sie gefordert, notwendige Rahmenbedingungen durch angemessene Teilnahmegewährung und -förderung sowie Verantwortungs- und damit auch Machtübertragung zu gewährleisten. Auch kommt ihr eine besondere Verantwortung im Umgang mit Diversität auf verschiedenen Ebenen zu. Als zentrale Voraussetzung geht es um die Sicherstellung von Chancengleichheit, denn partizipative Projekte bergen die Gefahr der Reproduktion von Chancenungleichheiten. Interessen, Fähigkeiten und Ressourcen, die für Partizipation erforderlich sind, sind in der Bevölkerung ungleich verteilt (Roth, 2011, S. 84 f.; 2017) und partizipative Projekte bergen über die obe genennten Prozesse die Gefahr der Verstärkung von Ungleichheiten. Zielgruppenspezifische Ansprache und Angebote sind erforderlich. Niedrigschwellige gemeinschaftliche Projekte, wie der *Kunst (T) Raum,* können ein Baustein in diese Richtung sein, indem sie Möglichkeiten des Kompetenzerwerbs für Partizipation und Selbstorganisation bieten; damit einhergehende Schwierigkeiten und Anforderungen wurden angesprochen.

Nichtbeteiligung ist nicht in jedem Fall gleichzusetzen mit mangelnden Ressourcen oder Chancen und beruht selbstverständlich auf Freiwilligkeit (Lüttringhaus 2000). Nicht alle Leute haben Lust, Zeit und Interesse, an solchen Projekten und Prozessen teilzunehmen. Nichtbeteiligung kann jedoch Hinweis auf Ausschließungsprozesse von Beteiligten gegenüber bisher nicht Beteiligten sein (Elias & Scotson, 1993). Angebote werden oftmals auch deshalb nicht angenommen, weil sie in Form, Inhalt, Ausrichtung oder Umfang nicht den Erwartungen entsprechen oder aktuell nicht (unmittelbar) relevant erscheinen (Wright et al., 2010, S. 229). Nichtnutzung von Beteiligungsangeboten kann zudem auch auf Widerstand hindeuten (Pigorsch, 2021a).

Die Etablierung einer lokalen Planungs- und Partizipationskultur, die auf umfassende und bedarfsgerechte Beteiligung setzt, ist also ein andauernder Prozess, oftmals mit ungewissem Ausgang. Die stetig steigenden Engagement-quoten (Vogel et al., 2014) sowie die steigende Bedeutung von Informations- und Kontaktstellen für die Aufnahme einer freiwilligen Tätigkeit (Müller et al., 2014) unterstreichen die damit verbundenen Potenziale und Notwendigkeiten. Auch können bürgerschaftliche Projekte im Rahmen der Stadtentwicklung Effekte erzielen, die Projekten der öffentlichen Hand vorenthalten sind, z. B. indem sie eine tiefe Verankerung in der Stadtgesellschaft herstellen; die Bürgergenossen-schaft zeigt dies deutlich. Dabei läuft Engagement Gefahr, Lückenbüßer für mangelnde Aktivitäten der öffentlichen Hand zu werden (Evers, 2006). Auch wenn Evers überwiegend Engagement im sozialen Bereich anspricht, deuten die Motivationen der an den beschriebenen Projekten Beteiligten, die sich vielfach auf (vermeintliches) Nichthandeln der Stadt beziehen, genau in diese Richtung.

Diese teilweise divergierenden Anforderungen an eine lokale Partizipations-kultur verdeutlichen die Notwendigkeit eines institutionellen Rahmens, der sicherstellt, dass übergeordnete Planungen und Konzepte an den tatsächlichen Ideen und Bedarfen vor Ort anschließen und dass lokal erworbenes Wissen aus unterschiedlichsten Projekten erhalten und weitergegeben wird (Kaschlik, 2022). Pigorsch (2021b) weist in diesem Zusammenhang zudem auf die Bedeutung angemessener Moderationsmethoden hin, die das lokale Erfahrungswissen nicht nur integrieren, sondern auch für die Beteiligten sichtbar lassen. Gleichzeitig muss der institutionelle Rahmen gewährleisten, dass Einzelne und Gruppen aus Bürgerschaft und Wirtschaft, aber auch aus der Stadtverwaltung verläss-lich Unterstützung für ihre Anliegen finden und ein konstruktiver Austausch auf Augenhöhe möglich ist (Engel & Kaschlik, 2012).

Strukturelles Empowerment, institutionelle Öffnung und Nachfrageorien-tierung sind zentrale Bedingungen für echte Partizipation (Renner, 2019). Dem konnten wir mit unseren Unterstützungsangeboten in Teilen Rechnung tragen. Es zeigte sich jedoch auch, dass es kein passendes Angebot für alle Themen und Akteur*innen geben kann. Methoden und Konzepte, wie sie von der Sozialen Arbeit entwickelt wurden, sind gefragt, einerseits um das „Spannungs-feld zwischen universalistischen Ansprüchen und der damit verbundenen Aus-grenzung von Minderheiten" (Munsch, 2013, S. 5) abzubauen, andererseits um nachhaltige Gruppenprozesse zu gestalten. Dabei geht es sowohl um die Organisation und Moderation der Gruppenarbeit als auch um die Bewusstseins-bildung für die Gemeinschaftsressourcen oder für politische Meinungsbildung und Entscheidungsfindung.

Literatur

Becker, E., & Runkel, C. (2010). Zivilgesellschaft in räumlichen Arenen. In E. Becker, E. Gualini, C. Runkel, & R. Strachwitz (Hrsg.), *Stadtentwicklung, Zivilgesellschaft und bürgerschaftliches Engagement* (S. 121–204). de Gruyter.

Beetz, S. (2017). Die kleine Stadt in der großen Moderne – small, slow oder smart? In S. Busse & K. Beer (Hrsg.), *Modernes Leben – Leben in der Moderne* (S. 49–63). Springer Fachmedien.

BMUB | Bundesministerium für Umwelt, Naturschutz, Bau und Reaktorsicherheit (Hrsg.). (2007). Leipzig Charta zur nachhaltigen Europäischen Stadt. Berlin. https://www.bmu. de/download/die-leipzig-charta. Zugegriffen: 12. Juni 2021.

Bogner, A. & Menz, W. (2002). Das theoriegenerierende Experteninterview. In A. Bogner, B. Littig, & W. Menz (Hrsg.), *Das Experteninterview. Theorie, Methode, Anwendung* (S. 33–70). VS.

Boos-Krüger, A. (2005). Zuwanderer in Klein- und Mittelstädten des ländlichen Raumes. Annäherung an ein neues Forschungsgebiet. In Verbundpartner Zuwanderer in der Stadt (Hrsg.), *Handlungsfeld: Stadträumliche Integrationspolitik* (S. 406–444). Schader Stiftung.

Bröckling, U. (2007). *Das unternehmerische Selbst. Soziologie einer Subjektivierungsform.* Suhrkamp Verlag.

Clark, A. (2012). *Situationsanalyse. Grounded Theory nach dem Postmodern Turn.* VS Verlag.

Corsten, M., Kauppert, M., & Rosa, H. (2008). *Quellen bürgerschaftlichen Engagements. Die biographische Entwicklung von Wir-Sinn und fokussierten Motiven.* Verlag für Sozialwissenschaften.

Edding, C., & Schattenhofer, K. (2015). *Einführung in die Teamarbeit* (2. Aufl.). Carl-Auer Verlag.

Elias, N., & Scotson, J. L. (1993). *Etablierte und Außenseiter.* Suhrkamp.

Emanuel, R., Kaschlik, A., & Schmidt, J. (2021). Innenstadt selber machen. Was können gemeinschaftliche Projekte in der Stadtentwicklung erreichen und wie können Stadtverwaltung und Stadtpolitik sie dabei unterstützen? In C. Simon-Philipp, L. Stoltenberg, & T. Krüger (Hrsg.), *Forum Stadt – Mitten in der Stadt – Transformation urbaner Zentren, 3/21* (S. 258–271).

Engel, A., & Kaschlik, A. (2012). Wer bemächtigt sich peripherer Regionen? Innovation, Pluralität und die Rolle Sozialer Arbeit in einem integrierten lokalen Entwicklungsmanagement. In S. Debiel, A. Engel, I. Hermann-Stietz, G. Litges, S. Penke, & L. Wagner (Hrsg.), *Soziale Arbeit in ländlichen Räumen* (S. 67–80). Springer VS.

Evers, A. (2006). Fördern oder Fordern – Soziale Dienstleistungen zwischen Staat, Markt und Bürgergesellschaft. In U. Hatzfeld & F. Pesch (Hrsg.) *Stadt und Bürger* (S. 44–51). Springer VS.

Gibson, C. B. (1999). Do they do what they believe they can? Group efficacy and group effectiveness across tasks and cultures. *Academy of Management Journal, 42*(2), 138–152.

Hannemann, C. (2004). *Marginalisierte Städte. Probleme, Differenzierungen und Chancen ostdeutscher Kleinstädte im Schrumpfungsprozess.* BWV.

Häußermann, H., Läpple, D., & Siebel, W. (2008). *Stadtpolitik.* Suhrkamp Verlag.

Helfrich, S. & Bollier, D. (2019). *Frei, fair und lebendig – Die Macht der Commons.* transkript.

Herriger, N. (2020). *Empowerment in der sozialen Arbeit. Eine Einführung.* 6. aktualisierte *Aufl.* Kohlhammer.

Hüttermann, J. (2010). *Entzündungsfähige Konfliktkonstellationen. Eskalations- und Integrationspotenziale in Kleinstädten der Einwanderungsgesellschaft.* Juventa Verlag.

Ipsen, D. (2006). *Orte und Landschaft.* Verlag für Sozialwissenschaften.

Ipsen, D. (2009). Die Poetik von Ort und Landschaft. Räumliche Ästhetik und regionale Entwicklung. In H. Bartholomäus, T. Blankenburg, K. Fleischmann, I. Schiller, & L. Wüllner (Hrsg.), *Stadt, Quartier, Region. Wie viel Gestaltung braucht die Stadt?* (S. 184–200). Regia-Verlag.

Kaschlik, A. (2022). Lokale Wissensbestände als Potenzial für nachhaltige (Klein)Stadtentwicklungen? In W. Leal Filho (Hrsg.), *Nachhaltigkeit in den Sozialwissenschaften,* (im Erscheinen). Peter Lang Scientific Publishing.

Kieffer, C. (1984). Citizen empowerment: A developmental perspective. In J. Rappaport & R. Hess (Hrsg.), *Studies in Empowerment. Steps toward understanding and action* (S. 9–36). Taylor and Francis Inc.

Klatt, J. (2012). Die Macht der Zivilgesellschaft und ihre ungleiche Verteilung. Ethik und Gesellschaft 2/2012: Demokratie und Sozialethik. http://www.ethik-und-gesellschaft. de/mm/EuG-2-2012_Klatt.pdf. Zugegriffen: 12. Juni 2020.

Kuhn, H. (2015). Das Team als Mittel zur Leistungssteigerung. In C. Edding & K. Schattenhofer (Hrsg.), *Alles über Gruppen: Theorie, Anwendung, Praxis* (2. Aufl., S. 124–161). Belz-Verlag.

Lüttringhaus, M. (2000). Stadtentwicklung und Partizipation, Fallstudien aus Essen-Katernberg und der Dresdner Äußeren Neustadt. *Stiftung MITARBEIT, Beiträge zur Demokratieentwicklung von unten Nr. 17.* Bonn.

Mayring, P. (2000). *Qualitative Inhaltsanalyse. Grundlagen und Techniken.* 7. Aufl. Deutscher Studien Verlag.

Munsch, C. (2013). Engagement und Ausgrenzung – Theoretische Zugänge zur Klärung eines ambivalenten Verhältnisses. eNewsletter Netzwerk Bürgerbeteiligung 01/2013. https://www.netzwerk-buergerbeteiligung.de/fileadmin/Inhalte/PDF-Dokumente/news-letter_beitraege/nwbb_beitrag_munsch_130320.pdf. Zugegriffen: 12. Juni 2020.

Müller, D., Hameister, N., & Lux, K. (2014). Anstoß und Motive für das freiwillige Engagement. In J. Simsonson, C. Vogel, & C. Tesch-Römer (Hrsg.), *Freiwilliges Engagement in Deutschland. Der Deutsche Freiwilligensurvey 2014* (S. 407–427). Springer VS.

Nassir-Shahnian, N. (2020). Powersharing. Es gibt nichts Gutes, außer wir tun es! Vom bewussten Umgang mit Privilegien und der Verantwortlichkeit für soziale (Un-) Gerechtigkeit. In B. Jagusch & Y. Chehata (Hrsg.), *Empowerment und Powersharing. Ankerpunkte – Positionierungen – Arenen* (S. 29–43). Beltz Juventa Verlag.

Ostrom, E. & Helfrich, S. (2011). *Was mehr wird, wenn wir teilen. Vom gesellschaftlichen Wert der Gemeingüter.* Oekom.

Pigorsch, S. (2021a). Miesepetrige Sozialarbeitende in Situationen veranstalteter Partizipation. (Nicht-)Nutzung als alltagsorientierte Kritik an der sozialräumlichen Beteiligungspraxis. *Widersprüche, 41*(159), 9–30.

Pigorsch, S. (2021b). Verschlagworten und Systematisieren in moderierten Beteiligungsprozessen oder: Wie Erfahrungswissen unsichtbar gemacht wird. In F. Müller & C. Munsch (Hrsg.), *Jenseits der Intention – Ethnografische Einblicke in Praktiken der Partizipation* (S. 63–75). Beltz Juventa.

Renner, G. (2019). Einander verstehen – Gelingende Kommunikation als Basis partizipativer Arbeit. In G. Straßburger & J. Rieger (Hrsg.), *Partizipation kompakt. Für Studium, Lehre und Praxis sozialer Berufe* (S. 78–81). Beltz Juventa.

Roth, R. (2011). *Bürgermacht. Eine Streitschrift für mehr Partizipation.* Edition Körber-Stiftung.

Roth, R. (2017). Bürgerpartizipation – Stärkung oder Aushöhlung kommunaler Demokratie? In H. Bauer, C. Büchner, & L. Hajasch (Hrsg.), *Partizipation in der Bürgerkommune* (S. 57–80). Universitätsverlag.

Rubner, A. & Rubner, E. (2016). *Unterwegs zur funktionierenden Gruppe. Die Gestaltung von Gruppenprozessen mit der themenzentrierten Interaktion.* Psychozozial Verlag.

Schattenhofer, K. & Edding, C. (2015). Handbuch *Alles über Gruppen. Theorie, Anwendung, Praxis.* 2. überarbeitete Auflage. Beltz.

Schimank, U. (2007). Elementare Mechanismen. In A. Benz, S. Luetz, U. Schimank, & G. Simonis (Hrsg.), *Handbuch Governance, Theoretische Grundlagen und empirische Anwendungsfelder* (S. 29–45). VS.

Schütze, F. (1983). Biographieforschung und narratives Interview. *Neue Praxis, 13,* 283–293.

Selle, K. (2007). Stadtentwicklung und Bürgerbeteiligung. Auf dem Weg zu einer kommunikativen Planungskultur? *Informationen zur Raumentwicklung, 1,* 63–71.

Selle, K. (2013). *Über Bürgerbeteiligung hinaus. Stadtentwicklung als Gemeinschaftsaufgabe? Analysen und Konzepte.* Rohn Verlag.

Selle, K. (2016). Kommunikative Interdependenzgestaltung in Prozessen der Stadtentwicklung. Eine Geschichte der Entdeckungen. Teil 1: Alle im Blick? Wie die Fachleute des Planens und Entwickelns der Akteursvielfalt gewahr wurden. *pdn\online II/2016.* Zugegriffen: 10. Juni 2021.

Selle K. (2017). Kommunikative Interdependenzgestaltung in Prozessen der Stadtentwicklung. Eine Geschichte der Entdeckungen. Teil 2: Wendepunkte. Paradigmenwechsel in der Theorie eröffnen neue Perspektiven auf die Praxis. *pdn\online I/2017.* Zugegriffen: 10. Juni 2021.

Stein, U. (2014). Ein systemisches Kommunikationsmodell für die räumliche Planung. *pdn\online I/2014.* Zugegriffen: 15. Juni 2021.

Straßburger, G. & Rieger, J. (2019). Bedeutung und Formen der Partizipation – Das Modell der Partizipationspyramide. In G. Straßburger & J. Rieger (Hrsg.), *Partizipation kompakt. Für Studium, Lehre und Praxis sozialer Berufe* (2. Aufl., S. 11–39). Beltz Juventa.

Tonassi, T., Wittlif, A., & Nowicka, M. (2019). Mit der Politik auf Du und Du? Wie Menschen mit und ohne Migrationshintergrund ihre politische Selbstwirksamkeit wahrnehmen. *Policy Brief des SVR- Forschungsbereichs 2019–1.* Sachverständigenrat deutscher Stiftungen für Integration und Migration GmbH.

Vogel, C., Simonson, J., Ziegelmann, J., & Tesch-Römer, C. (2014). Freiwilliges Engagement von Frauen und Männern in Deutschland. In J. Simsonson, C. Vogel &

C. Tesch-Römer (Hrsg.), *Freiwilliges Engagement in Deutschland. Der deutsche Frei-willigensurvey 2014* (S. 637–646). Springer VS.

Volkenant, K. (2011). Geschlossene Gesellschaft? Partizipationsmöglichkeiten von MigrantInnen in Sontra. In M. Alisch & M. May (Hrsg.), *Integrationspotenziale in kleinen Städten – Rekonstruktion der Interessensorientierungen von Zuwanderern* (Bd. 6, S. 178–192). Verlag Barbara Budrich.

Wehling, H.-G. (2010). Regionale/lokale politische Kultur. In M. Greiffenhagen & S. Greiffenhagen (Hrsg.), *Handwörterbuch der politischen Kultur in der Bundesrepublik Deutschland* (S. 521–525). Springer VS.

Willener, A. & Friz, A. (2019). *Integrale Projektmethodik*. Interact Verlag.

Wright, M. T., Roche, B., von Unger, H., Block, M., & Gardner, B. (2010). Zur Not-wendigkeit einer wissenschaftlichen Fundierung der Partizipativen Gesund-heitsforschung. In M. Wright (Hrsg.), *Partizipative Qualitätsentwicklung in der Gesundheitsförderung und Prävention* (S. 221–232). Huber.

Zapf, W. (1989). Über soziale Innovationen. *Soziale Welt, 40*(1/2), 170–183.

Zimmermann, A. (2006). *Instrumente zur AkteursAnalyse. 10 Bausteine für die partizipative Gestaltung von Kooperationssystemen.* Deutsche Gesellschaft für Technische Zusammenarbeit (GTZ). Eschborn; Bundesministerium für wirtschaftliche Zusammenarbeit und Entwicklung (BMZ). http://star-www.giz.de/dokumente/bib/06-0488.pdf. Zugegriffen: 12. Juni 2020.

Anke Kaschlik Dr., Stadtplanerin, Dozentin Community Development am Institut für Vielfalt und gesellschaftliche Teilhabe der Zürcher Hochschule für angewandte Wissen-schaften sowie wissenschaftliche Mitarbeiterin an der Fakultät Management, Soziale Arbeit, Bauen der Hochschule für angewandte Wissenschaft und Kunst Hildesheim/Holz-minden/Göttingen. Ihre Schwerpunkte in Forschung und Lehre sind (sozial) nachhaltige Stadtentwicklung, Governance, Partizipation.

Jaqueline Schmidt M. A., Soziologin, ist wissenschaftliche Mitarbeiterin der Fakultät Management, Soziale Arbeit und Bauen an der Hochschule für angewandte Wissenschaft und Kunst Hildesheim/Holzminden/Göttingen. Ihre Schwerpunkte in der Forschung sind Partizipations- und Transformationsprozesse, soziale Ungleichheit und Stadtsoziologie.

Open Access Dieses Kapitel wird unter der Creative Commons Namensnennung 4.0 International Lizenz (http://creativecommons.org/licenses/by/4.0/deed.de) veröffentlicht, welche die Nutzung, Vervielfältigung, Bearbeitung, Verbreitung und Wiedergabe in jeglichem Medium und Format erlaubt, sofern Sie den/die ursprünglichen Autor(en) und die Quelle ordnungsgemäß nennen, einen Link zur Creative Commons Lizenz beifügen und angeben, ob Änderungen vorgenommen wurden.

Die in diesem Kapitel enthaltenen Bilder und sonstiges Drittmaterial unterliegen ebenfalls der genannten Creative Commons Lizenz, sofern sich aus der Abbildungslegende nichts anderes ergibt. Sofern das betreffende Material nicht unter der genannten Creative Commons Lizenz steht und die betreffende Handlung nicht nach gesetzlichen Vorschriften erlaubt ist, ist für die oben aufgeführten Weiterverwendungen des Materials die Einwilligung des jeweiligen Rechteinhabers einzuholen.

Kritische Reflexionen zur Sozialen Arbeit und zur Sozialplanung mit Blick auf marginalisierte Gruppen, städtische Integrationspolitiken und quartiersbezogene Analysen und Handlungsansätze

Die Rolle von Sozialer Arbeit beim Gestalten von Räumen für marginalisierte Gruppen in der Stadt anhand von zwei Wiener Fallbeispielen

Katharina Kirsch-Soriano da Silva und Christoph Stoik

Zusammenfassung

Dieser Beitrag beleuchtet, was Marginalisierung für unterschiedliche Menschen in der Stadt bedeutet und wie sich dies im urbanen Raum zeigt – welche Räume marginalisierten Gruppen zur Verfügung stehen oder verwehrt bleiben, welche Räume sie brauchen oder sich aneignen können. Dabei werden auch die Handlungsmöglichkeiten der Sozialen Arbeit und Gemeinwesenarbeit in den Blick genommen, Räume für marginalisierte Menschen zu erhalten, zu öffnen und zu gestalten. Konkret werden zwei Wiener Fallbeispiele betrachtet: der „Praterstern" als öffentlicher Platz, der in den letzten Jahren zum Schauplatz von Interessenskonflikten und demonstrativer politischer Intervention wurde, und die „Herbststraße 15" als ein Erdgeschosslokal, das temporär als kooperatives offenes Stadtteilzentrum fungierte.

K. Kirsch-Soriano da Silva (✉)
Caritas der Erzdiözese Wien – Hilfe in Not, Stadtteilarbeit, Wien, Österreich
E-Mail: katharina.kirsch@caritas-wien.at

C. Stoik
FH Campus Wien, Department Soziales, Wien, Österreich
E-Mail: christoph.stoik@fh-campuswien.ac.at

© Der/die Autor(en) 2023
P. Oehler et al. (Hrsg.), *Marginalisierung, Stadt und Soziale Arbeit*,
Quartiersforschung, https://doi.org/10.1007/978-3-658-37386-3_6

1   Marginalisierung in städtischen Räumen

Marginalisierung ist ein sozialer Vorgang, bei dem Bevölkerungsgruppen an den „Rand der Gesellschaft" gedrängt werden und dadurch nur wenig am sozialen, wirtschaftlichen, kulturellen und politischen Leben teilhaben können. Dies passiert auf unterschiedlichen Ebenen – einerseits auf struktureller Ebene, wenn Menschen von Einkommensarmut, Arbeitslosigkeit, Wohnungslosigkeit, gesundheitlichen Beeinträchtigungen und prekären Lebensverhältnissen betroffen sind, andererseits aber auch durch gesellschaftliche Praktiken und Diskurse, die Marginalisierung und Exklusion noch weiter verstärken können (vgl. u. a. Anhorn et al., 2008; Häußermann et al., 2004).

Gerade in städtischen Gesellschaften wird in den vergangenen Jahren eine zunehmende soziale Ungleichheit sichtbar, die sich auch in einer sozialräumlichen Spaltung zeigt (vgl. Reinprecht, 2013). Einerseits ist immer stärkere ökonomische Verwertung städtischer Räume durch Konzerne und Akteur*innen des Finanzkapitals zu beobachten, andererseits wachsende Armut und mehr Menschen in prekären Lebensverhältnissen. Die Konkurrenz unter den Städten nimmt zu – insbesondere größere Städte möchten sich auf dem globalisierten Markt als „Global Cities" (Sassen, 1991) positionieren. Einzelne Stadtteile und städtische Infrastruktur werden aufgewertet, um als Standort für die Ansiedlung von transnationalen Institutionen und Konzernen attraktiv zu sein. Anderen Stadtteilen wird hingegen nur eine periphere Bedeutung beigemessen und in diese wird weniger investiert. Gleichzeitig ziehen viele Menschen in der Hoffnung auf bessere Arbeits- und Lebensbedingungen in urbane Ballungsräume und so sind größere Städte – im Kontext von Arbeitsmigration und weltweiten Fluchtbewegungen – aktuell stark durch Zuwanderung geprägt.

Urbane Räume befinden sich damit zunehmend im Spannungsfeld zwischen kommerziellen und sozialen Interessen. Der Rückbau des Sozialstaats in neoliberalen Gesellschaften reduziert die soziale Absicherung und trägt damit zu weiteren Marginalisierungsprozessen bei. Bestimmte soziale Gruppen werden zudem auch im politischen Diskurs und medial stigmatisiert und damit mit Bildern und Images behaftet. Im Zuge eines aufgeheizten politischen Klimas wird unter dem Deckmantel von „Sicherheit und Ordnung" auch immer stärker zu Maßnahmen der Verdrängung und Wegweisung von ohnehin bereits marginalisierten Menschen gegriffen (vgl. Diebäcker, 2019).

Die Verdrängung von wohnungslosen und armutsbetroffenen Menschen von zentralen öffentlichen Plätzen kann in vielen Städten Europas beobachtet werden. Die gesellschaftliche Marginalisierung zeigt sich dabei unmittelbar in der Öffentlichkeit. Von Armut und gesellschaftlicher Ausgrenzung betroffene

Menschen sind einerseits besonders auf öffentliche Räume angewiesen und werden dort auch sichtbar. Andererseits werden sie aufgrund von Verwertungsinteressen in öffentlichen Räumen aus diesen verdrängt und damit zusätzlich marginalisiert (vgl. u. a. PROKLA, 2007).

In wachsenden Städten sind aber auch Menschen von Verdrängung bedroht, wenn sich Wohnraum verteuert. Insbesondere zugewanderte und geflüchtete Menschen leben häufig in prekären Wohnverhältnissen und erleben gesellschaftliche Exklusion und Marginalisierung in verschiedenen Lebensbereichen. Oftmals bleiben aber gerade diese Gruppen in ihrer Marginalisierung unsichtbar und im Privaten. Dabei stellt sich nicht nur die Frage nach Zugang zu leistbaren Wohnungen, zu Arbeit, Gesundheit und Bildung, sondern auch die Frage, welche Räume diesen Bewohner*innen zur Verfügung stehen, um sich zu treffen, sich zu organisieren oder einfach nur um in „ihrem" Stadtteil zu leben.

In diesem Beitrag wird beleuchtet, was Marginalisierung für unterschiedliche Menschen in der Stadt bedeutet und wie sich dies zeigt – welche Räume marginalisierten Gruppen zur Verfügung stehen oder verwehrt bleiben, welche Räume sie brauchen oder sich aneignen können. Konkret werden zwei Fallbeispiele aus Wien genauer betrachtet. Anhand des Fallbeispiels „Praterstern", einem öffentlichen Raum und Verkehrsknotenpunkt im Zentrum Wiens, werden die Verdrängung von marginalisierten und Suchtmittel konsumierenden Menschen im Zuge des 2018 eingeführten Alkoholkonsumverbots sowie die Handlungsmöglichkeiten der Sozialen Arbeit in diesem Kontext diskutiert. Anhand des Fallbeispiels „Herbststraße 15", einem kooperativen Stadtteilzentrum, das 2014 bis 2018 in einem peripheren Stadtteil mit hohem Anteil an Menschen mit Migrationshintergrund etabliert wurde, werden Gestaltungsmöglichkeiten in der Arbeit mit geflüchteten und zugewanderten Menschen aufgezeigt. Ausgehend von den Fallbeispielen werden die Rolle und die Handlungsperspektiven der Sozialen Arbeit und Gemeinwesenarbeit reflektiert, Räume für marginalisierte Menschen zu erhalten, zu öffnen und zu gestalten und damit gleichzeitig ein Stück weit der Marginalisierung entgegenzuwirken.

2   Fallbeispiel „Praterstern"

Der Praterstern ist ein zentraler Verkehrsknotenpunkt in Wien mit einem großen Platz. In der Mitte des Platzes befindet sich ein Bahnhof mit regionaler Bedeutung für das Wiener Umland. Neben der S-Bahn kreuzen am Praterstern auch zwei U-Bahnen, einige Straßenbahn- und städtische Autobuslinien. Der Platz ist zudem von einem dreispurigen Kreisverkehr umgeben.

Seit einigen Jahren sind Transformationsprozesse am Praterstern zu beobachten. Der Bahnhof wurde 2008 im Zuge der so genannten „Bahnhofs-offensive" baulich teilweise neugestaltet und verstärkt mit Einkaufsmöglich-keiten und Lokalen ausgestattet. Im Umfeld wurden mehrere tausend Wohnungen auf ehemaligen Eisenbahnanlagen – öffentlich gefördert sowie frei finanziert – errichtet und es siedelten sich in der Nähe auch einige Konzerne und der neue Campus der Wirtschaftsuniversität an. Der Freizeitpark „Wurstelprater" ist, mit dem Riesenrad als einem der Wahrzeichen Wiens, eine der wichtigsten touristischen Attraktionen der Stadt, und die angrenzende Kaiserwiese wird in den vergangenen Jahren vermehrt für kommerzielle Veranstaltungen genutzt. Diese Transformationsprozesse waren dabei begleitet von der Verlagerung der Sexarbeit, die Jahrzehnte lang davor im Gebiet verwurzelt war.

Seit den 1990er Jahren wurde der Praterstern zu einem immer wichtiger werdenden Aufenthaltsort für Menschen, die von Marginalisierung betroffen sind. Einerseits war und ist der Praterstern Treffpunkt für Menschen, die im öffentlichen Raum Suchtmittel konsumieren (in Wien gibt es kein Konzept, das den Konsum von illegalisierten Suchtmitteln in geschützten Räumen ermöglichen würde). Diese so genannte „Drogenszene" war schon einmal von Verdrängung vom innerstädtischen Karlsplatz betroffen – einem Platz nahe der Wiener Staats-oper und anderer kultureller Institutionen, der für die touristische Verwertung der Stadt von großer Bedeutung ist. Der öffentliche Raum am Praterstern wurde aber zudem immer mehr von Menschen genutzt, die von Wohnungslosigkeit und Armut betroffen sind. Der Praterstern ist für viele ein wichtiger Lebens- und Aufenthaltsort für die Pflege sozialer Beziehungen und der Teilnahme an der Konsumgesellschaft. Unter anderem wird am Platz daher Alkohol konsumiert.

Der Aufenthalt von Menschen, die von Armut, gesellschaftlichen Aus-schlüssen und Diskriminierungen betroffen sind, ermöglichte es insbesondere Boulevardmedien, stigmatisierend über den Praterstern zu berichten. Das Leben auf dem Platz bot diesen Medien die Gelegenheit, billig Schlagzeilen herstellen zu können, ohne viel recherchieren zu müssen. Das erzeugte wiederum Druck auf die Kommunalpolitik. Diese war bis April 2018 trotzdem davon geprägt, den Platz für Menschen zu erhalten, die aufgrund gesellschaftlicher Ausschlüsse auf diesen öffentlichen Raum angewiesen sind. Dabei setzte die Stadtregierung auf eine Doppelstrategie: Auf der einen Seite stand (und steht) eine starke polizei-liche Überwachung des Platzes, begleitet durch Sicherheitsdienste der „ÖBB" (Österreichische Bundesbahnen) und der städtischen Verkehrsbetriebe „Wiener Linien" sowie eine defensive Architektur. Diese sollte gewährleisten, dass die Geschäfte am Bahnhof nicht gestört werden – immerhin ist dieser seit einigen Jahren gleichzeitig ein kleines Einkaufszentrum. Diese repressiven Maßnahmen dürften den Hintergrund (gehabt) haben, symbolisch auf die sichtbare Armut und deren mediale Stigmatisierung zu reagieren. Andererseits wurde und wird Soziale Arbeit eingesetzt. Zahlreiche Einrichtungen und Organisationen suchten die Menschen am Platz auf, boten Beratung und Vermittlung zu Einrichtungen an, nahmen Funktionen des Lobbyings für den Aufenthalt, aber auch die der Regulierung der Menschen am Platz ein (vgl. Diebäcker, 2014).

Einhergehend mit den oben beschriebenen Aufwertungen und Kommerzialisierungstendenzen wurde im April 2018 schließlich ein Alkoholkonsumverbot am Platz eingeführt. Dies kam für die Kolleg*innen der Sozialen Arbeit überraschend (Stoik, 2018a). Bestand kurz zuvor noch Einigkeit darüber, dass es fachlich nicht sinnvoll sei, ein Alkoholkonsumverbot für den Platz auszusprechen, wurde diese Maßnahme durch den neuen Bürgermeister (es handelte sich um die Amtsübergabe von Michael Häupl an Michael Ludwig, beide von der SPÖ) quasi als erste Amtshandlung doch gesetzt.

Es war offensichtlich, dass dies Ausdruck eines neuen populistischen Politikstils war. Während die Soziale Arbeit vor Ort davon sprach, dass die Situation vor dem Alkoholkonsumverbot ruhiger war als je zuvor, galt das Alkoholkonsumverbot für den Praterstern und einige Parkflächen in der Umgebung, nicht aber für die angrenzende Kaiserwiese, auf der jedes Jahr die Wiener Version des Münchner Oktoberfests stattfindet. Deutlich wurde dadurch, dass das Konsumieren von Alkohol seitens der Stadt nicht prinzipiell problematisiert wurde, sondern nur in Bezug auf Menschen, die von sichtbarer Armut betroffen sind. Diese Maßnahme wurde rigoros von der Polizei exekutiert, inklusive Wegleeren von Alkohol vor den Augen der Sicherheitsorgane. Die betroffenen Menschen wichen auf unterschiedliche Orte aus, auf nahegelegene Straßen und Wohngebiete sowie auf entferntere Plätze. Die aktuellen Umgestaltungsmaßnahmen und Bauprojekte am Platz demaskieren kommerzielle Interessen als einen weiteren Hintergrund der Verdrängungsmaßnahme.

Eine Evaluierung des Alkoholkonsumverbots seitens der Stadtregierung, die teilweise im Sommer 2019 veröffentlicht wurde (vgl. Magistratsdirektion Organisation und Sicherheit, 2019), macht noch einmal deutlich, dass nicht seriöse Daten und fachlich motivierte Überlegungen die Maßnahme begründeten, sondern dass diese populistisch motiviert war. Die Evaluierung wurde nie vollständig veröffentlicht, die Datengrundlage sowie die angewandten Erhebungsmethoden sind nur begrenzt nachvollziehbar und halten wissenschaftlichen Standards nur sehr begrenzt stand (vgl. Stoik, 2019). Was die Evaluierung aber zeigt, ist, dass Menschen für die Soziale Arbeit am Platz nun schwieriger erreichbar sind, da sie teilweise verdrängt wurden. Die Evaluierung spricht sich zwar gegen Alkoholkonsumverbote an weiteren Plätzen in Wien aus, andererseits legitimiert sie die Maßnahme aber politisch.

Die Maßnahme des Alkoholkonsumverbots und auch deren Evaluierung stellen somit einen Paradigmenwechsel in der Wiener Politik dar und unterwandern fachlich und ethisch motivierte Bemühungen, öffentliche Räume in Wien für die Menschen zu erhalten, die besonders auf sie angewiesen sind, wie dies z. B. im Mission Statement „Soziale Arbeit im öffentlichen Raum" 2015 von fünf Stadträt*innen durch ihre Unterschrift bekräftigt (Beratungsgruppe Soziale Arbeit im öffentlichen Raum, 2011) oder im Fachkonzept für den öffentlichen Raum seitens der Wiener Stadtplanung (Stadtentwicklung Wien, 2018) festgehalten wurde. Die Einführung des Alkoholkonsumverbots folgt nicht der Argumentation, dass zentral gelegene öffentliche Räume eine wichtige Funktion für die Teilhabe von Menschen haben. Das Verbot missachtet die lebensnotwendige Bedeutung der öffentlichen Räume für gesellschaftlich marginalisierte Menschen – dass die betroffenen Menschen über keine privaten Räume verfügen, dass sie Räume als Treffpunkt und für die Pflege von sozialen Beziehungen benötigen, dass sie über diese Räume auch Zugang zu Versorgung (Toilettenanlagen) und Sozialer Arbeit erhalten und dass sie durch ihren Aufenthalt zumindest über den Konsum an der Gesellschaft teilhaben können.

Marginalisierte Menschen werden und wurden in Räume verdrängt, in denen ihre Bedürfnisse weniger sichtbar sind und weniger wahrgenommen werden können. Diese Räume sind dadurch gekennzeichnet, dass sie weniger urban und mit mehr Nutzungskonflikten mit einer lokalen Wohnbevölkerung verbunden sind, die am Praterstern aufgrund der vorwiegend transitorischen Funktion kaum vorhanden waren.

Das Alkoholkonsumverbot am Praterstern zeigt deutlich, wie der Aufenthalt in öffentlichen Räumen durch Interessen der kommerziellen Nutzung behindert und eingeschränkt wird, insbesondere in Bezug auf Menschen, die kommerziell keine bedeutungsvolle Rolle spielen oder denen sogar zugeschrieben wird, dass sie das Geschäft stören. Das Beispiel macht transparent, dass kommerzielle und politische Interessen des Machterhalts stärker sind als ethische oder fachliche Argumentationen. Soziale Arbeit kann sich ihrer Verantwortung aber nicht entziehen, auf diese Widersprüche aufmerksam zu machen. Die international festgelegten fachlichen und ethischen Standards der Sozialen Arbeit (IFSW, 2014) sind aber, aufgrund der Abhängigkeit der Sozialen Arbeit von der Kommunalpolitik, nicht einfach wahrzunehmen. Dieses Wiener Beispiel zeigt, wie schwierig es ist, wirksam gegen die Verdrängung von Menschen aus öffentlichen Räumen aufzutreten.

Die Soziale Arbeit in Wien kann sich nicht nur auf das Fachkonzept der Stadtplanung und das Mission Statement „Soziale Arbeit im öffentlichen Raum" berufen, das durch Expert*innen der FH Campus Wien erarbeitet und seitens der Stadt anerkannt wurde (Beratungsgruppe Soziale Arbeit im öffentlichen Raum, 2011). Die Soziale Arbeit verfügt über eine unabhängige fachliche Vernetzungsstruktur – die AG „Sozialer Raum", eine Arbeitsgemeinschaft der Österreichischen Gesellschaft für Soziale Arbeit, die ein Positionspapier verfasst hat (AG Sozialer Raum der OGSA, 2016). Und die Soziale Arbeit organisierte sich auch abseits von Abhängigkeiten von der Stadt in Kooperation mit sozialen Bewegungen und zivilgesellschaftlichen Aktionen („Raum für Alle*"[1]). Die Soziale Arbeit verknüpfte in ihren Bestrebungen, fachlichen und ethischen Argumentationen zu folgen, eine Vielzahl von Strategien und Handlungsmöglichkeiten. Die Zusammenarbeit von Kolleg*innen aus der sozialräumlichen Praxis sowie der Wissenschaft mit Aktivist*innen aus sozialen Bewegungen ermöglichte, auf unterschiedlichen Ebenen öffentlich zu werden – beim Austausch und bei der Unterstützung von Kolleg*innen, auf städtischer Ebene und in der medialen Öffentlichkeit. Die Resonanz und Kritik am Alkoholkonsumverbot war in der Folge sehr groß (vgl. Stoik, 2018b).

Alle diese Strategien konnten die Verdrängung marginalisierter Menschen vom Praterstern nicht verhindern. Aber sie konnten fachliche Argumentationen fördern, in Hinblick auf öffentliche Räume und Marginalisierung bzw. professionelles Handeln gegen Marginalisierung. Und sie zeigten Widersprüche zwischen neoliberaler und populistischer Stadtpolitik und ökonomischen Interessen auf der einen Seite und ethischen und sozial inklusiven Argumentationen auf der anderen Seite auf.

3   Fallbeispiel „Herbststraße 15"

In der Herbststraße 15 im Wiener Bezirk Ottakring wurde 2014 ein kooperatives Stadtteilzentrum initiiert. Dabei wurde ein ehemaliges Gasthaus im Erdgeschoss eines Altbaus hergerichtet und für verschiedene gemeinwesenorientierte Aktivitäten geöffnet. Der Betrieb des Raums wurde von drei Organisationen gemeinsam getragen: von der Gebietsbetreuung Stadterneuerung (im Auftrag der Stadt Wien),

---

[1] https://raumfueralle.wordpress.com/

der Stadtteilarbeit der Caritas Wien (mit dem Projekt „Grätzeleltern")[2] sowie dem
Leila, dem 1. Wiener Leihladen (vgl. Kirsch-Soriano da Silva & Rautner, 2019).
Die Herbststraße 15 befindet sich in einem Stadtteil mit hoher Diversität und
hoher baulicher Dichte. In ihrem Umfeld leben Bevölkerungsgruppen mit – im
Vergleich zum Wiener Durchschnitt – niedrigeren Haushaltseinkommen und
niedrigeren formalen Bildungsabschlüssen sowie höheren Anteilen an ausländischer Staatsbürgerschaft bzw. Migrationshintergrund. Gleichzeitig finden
sich im großteils in der Gründerzeit errichteten Stadtteil nur wenige Freiräume und
offene Begegnungsräume. Im kooperativ betriebenen Stadtteilzentrum sollte daher
ein Raum für Nachbarschaft und für vielfältige Communities entstehen, der unterschiedlichen Gruppen Raum bietet. Einerseits gestalteten die drei Organisationen
unterschiedliche Programmpunkte, um unterschiedliche Zielgruppen mit ihren
Bedarfslagen und Interessen anzusprechen. Andererseits war der Raum offen für
engagierte Menschen und Gruppen, um eigene Ideen und Initiativen umzusetzen.

Seitens der Gebietsbetreuung wurden u. a. regelmäßige kostenlose Wohn-
und Mietrechtsberatungen angeboten und die Nutzungen durch verschiedene
Initiativen (wie Nähwerkstatt, Zumba- und Kochkurse) koordiniert – mit dem
Fokus, mit diesen Aktivitäten insbesondere die Nachbarschaft anzusprechen.
Der Leila richtete ein Lager mit diversen Gegenständen ein, die sich Mitglieder
des Vereins gegen einen geringen Mitgliedsbeitrag ausleihen konnten, und
bot dafür regelmäßige Öffnungszeiten an. Die Caritas Stadtteilarbeit war mit
dem Projekt „Grätzeleltern" vor Ort präsent, einem Peer-to-peer-Projekt, bei
dem Menschen verschiedener Herkunft andere Menschen in ihrem Umfeld und
ihren sozialen Netzwerken unterstützen. Die Grätzeleltern erhalten Schulungen
und Fortbildungen seitens der Caritas und geben ihr Wissen im Rahmen von
Hausbesuchen an andere Menschen weiter. Sie unterstützen in verschiedenen
Fragen des Alltags und vermitteln und begleiten bei Bedarf auch zu diversen
professionellen Ansprechstellen (vgl. Auradnik et al., 2019). In der Herbststraße
15 fanden einerseits offene Sprechstunden für die Grätzeleltern und von ihnen
begleitete Haushalte statt sowie regelmäßige Fortbildungen für die freiwilligen
Multiplikator*innen. Andererseits wurde der Raum für vielfältige Initiativen, die
von Grätzeleltern und ihrem Umfeld angestoßen wurden, genutzt. Dabei wurde
sichtbar, wie insbesondere geflüchtete und zugewanderte Menschen, die häufig
in beengten, mitunter auch prekären Wohnsituationen leben, einen hohen Bedarf
an Räumlichkeiten haben, in denen sie sich treffen können, und – im Fall der

---

[2] Grätzel: österreichische Bezeichnung für Stadtteil, Wohnviertel, Quartier.

Herbststraße 15 – gleichzeitig verschiedene Ideen für Aktivitäten mitbrachten, die rasch zu einer sehr lebendigen Nutzung des Raums führten.

Das kooperative Stadtteilzentrum war damit einerseits ein Ort der Unterstützung. Neben der Wohn- und Mietrechtsberatung und der offenen Sprechstunden von Leila und Grätzeleltern, wurden – ausgehend von konkreten Bedarfslagen – weitere Unterstützungsangebote initiiert, wie ein Bewerbungscoaching, Deutschkurse und Sprachcafés, die jeweils von interessierten Freiwilligen begleitet wurden. Andererseits wurde das Stadtteilzentrum zum Ort der Mitgestaltung und Entfaltung, wo eigene Ideen umgesetzt werden konnten, wie eine Theatergruppe, ein Kunstkurs oder ein Reparaturcafé. Dabei konnten Interessen eingebracht und der Raum durch vielfältige Nutzungen angeeignet werden.

Die Herbststraße 15 wurde darüber hinaus zum sozialen Treffpunkt, wo gemeinsam gekocht, gegessen und geplaudert wurde. Einmal im Monat fand ein Picknick statt, zu dem alle Interessierten eingeladen waren, etwas mitzubringen und gemeinsam zu frühstücken. Zum Ausklang wurde dabei oft musiziert – in Form von geplanten musikalischen Einlagen oder ganz spontan. Mehrmals im Jahr wurden Feste organisiert, für die sowohl die drei Organisationen, die hinter dem Stadtteilzentrum standen, als auch die vielen Freiwilligen und Nutzer*innen des Zentrums ein buntes Programm zusammenstellten. Auch bei den Festen wurde regelmäßig eine Bühne geboten für musikalische, tänzerische und andere künstlerische Darbietungen. Auf diese Weise wurden zahlreiche Talente sichtbar und Menschen, die zunächst aufgrund von Unterstützungsbedarf im Umgang mit Behörden oder anderen Alltagsfragen ihren Weg in die Herbststraße 15 gefunden hatten, bekamen eine neue Rolle, indem sie auf der Bühne auftraten.

Nach fünf Jahren lebendiger Nutzungen, die gerade von geflüchteten und zugewanderten Menschen, die ansonsten weniger Räume und Möglichkeiten der Entfaltung in der Stadt vorfanden, begeistert wahrgenommen worden waren, musste die Herbststraße 15 allerdings Ende 2018 ihre Türen wieder schließen. Die Gebietsbetreuung setzte neue Schwerpunkte und konnte daher die Finanzierung des Raums nicht mehr fortsetzen, auch die öffentliche Förderung des Projekts „Grätzeleltern" war mittlerweile zu Ende gegangen und der Leila wollte sich neu strukturieren und einen neuen Standort suchen. Die Gebietsbetreuung war im letzten Jahr vor Ort zwar intensiv darum bemüht, dass einige der Initiativen, die den Raum regelmäßig nutzten, den Betrieb des Raums gemeinsam fortführten. Schlussendlich scheiterte dies aber an den Kosten, die damit verbunden gewesen wären, und teilweise an den dafür erforderlichen Ressourcen der Koordination und Organisation.

Schlussendlich war die Herbststraße 15 damit ein temporärer Raum, der aufzeigte, dass gesellschaftlich marginalisierte Gruppen hier einen dringend erforderlichen Raum gefunden hatten, der ihnen Möglichkeiten gab, zu gestaltenden Akteur*innen zu werden, indem gegenseitige Unterstützung, aber auch soziale Kontakte und Freizeitaktivitäten organisiert wurden. Die Geschichte der Herbststraße 15 macht damit einerseits den Bedarf an solchen Räumlichkeiten sichtbar, wirft aber gleichzeitig die Frage nach der nachhaltigen Finanzierung und Begleitung solcher Räumlichkeiten auf.

Der Ansatz eines kooperativ organisierten Raums war in der Landschaft der sozialen Organisationen und der aktuellen städtischen Aufträge im Bereich der Stadtteilarbeit und Gemeinwesenarbeit in Wien ein neues Experiment, von dem die Stadt für die Zukunft lernen könnte. Im Falle des Projekts „Grätzeleltern" ist das Projekt an einen anderen Standort der Caritas in Wien Favoriten (einem ebenfalls von sozialen Benachteiligungen und hoher Diversität geprägten Stadtteil) übersiedelt: der alten Ankerbrotfabrik, wo u. a. eine Gemeinschaftsküche mit Community Cooking Formaten für die Nachbarschaft lokalisiert und Platz für weitere Initiativen ist.

4 Die Rolle der Sozialen Arbeit und der Gemeinwesenarbeit bei der Gestaltung von Räumen für marginalisierte Gruppen

Ausgehend von den beiden Wiener Fallbeispielen wird die Rolle der Sozialen Arbeit und Gemeinwesenarbeit in Hinblick auf die Gestaltung von Räumen für marginalisierte Gruppen in den Blick genommen. Beide Beispiele zeigen eindrücklich, wie sehr es eine fachliche Positionierung und Lobbying in Hinblick auf (Räume für) artikulationsschwächere und marginalisierte Gruppen in der Stadt braucht. Es ist Aufgabe der Sozialen Arbeit und deren Trägerorganisationen, sowohl gegenüber politischen Entscheidungsträger*innen als auch gegenüber Fördermittelgeber*innen für diejenigen Menschen zu sprechen, die selbst weniger Artikulationsmacht haben und deren Stimme daher häufig weniger gehört wird. In der Praxis kann dies durchaus eine Herausforderung darstellen, da sich die vorwiegend öffentlich finanzierten Trägerorganisationen zumeist gleichzeitig in gewissen Abhängigkeiten im Rahmen von Aufträgen und Projektfinanzierungen befinden. Umso wichtiger erscheint es, breitere organisationsübergreifende Plattformen und Interessensvertretungen zu bilden und mit sozialen Bewegungen, zivilgesellschaftlichen Organisationen sowie Einrichtungen der Lehre und Forschung zusammenzuarbeiten, um Entwicklungen der Marginalisierung entgegenzutreten und für marginalisierte Menschen einzutreten.

Ein weiteres Handlungsfeld der Sozialen Arbeit und der Gemeinwesenarbeit ist die Förderung von Selbstorganisation und politischer Interessensvertretung bei von Marginalisierung betroffenen Gruppen selbst. Häufig gibt es für diese Menschen mehr Hürden, sich zu organisieren, etwa aufgrund mangelnder Ressourcen, psychischen Beeinträchtigungen, Suchterkrankungen oder der einfachen Tatsache, zur Gänze mit der Bewältigung des eigenen Alltags beschäftigt zu sein. Einige bestehende Organisationen – wie beispielsweise die Straßenzeitung „Augustin", die Bettellobby, die Armutskonferenz und diverse Migrant*innenvereine[3] – zeigen aber Anknüpfungspunkte auf, wie dies gelingen kann. Zudem zeigt sich aus den Fallbeispielen, dass bei der konkreten Arbeit mit den Menschen Reflexion und Bewusstseinsbildung sowie Kraft und Engagement entstehen kann.

Gleichzeitig können Soziale Arbeit und Gemeinwesenarbeit einen Beitrag leisten, Toleranz zwischen verschiedenen gesellschaftlichen Gruppen zu fördern – sei es durch Diskurs und mediale Kampagnen, durch Förderung der „urbanen Kompetenz" in allen Bevölkerungsschichten sowie durch die Schaffung von konkreten Begegnungsformaten wie beispielsweise interkulturellen Veranstaltungen, die dazu beitragen, Vorurteile gegenüber Menschen anderer Herkunft abzubauen. Dabei gilt es, einerseits Ängste und Unsicherheiten vor dem Anderen, dem Unbekannten oder dem von der Norm Abweichenden zu nehmen und andererseits dafür zu sensibilisieren, dass es umgekehrt meist die von gesellschaftlicher Benachteiligung und Marginalisierung betroffenen Menschen sind, die mit diversen existenziellen Unsicherheiten konfrontiert sind, die zu reduzieren in unser aller Verantwortung liegt.

Die Öffnung und Gestaltung von Räumen – temporär und dauerhaft – ist zudem ein konkreter Beitrag, um Marginalisierung entgegenzuwirken. Räume geben den betroffenen Menschen (wieder) Platz – einen Platz in der Gesellschaft, aber auch ganz konkret Platz, den sie benötigen, um sich aufzuhalten, sich zu versorgen, zu kommunizieren. Die Aneignung von Räumen in der Stadt kann in diesem Sinn als Form der sozialen Teilhabe verstanden werden und als eine Strategie, um Marginalisierung zu reduzieren. Die Rolle der Sozialen Arbeit ist es, bei der Nutzung und Aneignung von Räumen zu begleiten sowie entsprechende Räume und Möglichkeiten zu erhalten und für verschiedene Gruppen und Menschen, die auf diese Räume angewiesen sind, offenzuhalten. Dabei

---

[3] https://augustin.or.at/; https://www.bettellobby.at/; http://www.armutskonferenz.at/; https://www.maiz.at/

braucht es sowohl Räume des Öffentlich Seins als auch geschützte Räume des Privat Seins.

Gerade die Sichtbarkeit im öffentlichen Raum wirft dabei auch Spannungsfelder auf. Einerseits verweist sie auf das Recht auf Stadt, auf das Recht, sich im öffentlichen Raum aufzuhalten, das gerade angesichts der wachsenden Kommerzialisierung und Aufwertung urbaner Räume ein fundamentales Recht für alle Bevölkerungsgruppen bleiben muss. Andererseits verstärkt die Präsenz marginalisierter Gruppen im öffentlichen Raum deren Wahrnehmung durch den Rest der Gesellschaft und die Zuschreibung von Images, verbunden mit bestimmten sozialen Gruppen und mit konkreten Orten. Ein Stück weit werden also mit der Exponiertheit im öffentlichen Raum weitere Marginalisierungsprozesse in Gang gesetzt. Gleichzeitig bieten öffentliche Räume gerade durch eine gewisse soziale Kontrolle auch Schutz. Umgekehrt bieten privatere Räume zwar teilweise mehr Möglichkeiten für geschützte Orte, machen soziale Verhältnisse aber eben auch ein Stück weit unsichtbar und lassen sie aus dem Blickfeld der Gesellschaft verschwinden. Für Vertreter*innen der Sozialen Arbeit, die im öffentlichen Raum unterwegs sind, ist es wesentlich, Klient*innen bzw. Adressat*innen der Sozialen Arbeit im öffentlichen Raum anzutreffen, um diese ansprechen und unterstützen zu können. Darüber hinaus gilt es, Indoor-Räumlichkeiten durch soziale Organisationen zu schaffen – und zwar nicht nur Räumlichkeiten, die Schlafplätze oder Möglichkeiten der Beratung und Versorgung bieten, sondern auch Räumlichkeiten, die angeeignet und mitgestaltet werden können.

Städtische Räume stellen sich im Zuge wachsender sozialer Ungleichheit und zunehmender Kommerzialisierung als umkämpfte Räume dar. Marginalisierung ist dabei ein Phänomen, das gesellschaftliche Verhältnisse widerspiegelt bzw. durch sie begründet wird, sich aber auch sozialräumlich in Stadtteilen und urbanen Räumen zeigt. Gleichzeitig können urbane Räume und die gesellschaftlichen Praktiken in diesen Räumen wiederum zur Marginalisierung beitragen oder dieser entgegenwirken. Diese Wechselwirkungen im Sozialraum Stadt zu erkennen und in diesem Spannungsfeld mit klaren fachlichen Positionierungen zu agieren, ist Aufgabe und Herausforderung der Sozialen Arbeit und Gemeinwesenarbeit.

5   Fazit

Marginalisierung wird jeden Tag aufs Neue produziert. Soziale Arbeit und Gemeinwesenarbeit haben die Aufgabe, Möglichkeiten und Räume zu eröffnen, die von marginalisierten Gruppen genutzt werden können und in denen sie andere Rollen einnehmen können, um Marginalisierungsprozessen aktiv entgegenzuwirken. Gleichzeitig ist zu hinterfragen, wie Marginalisierung gesellschaftlich entsteht – in Hinblick auf Einkommensarmut, Arbeitslosigkeit, Wohnungslosigkeit, gesundheitliche Beeinträchtigungen, Suchterkrankungen oder prekäre Lebensverhältnisse – und deren Ursachen entgegenzuwirken.

Die Ermöglichung sozialer Teilhabe in unterschiedlichen Lebensbereichen ist ein Schlüsselaspekt, um Entwicklungen der Ausgrenzung und Marginalisierung zu bekämpfen. In diesem Kontext ist das Konzept von „Urban Citizenship" (vgl. Krenn & Morawek, 2017; Schilliger, 2018), das nicht mehr auf Basis von „Staatsbürgerschaft" Zugehörigkeiten und Rechte definiert und damit gleichzeitig inkludiert und exkludiert, sondern in heutigen urbanen Gesellschaften eine neue Basis für soziale, ökonomische, politische und kulturelle Teilhabe fordert, ein möglicher Ansatzpunkt, um städtische Politik und Handlungsstrategien neu zu überdenken.

Literatur

Anhorn, R., Bettinger, F., & Stehr, J. (Hrsg.). (2008). *Sozialer Ausschluss und Soziale Arbeit. Positionsbestimmungen einer Kritischen Theorie und Praxis Sozialer Arbeit. 2.* VS Verlag.

Auradnik, S., Kirsch-Soriano da Silva, K., & Rautner, F. (2019). Zugewanderte Menschen als MultiplikatorInnen und ihre Rolle in Integrationsprozessen. In M. Czaika, L. Rössl, F. Altenburg, A. Faustmann, & T. Pfeffer (Hrsg.), *Migration & Integration 7. Dialog zwischen Politik, Wissenschaft und Praxis*. Reihe DialogForum Integration (S. 225–235). Edition Donau-Universität Krems.

AG Sozialer Raum der OGSA. (2016). *Soziale Arbeit und öffentlicher Raum in der Stadt. Positionspapier der AG „Sozialer Raum" der OGSA*. Online: https://www.ogsa.at/arbeitsgemeinschaften/ag-soziale-arbeit-und-internet/. Zugegriffen: 14. Juni 2021.

Beratungsgruppe Soziale Arbeit im öffentlichen Raum. 2011. *Mission Statement und Glossar „Soziale Arbeit im öffentlichen Raum"*. Online: https://www.wien.gv.at/gesellschaft/soziale-arbeit/index.html. Zugegriffen: 14. Juni 2021.

Diebäcker, M. (2014). *Soziale Arbeit als staatliche Praxis im städtischen Raum*. Springer VS.

Diebäcker, M. (2019). Gentrifizierung und öffentliche Räume. Über das Zusammenspiel von Aufwertung, Sicherheit und Ordnung an urbanen Plätzen. In J. Kadi & M. Verlič (Hrsg.), *Gentrifizierung in Wien. Perspektiven aus Wissenschaft, Politik und Praxis* (S. 141–151). AK Wien.

Häußermann, H., Kronauer, M., & Siebel, W. (2004). *An den Rändern der Städte. Armut und Ausgrenzung*. Suhrkamp.

IFSW. (2014). *Globale Definition für Soziale Arbeit*. Online: https://www.ifsw.org/what-is-social-work/global-definition-of-social-work/. Zugegriffen: 14. Juni 2021.

Kirsch-Soriano da Silva, K. & Rautner, F. (2019). Herbststraße 15: Ein offener Raum für Community und Nachbarschaft. Lernerfahrungen aus einem kooperativen Stadtteilzentrum in Wien Ottakring. *soziales_kapital. wissenschaftliches journal österreichischer fachhochschul-studiengänge soziale arbeit Nr. 22.* Online: http://www.soziales-kapital.at/index.php/sozialeskapital/article/viewFile/646/1163.pdf. Zugegriffen: 14. Juni 2021.

Krenn, M., & Morawek, K. (Hrsg.). (2017). *Urban Citizenship. Democratising Democracy. Für den Verein Shedhalle, Zürich.* Verlag für moderne Kunst.

Magistratsdirektion Organisation und Sicherheit – Gruppe Leitungsinstrumente. (2019). *Evaluierung Alkoholkonsumationsverbot am Praterstern. Ergebnisbericht.* Stadt Wien.

PROKLA – Zeitschrift für kritische Sozialwissenschaften (2007): Globalisierung und Spaltungen in den Städten. Jahrgang 37, Heft 149. Westfälisches Dampfboot.

Reinprecht, C. (2013). Ausgrenzung durch sozialräumliche Segregation: Soziologische Betrachtungen zur Verräumlichung sozialer Ungleichheiten. In I. Ataç & S. Rosenberger (Hrsg.), *Politik der Inklusion und Exklusion* (S. 53–70). V & R unipress.

Sassen, S. (1991). *The Global City. New York, London, Tokyo.* Princeton University Press.

Schilliger, S. 2018. Urban Citizenship. Teilhabe für alle – da, wo wir leben. In *Stadt für alle! Analysen und Aneignungen*, Hrsg. Heidrun Aigner und Sarah Kumnig (S. 14–35). Mandelbaum Verlag.

Stoik, C. (2018a). *Populistisches Alkoholverbot am Praterstern kommt doch?* Online: https://sozialerraum.wordpress.com/2018a/04/22/populistisches-alkoholverbot-am-praterstern-kommt-doch/. Zugegriffen: 14. Juni 2021.

Stoik, C. (2018b). *Mediale Debatte über das Alkoholverbot im öffentlichen Raum als Verdrängungsmaßnahme.* Online: https://sozialerraum.wordpress.com/2018b/05/06/mediale-debatte-ueber-das-alkoholverbot-im-oeffentlichen-raum-als-verdraengungsmassnahme/. Zugegriffen: 14. Juni 2021.

Stoik, C. (2019). *Evaluierung des Alkoholkonsumverbots am Praterstern.* Online: https://sozialerraum.wordpress.com/2019/07/18/evaluierung-des-alkoholkonsumverbots-am-praterstern/. Zugegriffen: 14. Juni 2021.

Wien, S. (2018). *Fachkonzept Öffentlicher Raum.* Stadt Wien.

Katharina Kirsch-Soriano da Silva Dipl.-Ing. Dr., arbeitet seit 2012 bei der Caritas Wien und leitet dort seit 2014 das Arbeitsfeld der Stadtteilarbeit. Sie hat ein Diplom- und Doktoratsstudium in Architektur an der TU Wien abgeschlossen und gestaltete in verschiedenen Kontexten Projekte der Gemeinwesenarbeit und sozialen Stadtteilentwicklung. Seit 2014 ist sie zudem in Lehre und Forschung an der FH Campus Wien im Master-Studiengang „Sozialraumorientierte und Klinische Soziale Arbeit" und seit 2021 an der TU Wien am Forschungsbereich Soziologie an der Fakultät für Architektur und Raumplanung tätig. Schwerpunkte ihrer Arbeit sind soziales Wohnen, soziale und nachhaltige Quartiersentwicklung, Empowerment und Partizipation, Gesundheitsförderung im nachbarschaftlichen Setting sowie Migration und Diversität.

Christoph Stoik FH-Prof., Dipl. Sozialarbeiter., MA, Master of Community Development, ist in Lehre, Forschung und Entwicklung am FH Campus Wien im Master-Studiengang „Sozialraumorientierte und Klinische Soziale Arbeit" (inhaltliche Koordination des Vertiefungszweiges Sozialraumorientierung) und im Bachelor-Studiengang „Soziale Arbeit" tätig. Schwerpunkte seiner Arbeit sind Soziale Arbeit im öffentlichen Raum, Soziale Arbeit und soziales Wohnen, Gemeinwesenarbeit.

Open Access Dieses Kapitel wird unter der Creative Commons Namensnennung 4.0 International Lizenz (http://creativecommons.org/licenses/by/4.0/deed.de) veröffentlicht, welche die Nutzung, Vervielfältigung, Bearbeitung, Verbreitung und Wiedergabe in jeglichem Medium und Format erlaubt, sofern Sie den/die ursprünglichen Autor(en) und die Quelle ordnungsgemäß nennen, einen Link zur Creative Commons Lizenz beifügen und angeben, ob Änderungen vorgenommen wurden.

Die in diesem Kapitel enthaltenen Bilder und sonstiges Drittmaterial unterliegen ebenfalls der genannten Creative Commons Lizenz, sofern sich aus der Abbildungslegende nichts anderes ergibt. Sofern das betreffende Material nicht unter der genannten Creative Commons Lizenz steht und die betreffende Handlung nicht nach gesetzlichen Vorschriften erlaubt ist, ist für die oben aufgeführten Weiterverwendungen des Materials die Einwilligung des jeweiligen Rechteinhabers einzuholen.

Stadtquartiere im Kontext von Migration und Integration. Herausforderungen für die Soziale Arbeit unter den Rahmenbedingungen einer zunehmend restriktiven Integrationspolitik

Peter Streckeisen

Zusammenfassung

Dieser Beitrag setzt sich mit der Bedeutung der heutigen Integrations-politik für die Stadtentwicklung und die Quartierarbeit auseinander. Am Bei-spiel Basels wird die Integrationspolitik als Programm einer differenziellen Inklusion untersucht, welche zugewanderte Menschen in drei Kategorien einteilt und auf dieser Grundlage sehr unterschiedlich behandelt. Zugleich geraten die Stadtquartiere in den Fokus eines statistischen Monitorings mit Integrationsindikatoren, und der Quartierarbeit wird die Aufgabe zugewiesen, so genannte schwer erreichbare sozial benachteiligte Gruppen zu erreichen. Der Beitrag nennt Herausforderungen, mit denen Professionelle der Sozialen Arbeit sich bewusst auseinandersetzen müssen, damit ihre Tätigkeit nicht

Peter Streckeisen: Dieser Beitrag stützt sich auf das Referat „Migrantische Orte in Basel" von Peter Streckeisen und Laura Schwab an der 5. Internationalen Tagung „Soziale Arbeit und Stadtentwicklung" in Muttenz vom 21.6.2019. Der Verfasser bedankt sich bei Laura Schwab für ihre Rückmeldungen zur ersten Fassung dieses Beitrags.

P. Streckeisen (✉)
Zürcher Hochschule für Angewandte Wissenschaften,
Departement Soziale Arbeit, Zürich, Schweiz
E-Mail: peter.streckeisen@zhaw.ch

© Der/die Autor(en) 2023
127
P. Oehler et al. (Hrsg.), *Marginalisierung, Stadt und Soziale Arbeit,*
Quartiersforschung, https://doi.org/10.1007/978-3-658-37386-3_7

durch eine restriktive Integrationspolitik vereinnahmt wird. Die Bekämpfung sozialer Ungleichheiten sollte mit einer Anerkennung vielfältiger kultureller Praxen und Lebensstile verknüpft werden, um der doppelten Stigmatisierung auf der Basis von Klasse und Kultur zu begegnen.

1 Einleitung

Die Stadt Basel lässt sich als kleine „Global City" (Sassen, 1997) betrachten. Hier haben mit Novartis und Roche zwei weltweit tätige Konzerne der Pharmaindustrie ihren Hauptsitz. Im Turm der Bank für Internationalen Zahlungsausgleich beim Bahnhof SBB trifft sich die globale Finanzdiplomatie. Und auch im Kunstbereich – mit der Art Basel sowie mit renommierten Museen und Ausstellungen, etwa in der Fondation Beyeler und im Kunstmuseum – hat sich die Stadt als Ort auf der Weltkarte positioniert, der weiterum wahrgenommen wird. Hinzu kommt die besondere geografische Lage im Dreiländereck (Schweiz, Deutschland, Frankreich) mit einer großen Zahl von Grenzgänger*innen, die – wie zahlreiche zugewanderte Menschen, die sich in der Stadt oder der Region niedergelassen haben – für die lokale Wirtschaft eine unverzichtbare Ressource darstellen.

Wie wirkt sich diese Einschreibung Basels in die internationalen Netzwerke von Ökonomie, Finanz, Kunst und Migration auf das Leben in den Quartieren aus? Wie nah kommt die Basler Alltagsrealität jenem Bild, das Yildiz (2013) in seinem Buch über die „weltoffene Stadt" zeichnet, dem zu Folge Menschen unterschiedlichster geografischer und ethnischer Herkunft in den Quartieren ganz unspektakulär zusammenleben? Und welche Rollen spielen die Stadtentwicklung und die Soziale Arbeit in diesem Zusammenhang?

Mit diesen Fragen beschäftigt sich der vorliegende Beitrag. Dabei wird das Augenmerk auf die Integrationspolitik gelegt. Mit diesem Bezug kommt der Staat ebenso ins Blickfeld wie die zahlreichen Organisationen des Sozial- und Bildungswesens, die sich – unter anderem – mit der „Integration von Ausländern" (Mey & Streckeisen, 2019) beschäftigen. In einem Master-Seminar an der Universität Basel haben wir uns diesbezüglich mit der Rolle der verschiedenen Akteur*innen des „Sozialen Basels" auseinandergesetzt.[1] Es zeigt sich, dass

[1] Die Lehrveranstaltung fand im Herbstsemester 2018 als Forschungsseminar „Soziales Basel" am Seminar für Soziologie der Universität Basel statt. Der Verfasser bedankt sich bei den Studierenden für ihre Beiträge zum gemeinsamen Forschungsprozess: Rahel

verschiedene Gruppen von Migrant*innen durch staatliche Instanzen und zivilgesellschaftliche Organisationen unterschiedlich angesprochen werden. Dieser Befund lässt sich mithilfe des Konzepts der „differenziellen Inklusion" (Mezzadra & Neilson, 2011) erklären. Zeitgenössische kapitalistische Gesellschaften haben die traditionelle Unterscheidung zwischen Einheimischen und Fremden ausdifferenziert durch eine Vervielfältigung unterschiedlicher Zugehörigkeitsgrade. Die Grenze wirkt nicht nur als Barriere gegen außen, sondern auch in die Gesellschaften hinein, indem sie zugewanderte Menschen nach Kriterien der Herkunft und der beruflichen Qualifikation filtert und ihnen unterschiedliche Möglichkeiten und Pfade der Integration zuweist.

2 Willkommen in Basel? Integration als Programm der differenziellen Inklusion

Mit der jüngsten Revision des Ausländergesetzes aus den 1930er Jahren, das seit 2019 Ausländer- und Integrationsgesetz (AIG) heißt, hat der Bund seine Definitionsmacht über die Integrationspolitik gefestigt. Es darf aber nicht vergessen werden, dass zahlreiche integrationspolitische Impulse lange Zeit in erster Linie von zivilgesellschaftlichen Organisationen ausgingen und einige Städte und Kantone auf dem Feld Pionierarbeit geleistet haben, als auf Bundesebene noch keine gesetzlichen Grundlagen existierten. Das zunehmende Engagement des Bundes bedeutet einerseits, dass Integrationspolitik zu einer Aufgabe geworden ist, die sämtliche Kantone und Gemeinden der Schweiz umsetzen müssen. Anderseits hat es dazu geführt, dass Integrationspolitik stärker auf wirtschaftliche Interessen ausgerichtet wurde sowie zunehmend restriktive Züge aufweist. So kritisiert zum Beispiel Pineiro (2018) die diskriminierenden Folgen der heutigen Integrationspolitik. Die Schweiz steht mit diesem Trend nicht alleine da. In der internationalen Diskussion über Urban Citizenship (Aigner & Kumnig, 2018), angeregt unter anderem durch den Widerstand US-amerikanischer Städte gegen die Migrationspolitik von Präsident Donald Trump in den Jahren 2016 bis 2020, gelten die Städte oftmals als progressive Hoffnungsträgerinnen in einem restriktiven, durch die Nationalstaaten geprägten politischen Umfeld.

Hänggi, Eliane Hofstetter, Tomas Jezek, Maksym Karmazin, Laura Schwab, Franziska Stier, Julia Vögelin und Annika Zemp.

2.1   Vom Leitbild zum Programm

Basel[2] hat sich seit der Jahrtausendwende als Pionierin der Integrationspolitik positioniert. Das durch die Ethnologin Rebekka Ehret (1999) verfasste
Integrationsleitbild galt in Fachkreisen lange Zeit als vorbildlich. Es definierte
Integration als gesamtgesellschaftlichen Prozess und propagierte die Nutzung
der Potenziale zugewanderter Menschen ebenso wie einen sorgsamen Umgang
mit Differenz. Rückblickend fällt auf, dass dieser integrationspolitische Auf-
bruch in Basel zeitgleich mit der Lancierung eines umfangreichen Programms
zur Steigerung der Attraktivität der Stadt als Wohnort einsetzte. Auf die
Partizipationserfahrungen mit der „Werkstadt Basel" folgten 1999 das „Aktions-
programm Stadtentwicklung Basel" und zu Beginn der 2000er Jahre „Logis Bâle"
mit dem Ziel, durch den Bau attraktiver Stadtwohnungen gute Steuerzahler*innen
anzuziehen (Benthaus, 2019). Auf den Zusammenhang von Integrationspolitik
und Stadtentwicklung verweist zudem die Tatsache, dass die heutige Fachstelle für Diversität und Integration in der Abteilung Kantons- und Stadtentwicklung des Präsidialdepartements angesiedelt ist. Als der Regierungsrat sich in
der zweiten Hälfte der 1990er Jahre das Ziel setzte, den Bevölkerungsrückgang
zu stoppen und der Stadt neue Wachstumsimpulse zu verleihen, dürften zwei
integrationspolitische Ziele mit von Bedeutung gewesen sein: die Aufwertung
der Quartiere mit einem hohen Anteil an Migrationsbevölkerung sowie der Zuzug
qualifizierter Arbeitskräfte aus dem Ausland. Ab 2002 begünstigte daraufhin das
Abkommen über die Personenfreizügigkeit zwischen der Schweiz und der EU die
Zuwanderung zahlreicher Menschen aus deren Mitgliedsstaaten.

Heute ist Integrationspolitik eine komplexe Verbundaufgabe von Bund,
Kantonen und Gemeinden. Die Kantone erstellen vierjährige Integrations-
programme, auf deren Grundlage sie unter anderem finanzielle Ressourcen
des Bundes erhalten. Das Kantonale Integrationsprogramm Basel-Stadt 2018–
2021 (Fachstelle Diversität & Integration, 2017) versprüht zwanzig Jahre nach
dem ersten Integrationsleitbild keine Aufbruchstimmung mehr. Aber es listet
auf, was der Kanton alles für die Integrationspolitik tut, wer für welche Aufgaben zuständig ist, und wie viel das alles kostet. Das Präsidialdepartement

---

[2] Da es sich beinahe um einen reinen Stadtkanton mit nur drei Gemeinden handelt (Basel,
Riehen, Bettingen), lässt sich in Basel-Stadt die Rolle des Kantons kaum von jener der
Stadt unterscheiden. In vielen anderen Regionen der Schweiz treten die unterschiedlichen
integrationspolitischen Ziele von Städten und Kantonen hingegen immer wieder deutlich
hervor.

ist federführend für die Integrationsförderung zuständig, einschließlich Begrüßungsveranstaltungen für Zugezogene, Informationsaustausch zwischen den und über die Religionsgemeinschaften sowie „Task-Force-Radikalisierung". Das Departement Wirtschaft, Soziales und Umwelt (WSU) verantwortet den Asylbereich, der organisatorisch an die Sozialhilfe angebunden wurde. Im Justiz- und Sicherheitsdepartement sind das Migrations- und das Einwohneramt angesiedelt, welche die Aufenthalts- und Niederlassungsbewilligungen ausstellen. Und das Erziehungsdepartement spielt ebenfalls eine zentrale Rolle durch die Sprachförderung und die verschiedenen Angebote für Familien (Elternbildung usw.). Hinzu kommen zivilgesellschaftliche Organisationen und Hilfswerke, die in die Umsetzung der Integrationspolitik einbezogen werden. Diesbezüglich spielt in Basel insbesondere die Gesellschaft für das Gute und Gemeinnützige (GGG Migration) eine Schlüsselrolle.

2.2   Unterschiedliche Behandlung dreier migrantischer Gruppen

Eine aufmerksame Lektüre des Kantonalen Integrationsprogramms zeigt, wie selbstverständlich verschiedene Gruppen von Zugewanderten unterschiedlich behandelt werden. Es gibt jene Neuzugezogenen aus EU-EFTA-Staaten, die einfach nur zur offiziellen Informationsveranstaltung „Willkommen in Basel" im Rathaus (mit anschließender Schifffahrt auf dem Rhein) eingeladen und darüber hinaus für keine weiteren Termine aufgeboten werden. Sie müssen im Gegensatz zu den Drittstaatsangehörigen nicht einmal persönlich auf dem Einwohneramt erscheinen, um sich anzumelden. Sie gehören offensichtlich zu einer anderen Kategorie als jene Menschen, die in den Fokus der Integrationsmaßnahmen geraten: „Nach einem Aufenthalt im Kanton von mindestens sechs Monaten werden Drittstaatsangehörige, vor allem Personen, die im Rahmen des Familiennachzugs eingereist sind, im Hinblick auf die Verlängerung ihrer Aufenthaltsbewilligung zu einem ca. einstündigen Integrationsgespräch eingeladen. […] Dabei werden Integrationsbedarf und Sprachkenntnisse geprüft und bei Bedarf an entsprechende Angebote und Maßnahmen weiterverwiesen. Sollte im Gespräch eine ungenügende Integrationsbereitschaft festgestellt werden, kann eine Integrationsvereinbarung abgeschlossen oder eine Integrationsempfehlung abgegeben werden." (Fachstelle Diversität & Integration, 2017, S. 14) Und nochmals eine andere Kategorie bilden jene Menschen, die gar nicht erst zum offiziellen Anlass ins Rathaus eingeladen werden: Personen im Asylverfahren sowie Menschen ohne Aufenthaltsbewilligung.

Für die erstgenannte Gruppe, die aus behördlicher Sicht keine Sorgen
bereitet, gibt es nur freiwillige Angebote zur Integrationsförderung. Von ihnen
wird erwartet, dass sie selbst in der Lage sind, sich in Basel zurechtzufinden
und zu integrieren. Im Falle von hoch qualifizierten Arbeitskräften bieten die
Unternehmen zudem Unterstützung an; so werden im Kantonalen Integrationsprogramm etwa die entsprechenden Anlässe von Roche oder Novartis für neue
Mitarbeitende erwähnt (Fachstelle Diversität & Integration, 2017, S. 15).
Recherchen im Rahmen des erwähnten Seminars an der Universität Basel haben
zudem die Existenz privater Netzwerke zu Tage gefördert, die Zugezogene mit
höherem Sozialstatus bei der Integration unterstützen. Ein Beispiel ist der Verein Centrepoint, der sich als „local club for global people" bezeichnet.[3] In
Gesprächen mit Vereinsmitgliedern hat sich gezeigt, dass diese teilweise durchaus Schwierigkeiten haben, in Basel Fuß zu fassen. Dies gilt vor allem für die
so genannten *travelling spouses*: Frauen, die mit ihren meistens Vollzeit erwerbstätigen Männern zugezogen sind und trotz oftmals hoher beruflicher Qualifikation
als Fremdsprachige keine Arbeitsstelle finden.

Für die Angehörigen der letztgenannten Kategorie sieht die Integrationspolitik dagegen ein Regime der Separierung und Überwachung vor.
Personen im Asylverfahren werden von der übrigen Bevölkerung getrennt in
separaten Unterkünften einquartiert. Für sie gibt es eigene Sprachkurse oder
Beschäftigungsmaßnahmen, in denen sie nicht mit anderen Zielgruppen der
Integrationspolitik vermischt werden. Die Unterkünfte sind oftmals auch räumlich separiert, das heißt, sie liegen nicht in einem Wohnquartier, sondern irgendwo
abseits. Dies gilt in besonderem Maße für das Zentrum Bässlergut direkt an der
Grenze zu Deutschland beim Zoll Otterbach; aber auch die Asylsiedlung am Drei-
spitz befindet sich in einem eigenartigen Zwischenraum zwischen Tramdepot,
Eisenbahnlinie und Familiengärten. Falls sie keine Aufenthaltsbewilligung oder
einen negativen Asylentscheid erhalten haben, bleibt zugewanderten Menschen
die Wahl zwischen drei Optionen: Sie verlassen die Schweiz, sie tauchen als
Papierlose unter oder sie hausen unter Bedingungen der Nothilfe.[4]

---

[3] Zitat von der Webseite des Vereins: www.centrepoint.ch. Zugegriffen: 18. Mai 2020.

[4] Der Leistungsumfang der Nothilfe im Asylbereich umfasst entweder „Gutschein Not-
schlafstelle und CHF 12 für Unterhalt pro Tag und Person" oder „Unterbringung in Zivil-
schutzanlage und drei Mahlzeiten (kein Bargeld)" oder „Unterbringung in besonderen
Strukturen bei Vulnerabilität und CHF 10 pro Person und Tag". Hinzu kommt die
medizinische Notversorgung. Quelle: https://www.sozialhilfe.bs.ch/asyl/nothilfe-asyl.html.
Zugegriffen: 20. Mai 2020.

Die Integrationspolitik konzentriert sich nun aber in erster Linie auf die zweitgenannte Gruppe: Im Zentrum stehen Drittstaatsangehörige mit besonderem Integrationsbedarf. Dabei handelt es sich allerdings nicht ausschließlich um jene Neuzugezogenen, die wie oben erwähnt nach dem Begrüßungs- zu einem obligatorischen Integrationsgespräch eingeladen werden. Denn im Integrationsprogramm wird auf folgenden Aspekt verwiesen: „Neben einer umfassenden Erstberatung ist ein kompetentes und niederschwelliges Beratungsangebot von zentraler Bedeutung für eine gelingende Integration. Besonders wichtig ist dies im Kanton Basel-Stadt, da sich die Bevölkerung durch einen hohen Anteil von Personen mit Migrationshintergrund auszeichnet und diese Migrantinnen und Migranten teilweise schon lange im Kanton leben." (Fachstelle Diversität & Integration, 2017, S. 15) Zu den Zielgruppen der Integrationspolitik zählen demnach auch Menschen, die bereits seit langem in Basel leben, eventuell sogar in der Stadt geboren sind oder die schweizerische Nationalität haben.

2.3 Integrationsbedarf und Soziale Arbeit

Um die drei skizzierten Gruppen voneinander zu unterscheiden, bedient sich die Integrationspolitik einerseits juristischer Unterscheidungen betreffend Staatszugehörigkeit und Aufenthaltsrecht. Dies mag diskriminierend sein, bietet aber weitgehend eindeutige Entscheidungsgrundlagen. Daneben ist aber das komplexere Kriterium des sogenannten Integrationsbedarfs entscheidend, zu dessen Feststellung die Fachpersonen auf Gespräche und Kontakte mit Betroffenen angewiesen sind. Erfahrungen und Urteile von Sozialarbeitenden in verschiedenen Tätigkeitsfeldern können dabei durchaus eine Rolle spielen. Dies gilt auch für den Bereich der Quartierarbeit, die im Kantonalen Integrationsprogramm mehrfach erwähnt wird. Dabei geht es vor allem um den behördlichen Zugang zu jenen Menschen, die als „schwer erreichbar" bezeichnet werden. Quartiertreffpunkte eignen sich aus dieser Perspektive besonders gut, um ihnen niederschwellige Angebote zu machen, seien es Sprachkurse, Elternbildung oder die sogenannten „FemmesTische", die sich an „fremdsprachige, sozial benachteiligte und schwererreichbare Frauen" richten (Fachstelle Diversität & Integration, 2017, S. 21). Genauso können Angebote für Kinder und Jugendliche dem Versuch dienen, deren „schwer erreichbare" Eltern zu erreichen. In vielerlei Hinsicht sieht sich die Soziale Arbeit heute also mit einem zunehmenden Zugriff integrationspolitischer Zielsetzungen auf ihre Tätigkeitsfelder konfrontiert und muss sich der Frage stellen, ob und inwiefern dadurch ihr professionelles Ethos sowie ihre Handlungsspielräume tangiert werden. Ein weiteres Beispiel ist die Meldepflicht

der Sozialdienste gegenüber den Migrationsämtern, welche für die Leistungs-
beziehenden weitreichende negative Auswirkungen betreffend Familiennachzug
und Aufenthaltsstatus nach sich ziehen kann.

3 Monitoring der Quartiere. Die Stadt im Spiegel der Integrationsindikatoren

Die Institutionalisierung der Integrationspolitik führt dazu, dass Behörden und Fachpersonen die Stadt und ihre Quartiere durch eine entsprechende Brille betrachten.
Basel galt lange Zeit als Industrie- oder Arbeiterstadt; inzwischen werden die Quartiere
mehr und mehr unter ethnonationalen Gesichtspunkten betrachtet. Vereinfachend
könnte gesagt werden: Aus Arbeiterquartieren werden Ausländerquartiere. Selbstverständlich war auch das Bild der Arbeiterstadt nicht einfach eine objektive Abbildung
der Wirklichkeit. Wie Bourdieu (1997) gezeigt hat, existiert(e) die Arbeiterklasse
– ebenso wie andere soziale Klassen – in den Köpfen der Menschen einzig als das
Ergebnis einer konfliktbeladenen politischen Arbeit, welche auf die Konstruktion und
Verbreitung spezifischer Wahrnehmungsmuster zielt. Ähnlich lässt sich auch Ethnizität
letztlich als eine Art und Weise verstehen, die Welt zu betrachten (Brubaker et al.,
2004). Menschen sind nicht einfach Ausländer*innen, sie werden zu solchen gemacht.

3.1 Ein statistisches Indikatoren-Set

Weil die Integrationspolitik den Integrationsbedarf an ethnonationale Kriterien
knüpft, ist sie auf entsprechende Informationen und Daten angewiesen. Der
Fokus auf Drittstaatsangehörige mit besonderem Integrationsbedarf führt dazu,
dass sich die Aufmerksamkeit insbesondere auf jene Stadtquartiere richtet, in
denen eine starke Präsenz der entsprechenden Zielgruppen vermutet wird. Das
Statistische Amt des Kantons Basel-Stadt hat ein Indikatoren-Set zum Thema
Integration erstellt, das inzwischen über 100 Indikatoren aus den Bereichen
Bevölkerungsstruktur, Schule und Bildung, Arbeit und Einkommen sowie
Politik und Zusammenleben umfasst. Die statistischen Daten ermöglichen eine
Profilierung der Stadtquartiere nach ethnonationalen Kriterien. Im Vordergrund steht die Verknüpfung verschiedener Variablen mit der Staatsangehörig-
keit, während andere Aspekte wie Religion oder Sprache eher zweitrangig
behandelt werden. Ein zentraler Indikator, auf den auch im Integrationsprogramm
oft Bezug genommen wird, ist der Ausländeranteil. Er ist in den historischen

Arbeitervierteln im Norden der Stadt (Rosental, Kleinhüningen, Klybeck, Matthäus und St. Johann) am höchsten. Allerdings hat der Ausländeranteil in anderen Quartieren, darunter auch in bessergestellten Wohnvierteln wie Bruderholz oder Bachletten, seit 1999 stärker zugenommen als in Basel Nord (Statistisches Amt Basel-Stadt, 2020a). Dies deutet darauf hin, dass aufgrund der Zuwanderung hoch qualifizierter Arbeitskräfte diese Ziffer immer weniger als Indiz für tiefen Sozialstatus betrachtet werden darf.

Selbstverständlich stellt das statistische Indikatoren-Set noch weitaus differenziertere Daten bereit. Zum Beispiel wird dargestellt, wie stark einzelne Nationalitäten und Nationalitätengruppen in den Quartieren vertreten sind. Es zeigt sich etwa, dass in den Wohnvierteln Bruderholz, Bachletten, Gotthelf und Wettstein zahlreiche Personen deutscher Nationalität leben, während Menschen mit Herkunft aus der Türkei und den Balkan-Staaten vor allem in den oben bereits erwähnten Quartieren im Norden der Stadt, sowie in Gundeldingen und Breite, wohnhaft sind (Statistisches Amt Basel-Stadt, 2020b). Vor diesem Hintergrund überrascht es nicht, dass ein integrationspolitisches Vorzeige-projekt wie die Brückenbauerinnen des kirchlichen Hilfswerks HEKS, bei dem Migrantinnen Migrantinnen unterstützen sollen, als Pilotprojekt in Gundeldingen startete und inzwischen auch in Kleinhüningen und Klybeck angeboten wird. Das Indikatoren-Set bietet auch Informationen über jene im Kantonalen Integrationsprogramm angesprochene Gruppe von Migrant*innen, die bereits lange in Basel wohnhaft sind. Es zeigt sich etwa, dass mehr als die Hälfte der Personen mit Herkunft aus der Türkei und dem Balkan bereits über 15 Jahre in der Stadt leben (Statistisches Amt Basel-Stadt, 2020c). Gut 80 % der Angehörigen dieser Gruppen haben eine Niederlassungsbewilligung (Statistisches Amt Basel-Stadt, 2020d).

3.2 Die Bedeutung von Staatszugehörigkeit und Erstsprache im Bildungsbereich

Auch im Bildungsbereich zeigen die Indikatoren eklatante Differenzen nach Staatszugehörigkeit. So gehen etwa zwei Drittel der jungen Deutschen ins Gymnasium, aber nur gut 20 % der jungen Menschen mit italienischer Nationali-tät und circa zehn Prozent der jungen Menschen mit Herkunft aus der Türkei oder dem Balkan (Statistisches Amt Basel-Stadt, 2020e). Manchmal erweist sich jedoch die Staatszugehörigkeit als nur begrenzt aussagekräftig, zum Beispiel bei der frühen Sprachförderung. Der Kanton Basel-Stadt hat im Jahr 2013 ein selektives Obligatorium zur Deutschförderung vor dem Kindergarten erlassen: Nach einer Sprachstanderhebung im Alter von drei Jahren werden Kinder mit ungenügenden Deutschkenntnissen ein Jahr lang zum Besuch einer Spielgruppe an zwei Halbtagen in der Woche verpflichtet. Auf den ersten Blick überrascht es, dass auch 23,7 % der Kinder mit schweizerischer Nationalität unter dieses Obligatorium fallen (Statistisches Amt Basel-Stadt, 2020f). Doch das Rätsel löst sich wohl auf, wenn wir an die zahlreichen Kinder aus eingebürgerten Familien denken. Ein Blick in die Schulhausstatistik bestätigt diese Hypothese. So haben beispielsweise in der Primarschule Kleinhüningen beinahe die Hälfte der Schüler*innen die schweizerische Nationalität, aber nur ein Fünftel hat Deutsch als Erstsprache.[5] Was in Frankreichs Vorstädten bereits lange problematisiert wird, lässt sich auch in Basel beobachten: Es gibt Bevölkerungsgruppen mit einheimischer Staatszugehörigkeit, die als Fremde betrachtet werden und zu den Zielgruppen der Integrationspolitik zählen.

Das Erziehungsdepartement Basel-Stadt berücksichtigt die Unterschiede zwischen den Quartieren seit einigen Jahren durch einen sogenannten Sozialfaktor: Je höher dieser ausfällt, desto mehr finanzielle Ressourcen erhalten die Schulen für spezifische Förderangebote. Diese Maßnahme bewegt sich an der Schnittstelle von Bildungs-, Sozial- und Integrationspolitik. Die Berechnung des Sozialfaktors beruht auf drei Kriterien: Arbeitslosigkeit, Ausländeranteil und Sesshaftigkeit.[6] Damit erhalten die Schulen in den ehemaligen Arbeitervierteln im Norden Kleinbasels (Rosental, Klybeck, Kleinhüningen, Matthäus) am meisten zusätzliche Mittel. Die Berücksichtigung des Ausländeranteils und der Sesshaftigkeit kommt allerdings auch den Schulen in jenen Wohnvierteln zu Gute, in denen in den letzten Jahren zahlreiche Personen mit höherem Sozialstatus aus dem Ausland zugezogen sind (z. B. Vorstädte, St. Alban, Am Ring, Altstadt Grossbasel). Im Gegensatz zu diesen Quartieren ist etwa in Kleinhüningen und Klybeck die Sesshaftigkeit der Wohnbevölkerung hoch: Deren Schulen erhalten deshalb weniger Fördermittel, als wenn ausschließlich sozioökonomische Indikatoren wie die Sozialhilfe- und Arbeitslosenquote oder das Vermögens- und Einkommensniveau berücksichtigt worden wären.

---

[5] Detaillierte Daten zu Staatsangehörigkeit und Erstsprache in den Basler Primarschulen wurden dem Verfasser auf Anfrage durch das Statistische Amt Basel-Stadt zur Verfügung gestellt.

[6] Diese Informationen zum Sozialfaktor an den Basler Schulen wurden dem Verfasser auf Anfrage durch das Erziehungsdepartement Basel-Stadt zur Verfügung gestellt.

3.3 Quartierarbeit und Konstruktion des „Ausländerproblems"

Der Sozialfaktor an den Basler Schulen ist ein Beispiel dafür, wie Ressourcen auf der Grundlage statistischer Daten zwischen den Quartieren verteilt werden. Es ist davon auszugehen, dass die Maßnahmen der Integrationspolitik einer vergleichbaren, wenn auch nicht durch einen solchen Index fundierten Logik folgen und vor allem in jenen Quartieren angeboten werden, in denen zahlreiche Menschen mit Integrationsbedarf vermutet werden. Im Kantonalen Integrationsprogramm wird denn auch immer wieder auf Quartiere mit hohem Ausländeranteil verwiesen, insbesondere wenn es um die Rolle der Quartiertreffpunkte geht. Damit beteiligt sich allerdings auch die Quartierarbeit an der (Re-)Produktion des so genannten „Ausländerproblems" (Griese, 2002) und trägt dazu bei, dass bestimmte Wohnviertel als Problemquartiere in den Blick geraten. Im Rahmen des erwähnten Seminars an der Universität Basel haben Studierende zudem die Erfahrung gemacht, dass Sozialarbeitende in der Quartierarbeit ihre Klientel nicht selten mit Rückgriff auf abwertende ethnisierende Kategorien beschreiben. So wurden etwa muslimische Familien pauschal durch die Zuschreibung charakterisiert, sie seien kinderreich und durch problematische Geschlechterrollenverständnisse gekennzeichnet. Die Gleichsetzung von muslimischen Familien mit Problemfamilien ist dann nicht mehr weit. Auch in diesem Tätigkeitsfeld befindet sich die Soziale Arbeit damit im Spannungsfeld zwischen der universellen Menschenrechtsorientierung und den mitunter problematischen Kategorien und Zuschreibungen, welche durch politische Diskurse und Rahmenbedingungen gesetzt werden.

4 Herausforderungen für die Soziale Arbeit

Zweifellos lässt sich bei einem Spaziergang durch Basler Stadtquartiere wie Gundeldingen, Clara oder Klybeck einiges Anschauungsmaterial sammeln für jenes lebenslustige und unspektakuläre Mit- und Nebeneinander von Menschen mit unterschiedlichen und oftmals hybriden ethnonationalen Identitäten, das Yildiz (2013) in seinem Buch über die „weltoffene Stadt" beschreibt. Die Diversität der durch Migration geprägten urbanen Milieus und Lebensstile hat seit der Jahrtausendwende in Basel zugenommen. Die aufwertungsorientierte Stadtentwicklung dürfte einiges dazu beigetragen haben, ebenso die Personenfreizügigkeit mit der EU. Doch dürfen zwei Aspekte, die das Bild des kosmopolitischen Basels trüben, nicht übersehen werden: Auf sozialstruktureller Ebene führt die ungleiche

Verteilung von Ressourcen dazu, dass sich nicht nur zwischen Einheimischen und Zugewanderten, sondern gerade auch zwischen zugewanderten Menschen mit unterschiedlichen Lebenschancen tiefe Gräben auftun. Und auf politischer Ebene werden zugewanderte Personen durch die Integrationspolitik nicht nur sehr unterschiedlich behandelt, sondern teilweise als Problemgruppen stigmatisiert oder sogar als (potenziell) Unerwünschte von der Stadtbevölkerung separiert.

4.1   Klassenunterschiede in den Blick nehmen

Um mit der Vielfalt der (post-)migrantischen Wirklichkeiten adäquat umgehen zu können, muss die heute weit verbreitete Ethnisierung sozialer Probleme hinterfragt werden. Insbesondere gilt es, die aus dem Blick von Politik und Forschung geratenen Klassenunterschiede hinter dem bunten Bild kultureller Differenzen wieder sichtbar zu machen. Zum Beispiel ist herauszustreichen, dass sich die Maßnahmen der Integrationspolitik, insbesondere jene mit verpflichtendem Charakter, sehr einseitig auf Bevölkerungsgruppen in benachteiligten sozialen Positionen fokussieren. Wie Wellgraf (2021, S. 23–33) am Beispiel seiner ethnografischen Untersuchungen an Berliner Schulen gezeigt hat, erfahren sie eine „doppelte Stigmatisierung" als Niedrigqualifizierte und Angehörige einer fremden Kultur. Zugleich beobachten wir zwischen den verschiedenen Gruppen zugewanderter Menschen auch Praktiken der Distinktion, die einem solidarischen Miteinander ebenso im Wege stehen wie geteilten Erfahrungen des Alltagslebens in der Stadt. In diesem Sinne leben diese Menschen zwar in derselben Stadt, aber eben doch in getrennten Welten. So lassen sich etwa die Coffee Mornings des Vereins Centrepoint als Raum der Distinktion beschreiben, in dem Menschen mit höherer Bildung, die des Englischen mächtig sind, unter sich bleiben. Die öffentlichen Schulhäuser in den populären Stadtquartieren dagegen können als paradigmatische Räume der Integration betrachtet werden, an denen eine breite Palette integrationspolitischer Maßnahmen zur Anwendung gebracht wird. Und das Asylzentrum Bässlergut steht für jene Räume der Separation, in denen zugewanderte Menschen einem rigiden Kontrollregime unterworfen werden.

4.2   Auf sehr unterschiedliche Bedürfnisse und Interessen eingehen

Die Soziale Arbeit ist mit Bezug auf jeden dieser drei idealtypisch beschriebenen Sozialräume mit unterschiedlichen Herausforderungen konfrontiert. Im Bereich der Zugewanderten mit höherem Sozialstatus kann die Zuschreibung individueller Integrationsfähigkeit dazu führen, dass spezifischer Unterstützungsbedarf übergangen wird. Gerade für die Partner*innen von Vollzeit erwerbstätigen Personen ist es oft schwierig, in Basel Fuß zu fassen, insbesondere beim Zugang zum Arbeitsmarkt. Möglicherweise kann die Quartierarbeit solchen Menschen zudem Gelegenheiten bieten, vielfältige Kontakte zu knüpfen und ihre Fähigkeiten für das Gemeinwohl einzubringen. Bei den eigentlichen Zielgruppen der Integrationspolitik – Drittstaatsangehörige mit besonderem Integrationsbedarf – darf die Soziale Arbeit nicht auf eine klare Positionierung zu den teilweise diskriminierenden politischen Rahmenbedingungen und Maßnahmen verzichten. Sie muss das Augenmerk auf problematische Kulturalisierungen und Ethnisierungen legen und versuchen, die Rechte dieser Menschen auch gegenüber den (sozial-) staatlichen Leistungssystemen, von denen sie mitunter abhängig sind, zu stärken. Im Asylbereich schließlich steht der Einsatz für die elementaren Grundrechte im Zentrum, die in den mehr oder weniger geschlossenen Unterkünften nicht immer gewährleistet sind. Darüber hinaus könnte sich die Soziale Arbeit dafür einsetzen, dass diese Menschen sich unter die Stadtbevölkerung mischen und in ganz normalen Wohnvierteln statt in separaten Einrichtungen wohnen dürfen.

4.3 Kulturelle Differenzen anerkennen und soziale Ungleichheiten bekämpfen

Um diese Herausforderungen bewältigen zu können, benötigen die Professionellen der Sozialen Arbeit ein theoretisch ebenso wie praktisch gefestigtes Verständnis davon, wie kulturelle Unterschiede und soziale Ungleichheiten miteinander verknüpft sind. In der Hinsicht führt der Bezug auf eine traditionelle, einseitig an ökonomischen Verhältnissen orientierte Theorie sozialer Klassen nicht weit. In der Tradition der Cultural Studies (Marchart, 2008) und der Klassismus-Forschung (Kemper & Weinbach, 2000) gilt es vielmehr, die zentrale Bedeutung der Auf- und Abwertung klassenspezifischer kultureller Praxen und Lebensstile zu betonen. Unter dem Einfluss der gegenwärtigen Integrationspolitik werden kulturelle Differenzen zudem einer systematischen Ethnisierung unterworfen. Sozialarbeitende können sich zum Beispiel auf die Kapitaltheorie von Bourdieu (1983) beziehen, um die Situation ihrer Adressat*innen zu beschreiben. Dabei gilt es jedoch, vorherrschende Bewertungsmuster zu hinterfragen und bewusst festzuhalten, dass ein Mehr oder Weniger an kulturellem Kapital nicht einfach mit einem Mehr oder Weniger an Ressourcen und Fähigkeiten gleichzusetzen ist. Vielmehr bringt die Ungleichheit des kulturellen Kapitals gesellschaftliche

Bewertungen von Ressourcen und Fähigkeiten zum Ausdruck. Dies zeigt sich im Kontext der Integrationspolitik sehr deutlich: Wer Englisch oder Deutsch spricht, genießt in Basel ein höheres Ansehen und hat bessere Chancen, als wer Albanisch oder Kurdisch spricht – weitgehend unabhängig davon, wie (gut) die Sprachen gesprochen werden. Genauso werden bestimmte Lebensstile oder Familienbeziehungen durch die Integrationspolitik problematisiert, die nicht weniger, sondern einfach andere kulturelle Ressourcen und Fähigkeiten erfordern als diejenigen, die gesellschaftlich als wünschenswert gelten. In diesem Sinne erfordert der Einsatz für die Anerkennung kultureller Differenz immer eine Verknüpfung mit dem Kampf gegen soziale Ungleichheiten. Sonst besteht die Gefahr, dass die multikulturelle Quartierarbeit zur Begleitmusik einer verschärften Reproduktion sozialer Ungleichheiten im urbanen Raum wird – zwischen verschiedenen Gruppen zugewanderter Menschen mehr noch als zwischen Einheimischen und Zugewanderten.

Literatur

Aigner, H., & Kumnig, S. (Hrsg.). (2018). *Stadt für alle! Analysen und Aneignungen.* Mandelbaum Verlag.

Benthaus, S. (2019). *Gefahren der Attraktivität? Diskursive Problemanalyse der „unternehmerischen Stadt" am Beispiel des Kantons Basel-Stadt im Zeitraum 1996–2019.* Universität Basel (unveröffentlichte Forschungsarbeit im Fach Soziologie).

Bourdieu, S. (1997). Wie eine soziale Klasse entsteht. In M. Steinrücke (Hrsg.), *Pierre Bourdieu. Der Tote packt den Lebenden. Schriften zu Politik und Kultur 2* (S. 102–130). VSA-Verlag.

Bourdieu, S. (1983). Ökonomisches Kapital, kulturelles Kapital, soziales Kapital. In R. Kreckel (Hrsg.), *Soziale Ungleichheiten. Soziale Welt Sonderband 2* (S. 183–198). O. Schwartz.

Brubaker, R., Loveman, M., & Stamatov, P. (2004). Ethnicity as cognition. *Theory and Society, 33,* 31–64.

Ehret, R. (1999). *Leitbild und Handlungskonzept des Regierungsrates zur Integrationspolitik des Kantons Basel-Stadt.* Kanton Basel-Stadt.

Griese, H. (2002). *Was ist eigentlich das Problem am „Ausländerproblem"? Über die soziale Durchschlagskraft ideologischer Konstrukte.* IKO-Verlag.

Fachstelle Diversität und Integration. (2017). *Kantonales Integrationsprogramm Basel-Stadt 2018–2021.* Kanton Basel-Stadt, Abteilung Kantons- und Stadtentwicklung.

Kemper, A., & Weinbach, H. (2000). *Klassismus. Eine Einführung.* Unrast Verlag.

Marchart, O. (2008). *Cultural studies.* UVK.

Mey, E., & Streckeisen, P. (2019). „Integration von Ausländern" – eine kritische Reflexion. ZHAW Soziale Arbeit, White Paper. https://www.zhaw.ch/storage/shared/sozialearbeit/News/white-paper-integration-von-auslaendern.pdf. Zugegriffen: 18. Mai 2020.

Mezzadra, S., & Neilson, B. (2011). Borderscapes of Differential Inclusion. Subjectivity and Struggles on the Threshold of Justice's Excess. In É. Balibar, S. Mezzadra, & R. Samaddar (Hrsg.), *The Borders of Justice* (S. 181–203). Temple University Press.

Pineiro, E. (2018). Andere Ausländer. Die diskriminierenden Folgen der heutigen Integrationspolitik. *TANGRAM, 42*, 53–55.

Sassen, S. (1997). *Metropolen des Weltmarkts. Die neue Rolle der Global Cities.* Campus.

Statistisches Amt Basel-Stadt. (2020a). Ausländeranteil nach Gemeinde und Wohnviertel (1/109). https://www.statistik.bs.ch/zahlen/indikatoren/sets/integration.html. Zugegriffen: 19. Mai 2020.

Statistisches Amt Basel-Stadt. (2020b). Ausländer nach Staatsangehörigkeit (13/109). https://www.statistik.bs.ch/zahlen/indikatoren/sets/integration.html. Zugegriffen: 19. Mai 2020.

Statistisches Amt Basel-Stadt. (2020c). Median der Aufenthaltsdauer der Ausländer (27/109). https://www.statistik.bs.ch/zahlen/indikatoren/sets/integration.html. Zugegriffen: 19. Mai 2020.

Statistisches Amt Basel-Stadt. (2020d). Anteil Ausländer mit Niederlassungsbewilligung (26/109). https://www.statistik.bs.ch/zahlen/indikatoren/sets/integration.html. Zugegriffen: 19. Mai 2020.

Statistisches Amt Basel-Stadt. (2020e). Gymnasialquote nach Staatszugehörigkeit (32/109). https://www.statistik.bs.ch/zahlen/indikatoren/sets/integration.html. Zugegriffen: 19. Mai 2020.

Statistisches Amt Basel-Stadt. (2020f). Anteil Kinder mit Verpflichtung zur Frühdeutsch-förderung (39/109). https://www.statistik.bs.ch/zahlen/indikatoren/sets/integration.html. Zugegriffen: 19. Mai 2020.

Wellgraf, S. (2021). *Ausgrenzungsapparat Schule. Wie unser Bildungssystem soziale Spannungen verschärft.* Transcript.

Yildiz, E. (2013). *Die weltoffene Stadt. Wie Migration Globalisierung zum urbanen Alltag macht.* Transcript.

Peter Streckeisen Peter Streckeisen, Prof. Dr., ist Dozent und Projektleiter am Departement Soziale Arbeit der Zürcher Hochschule für Angewandte Wissenschaften sowie Privatdozent für Soziologie an der Universität Basel. Community Development, soziale Stadtentwicklung und Sozialpolitik zählen zu seinen Schwerpunkten in Forschung und Lehre.

Open Access Dieses Kapitel wird unter der Creative Commons Namensnennung 4.0 International Lizenz (http://creativecommons.org/licenses/by/4.0/deed.de) veröffentlicht, welche die Nutzung, Vervielfältigung, Bearbeitung, Verbreitung und Wiedergabe in jeglichem Medium und Format erlaubt, sofern Sie den/die ursprünglichen Autor(en) und die Quelle ordnungsgemäß nennen, einen Link zur Creative Commons Lizenz beifügen und angeben, ob Änderungen vorgenommen wurden.

Die in diesem Kapitel enthaltenen Bilder und sonstiges Drittmaterial unterliegen ebenfalls der genannten Creative Commons Lizenz, sofern sich aus der Abbildungslegende nichts anderes ergibt. Sofern das betreffende Material nicht unter der genannten Creative Commons Lizenz steht und die betreffende Handlung nicht nach gesetzlichen Vorschriften erlaubt ist, ist für die oben aufgeführten Weiterverwendungen des Materials die Einwilligung des jeweiligen Rechteinhabers einzuholen.

Ungleiche Quartiere ungleich behandeln?

Michael Noack

Zusammenfassung

In diesem Beitrag wird die Frage diskutiert, wie durch eine sozialplanerisch fundierte Ressourcensteuerung das „Gießkannenprinzip" bei der Verteilung finanzieller Mittel für die Integration zugewanderter Menschen durch eine bedarfs- und raumbezogene Ressourcenverteilung ergänzt werden kann. Dabei werden Ergebnisse des interdisziplinären Forschungsprojekts „Quartierspezifische Potenziale der Integration" (QuartPoint) thematisiert. Einleitend wird die theoretische Rahmung des Forschungsprojekts vorgestellt. Dabei handelt es sich um das Integrationsmodell von Ager und Strang (Journal of Refugee Studies 21:166–191, 2008). Anschließend werden Forschungsergebnisse Bezug nehmend auf dieses Integrationsmodell diskutiert. Der Beitrag endet mit Überlegungen, wie sich quartierspezifische Integrationspotenziale sozialplanerisch fundiert ermitteln und entwickeln lassen.

1   Einleitung

„Ich meine, die Herausforderung, die Spaltung der Stadt, wenn man so will. Da jetzt tatsächlich Programme und Ideen zu entwickeln, um zielgenau und auch schnell und wirksam dem entgegenzuwirken, das ist 'ne große Herausforderung."

M. Noack (✉)
Fachbereich für Sozialwesen,
Hochschule Niederrhein, Mönchengladbach, Deutschland
E-Mail: michael.noack@hs-niederrhein.de

© Der/die Autor(en) 2023

P. Oehler et al. (Hrsg.), *Marginalisierung, Stadt und Soziale Arbeit*,
Quartiersforschung, https://doi.org/10.1007/978-3-658-37386-3_8

Dieses Zitat entstammt einem Interview mit einer Stadtteilarbeiterin, das im Rahmen des interdisziplinären Forschungsprojekts „Quartierspezifische Potenziale der Integration (QuartPoint)"[1] geführt wurde. Ausgehend von der u. a. fluchtbedingten Zuwanderung in den letzten Jahren wurden im Rahmen von QuartPoint Integrationspotenziale auf kommunaler Ebene analysiert.

Im Jahr 2015 wurden die bislang höchsten Zuwanderungszahlen nach Deutschland verzeichnet, als es u. a. aufgrund des syrischen Bürgerkrieges zum „langen Sommer der Migration" (Tsianos & Kasparek, 2015, S. 8) kam. Die gesellschaftliche Debatte um die Integration zugewanderter Menschen war auch vom Leitsatz „Integration findet vor Ort statt" (Presse- und Informationsamt der Bundesregierung, 2007, S. 19) geprägt.

Diesem Leitsatz liegt die Annahme zugrunde, dass sich im überschaubaren Kontext des Wohnquartiers Beziehungen entwickeln können, durch die zugewanderte Menschen sprachlich, kulturell und sozial an der Aufnahmegesellschaft teilhaben können.

Die Welle der Hilfsbereitschaft und das beeindruckende freiwillige Engagement für zugewanderte Menschen, die im Zuge des „langen Sommers der Migration" in vielen Kommunen zu beobachten waren, lassen sich „als Teil eines Integrationsprozesses interpretieren, der im unmittelbaren Wohnumfeld beginnt und sich dann Schritt für Schritt in die gesellschaftlichen Teilsysteme, wie den Wohnungsmarkt, das Bildungswesen und die Erwerbsarbeit fortsetzt." (Nuissl et al., 2018, S. 1) Das überwältigende freiwillige Engagement für zugewanderte Menschen basierte nicht zuletzt auf quartierbezogenen Netzwerken. Allerdings spielten und spielen sich auch fremdenfeindliche Abschottungstendenzen und Attacken in Wohnquartieren ab, insbesondere in sozial herausgeforderten. Daher widmete sich das Team von QuartPoint folgender Forschungsfrage:

> Wie können geflüchtete und zugewanderte Menschen in Quartieren, die unterschiedlich sozial herausgefordert sind, dabei unterstützt werden, sich zu integrieren?

---

[1] Im Jahr 2016 erhielten das geografische Institut der Humboldt-Universität Berlin, die Project Consulting GmbH, Essen (PCG), Prof. Michael Noack von der Hochschule Niederrhein sowie das Institut für Stadtteilentwicklung, Sozialraumorientierte Arbeit und Beratung (ISSAB) der Universität Duisburg-Essen vom Forschungsinstitut für gesellschaftliche Weiterentwicklung (FGW) den Auftrag, an drei unterschiedlichen Untersuchungsstandorten quartierspezifische Potenziale zu untersuchen, mit denen Integration kommunal befördert werden kann. Aufgrund der „auslaufenden Projektförderung durch das Land ist die Geschäftsstelle des FGW seit dem 31.12.2019 geschlossen" (FGW, 2020).

In dem vorliegenden Beitrag wird einleitend eine theoretische Rahmung des Forschungsprojekts vorgestellt. Dabei handelt es sich um das Integrationsmodell von Ager und Strang (2008). Anschließend werden Forschungsergebnisse vorgestellt und Bezug nehmend auf dieses diskutiert. Der Beitrag endet mit Praxishinweisen, wie sich quartierspezifische Integrationspotenziale sozialplanerisch fundiert ermitteln und entwickeln lassen.

2 QuartPoint: Integrationsverständnis

Der Integrationsbegriff wird ebenso inflationär wie semantisch flexibel verwendet. Im deutschsprachigen Raum gibt es keine Definition des Integrationsbegriffs, die in der scientific community als State of the Art anerkannt ist. Stattdessen kursieren unterschiedliche Definitionsangebote (vgl. für einen Überblick Gögercin, 2018). Integration wird in der Politik und in den Medien kontrovers diskutiert, wobei nicht selten die Rede von mangelnden Integrationsleistungen zugewanderter Menschen ist. Im sozialarbeitswissenschaftlichen Diskurs im deutschsprachigen Raum werden unterschiedliche Integrationstheorien und -konzepte verhandelt (vgl. ebd., S. 173).

Im vorliegenden Beitrag werden diese Diskurse nicht aufgearbeitet, sie können im Abschlussbericht von QuartPoint nachgelesen werden (vgl. Nuissl et al., 2019, S. 7 ff.).[2] Stattdessen soll ein Ergebnis sozialwissenschaftlichen Reflektierens über Integration festgehalten werden: Integration setzt im Allgemeinen, ebenso wie die Integration von zugewanderten Menschen im Besonderen voraus, (möglichst) alle sozialen Gruppen und Institutionen eines Gemeinwesens für diese Aufgabe zu gewinnen (vgl. ebd., S. 7).

Ausgehend von diesem Ergebnis hat das Team von QuartPoint nach Integrationsmodellen gesucht, mit denen sich bei der Analyse von Integrationsprozessen nicht nur der „Integrationsbedarf" zugewanderter Menschen fokussieren lässt, sondern auch die strukturellen Rahmenbedingungen, durch die Integrationsprozesse ermöglicht werden (vgl. Nuissl et al., 2019, S. 10). Das Integrationsmodell von Alastair Ager und Alison Strang (2004, 2008) erfüllt diesen Anspruch.

---

[2] Der fachwissenschaftliche Diskurs wurde ebenso aufgearbeitet (vgl. Nuissl et al., 2019, S. 7 ff.) wie die mediale Integrationsdebatte zwischen 2015 und 2016 in der Bundesrepublik (vgl. Engel et al., 2019, S. 273 ff.).

Das Modell basiert auf der Beobachtung von Ager und Strang (vgl. 2008, S. 176), wonach die Planung integrationspolitischer Maßnahmen auf nationaler und kommunaler Ebene von unterschiedlichen Bedeutungen erschwert wird, mit denen der Integrationsbegriff verwendet wird. Auf der Grundlage empirischer Ergebnisse[3] haben die Autor*innen ein Modell entwickelt, mit dem sich reflektieren lässt, was „erfolgreiche" Integration ausmacht. Im Rahmen der empirischen Untersuchungen sind Ager und Strang u. a. dieser Frage nachgegangen:

> „Welche Prozesse vermitteln oder liefern ‚Bindegewebe' zwischen den Grundprinzipien der Staatsbürgerschaft und der Rechte einerseits und den öffentlichen Ergebnissen in Sektoren wie Beschäftigung, Wohnen, Bildung und Gesundheit andererseits?" (Ager & Strang, 2008, S. 177; übersetzt durch M. N.).

Nachfolgend wird dieses Integrationsmodell dargestellt, um anschließend Forschungsergebnisse zu skizzieren, die mit diesem Modell korrespondieren.

2.1   Prämissen des Integrationsmodells von Ager und Strang

Die normative Grundannahme des Integrationsmodells von Ager und Strang (2008) besteht darin, bei der Entwicklung von Integrationsmaßnahmen nicht zwischen sozialen Gruppen, wie etwa geflüchteten und zugewanderten Menschen und Personen, die volle Bürgerrechte genießen, zu unterscheiden. Laut diesem Modell hängt der Erfolg gesellschaftlicher Integration davon ab, ob bzw. inwieweit Menschen am Wohnungsmarkt, am Arbeitsmarkt sowie an Bildungs- und Gesundheitssystemen teilhaben können.

Mit dem Integrationsmodell von Ager und Strang (ebd.) ließ sich eine territoriale bzw. quartierbezogene Engführung der Forschung vermeiden, die dazu führen kann, gesellschaftsstrukturelle Rahmenbedingungen von Integrationsprozessen auszublenden. So wurde im Forschungsprozess nicht nur die kommunale Praxis fokussiert, sondern auch staatsbürgerrechtliche und sozialstrukturelle Aspekte, die die Integration auf lokaler Ebene fördern oder behindern können. Dadurch ließen sich Integrationserwartungen, die sich ausschließlich auf das Verhalten

---

[3]Es wurde eine induktive Methodik angewendet, die folgende Elemente beinhaltet: dokumentarische und konzeptionelle Analyse, Feldforschung in Umgebungen der Flüchtlingssiedlung und Sekundäranalyse von Querschnittserhebungsdaten (vgl. Ager und Strang, 2008, S. 167).

zugewanderter Menschen beziehen, kritisch hinterfragen. Die vier Schlüsselbereiche der Integration in diesem Modell (vgl. Abb. 1) regten dazu an, u. a. die
nachfolgend genannten sozialstrukturellen Integrationsbedingungen zu berücksichtigen:

1. Leistungen in und Zugang zu den Bereichen Beschäftigung, Wohnen, Bildung
   und Gesundheit;
2. Praktiken in Bezug auf Staatsbürgerschaft und Rechte;
3. Prozesse der sozialen Verbindung gruppenintern und zwischen Gruppen innerhalb der Gemeinschaft;
4. strukturelle Hindernisse für eine solche Verbindung in Bezug auf Sprache,
   Kultur und die lokale Umwelt (vgl. Ager & Strang, 2008, S. 166).

Die vier Schlüsselbereiche bauen aufeinander auf und sensibilisieren für eine
Dopplung von Integrationsmaßnahmen. Neben *verhältnisbezogenen Maßnahmen*
(Gewährung bürgerschaftlicher Rechte und Sicherstellung stabiler Lebensverhältnisse) sind nach Ager und Strang (vgl. 2008, S. 166) auch *personenbezogene Maßnahmen* notwendig. Mit *personenbezogenen Maßnahmen* können
Menschen dabei unterstützt werden, integrationsförderliche Beziehungen (social
connections) aufzubauen, um Integrationsschritte (Wohnungsmarkt-, Arbeits-
markt-, Bildungs- und Gesundheitsintegration) zu realisieren.

Diesem Verständnis folgend, ließen sich die *strukturellen Rahmenbedingungen*
von Integrationsprozessen auf kommunaler Ebene analysieren, indem Kommunal-
politiker*innen und Mitarbeiter*innen der Kommunalverwaltung befragt wurden,

Abb. 1 Integrationsmodell von Ager und Strang. (Quelle: Grafik entnommen aus: Nuissl
et al., 2019, S. 9; Originalquelle: Ager & Strang, 2008, S. 166)

die für die Wohnungsmarkt-, Arbeitsmarkt-, Bildungs- und Gesundheitsintegration zuständig sind. *Personenbezogene Maßnahmen* wurden beleuchtet, indem quartierbezogen tätige Akteur*innen (Quartiermanager*innen, Mitarbeiter*innen in Begegnungszentren etc.) befragt wurden, die damit befasst sind, Beziehungsbrücken zwischen verschiedenen Gruppen von Bewohner*innen zu bauen und zwischen dem politisch-administrativen System auf kommunaler Ebene und zugewanderten Menschen zu vermitteln.

Nachfolgend werden die Möglichkeiten und Grenzen personen- und verhältnisbezogener Integrationsprozesse Bezug nehmend auf das Integrationsmodell von Ager und Strang (2008) erörtert.

2.2   Integration als wechselseitiger Prozess

Eine erste Annäherung an die Frage, was personen- und verhältnisbezogene Integrationsmaßnahmen auszeichnet, ermöglicht die Definition von Integration, die Ager und Strang entwickelt haben.

> „Integration ist ein langfristiger wechselseitiger Veränderungsprozess, der sich sowohl auf die Integrationsbedingungen, als auch auf die tatsächliche Teilnahme von Flüchtlingen an allen Aspekten des Lebens sowie auf das Zugehörigkeitsgefühl und die Zugehörigkeit der Flüchtlinge bezieht." (Ager & Strang, 2008, S. 177; übersetzt durch M. N.)

In den Wohnquartieren einer Kommune finden sich unterschiedliche strukturelle und soziale Integrationsbedingungen. Sozialen und strukturellen Integrationsbedingungen wurden von Ager und Strang drei Beziehungsformen zugeordnet, die für die Integration zugewanderter Menschen relevant sind:

> „Theoretiker haben zwischen drei verschiedenen Formen sozialer Verbindung unterschieden: soziale Bindungen (mit familiären, conationalen, coreligiösen oder anderen Gruppenformen), soziale Brücken (mit anderen Gemeinschaften) und soziale Verbindungen (mit den Strukturen des Staates). Während diese Konzepte umstritten sind (Portes und Landolt, 1996; Bourdieu, 2000), bieten sie im Kontext der lokalen Integration einen signifikanten Erklärungswert (…)." (ebd., S. 178; übersetzt durch M. N.)

Damit haben sich Ager und Strang auf die Differenzierung von Sozialkapital nach Woolcock (1998) bezogen: die „brückenschlagende" (bridging), die „bindende" (bonding) und die „verbindende" (linking) Ausprägung des Sozialen Kapitals. Die brückenschlagende Form bezieht ihren Namen aus ihrer Funktion, Brücken zwischen heterogenen sozialen Strukturen bzw. Milieus zu schlagen, während die bindende Form aus den Beziehungen zwischen Individuen innerhalb homogener Gruppen erwächst (vgl. Coleman, 1990, S. 402). Verbindendes Sozialkapital ergibt sich nach Karstedt (2004, S. 60) aus „institutionelle[n] ‚Links'" (ebd.) zwischen zugewanderten Menschen und staatlichen Strukturen.

Die ersten beiden Beziehungsformen können als *soziale Integrationsvoraussetzungen* gelten: Bindendes Sozialkapital ermöglicht es demzufolge zugewanderten und geflüchteten Menschen, kulturelle Praktiken auszutauschen und vertraute Beziehungsmuster aufrechtzuerhalten:

> „Eine solche Verbindung spielte eine große Rolle dabei, dass sie sich „niedergelassen" fühlten. Beispielsweise wiesen einige alleinstehende männliche Flüchtlinge darauf hin, dass es traditionell in der Verantwortung ihrer Familie liege, ihnen eine Frau zu suchen. Ohne Familie waren sie besorgt darüber, wie sie jemals heiraten könnten. Die Herstellung einer Verbindung zu ‚gleich ethnischen Gruppen' hat verschiedene Vorteile, die zu einer wirksamen Integration beitragen (…)." (ebd., S. 178; übersetzt durch M. N.)

Auch gesundheitlich kann sich bindendes Sozialkapital positiv auswirken. Zugewanderte Menschen, denen kein bindendes Sozialkapital zur Verfügung steht, haben ein drei- bis viermal höheres Depressionsrisiko als zugewanderte Menschen, die über ein bindendes Sozialkapital verfügen (vgl. ebd.). Allerdings bergen starke Bindungen die Gefahr, dass sich diese Gruppen ihrer Umwelt gegenüber verschließen. Daher ist es im Sinne der wechselseitigen Integration förderlich, Beziehungsbrücken zwischen zugewanderten und nicht zugewanderten Menschen aufzubauen oder zu stabilisieren:

> „Sowohl Flüchtlinge als auch Nichtflüchtlinge diskutierten die Integration im Hinblick auf die Teilnahme von Menschen aus verschiedenen Gruppen an einer Reihe von Aktivitäten. Während der Studie wurde eine Reihe von Beispielen für gemeinsame Aktivitäten ermittelt, darunter Sport, Hochschulunterricht, religiöse Verehrung, Gemeindegruppen und politische Aktivitäten, die alle als Beweis für die Integration begrüßt wurden." (ebd., S. 181; übersetzt durch M. N.)

Die dritte Sozialkapitalform stellt eine *strukturelle bzw. verhältnisbezogene Voraussetzung* für die gesellschaftliche Teilhabe geflüchteter und zugewanderter Menschen dar:

> „Soziale Verbindungen beziehen sich auf die Verbindung zwischen Individuen und Strukturen des Staates, wie z. B. Regierungsdienste. Es wurde allgemein anerkannt,

dass die besonderen Umstände der Flüchtlinge (mangelnde Vertrautheit mit ihrer Umgebung, kein Sprechen der Sprache usw.) zu Hindernissen führten, die zusätzliche Anstrengungen sowohl der Flüchtlinge als auch der breiteren Gemeinschaft erforderten, wenn ein wirklich gleichberechtigter Zugang zu sozialen Dienstleistungen erreicht werden sollte." (ebd.; übersetzt durch M. N.)

Integrationsmaßnahmen erfordern nach Ager und Strang (vgl. ebd.), Menschen dabei zu unterstützen, diese drei Beziehungsformen gleichgewichtig aufzubauen und zu pflegen. *Personenbezogene Maßnahmen* können dazu dienen, zugewanderte Menschen Gelegenheiten zu verschaffen, bindendes und überbrückendes Sozialkapital aufzubauen. *Verhältnisbezogene Maßnahmen* sind eine Voraussetzung dafür, dass zugewanderte Menschen soziale Verbindungen mit den Strukturen des Staates aufbauen können.

3 Quartpoint: Forschungsdesign und -ergebnisse

In diesem Abschnitt werden das Forschungsdesign und zentrale Forschungsergebnisse vorgestellt.

3.1 Forschungsdesign

Das Forschungsdesign von QuartPoint ist von zwei methodischen Blickrichtungen gekennzeichnet. Einerseits handelt es sich um einen fallstudienbasierten Forschungszugang. Die Auswahl der Fallstudien folgte dem Prinzip minimaler-maximaler Kontrastierung, um durch einen interkommunalen Vergleich verallgemeinerbare Praxishinweise ableiten zu können. Für die empirischen Analysen wurden drei Fallstudienquartiere in Nordrhein-Westfalen ausgewählt: 1) Altenessen & Karnap in Essen, 2) Hörsterfeld in Essen sowie 3) Altena im Märkischen Kreis. Die Großstadt Essen ist von einer starken sozialräumlichen Segregation gekennzeichnet. Im städtischen Gefüge finden sich sozial herausgeforderte Stadtteile ebenso wie gut situierte Stadtteile. Die Kleinstadt Altena ist im Vergleich dazu eine Industrieregion, die von einer niedrigen Arbeitslosenquote, einem hohen Fachkräftebedarf und einer abnehmenden Bevölkerungsanzahl geprägt ist (vgl. Tab. 1).

Andererseits war das Projekt vom Paradigma der partizipationsorientierten Forschung gekennzeichnet. Akteur*innen, die mit verhältnisbezogenen und

Tab. 1 Fallstudienquartiere im Projekt QUARTPOINT. (Quelle: Nuissl et al., 2018, S. 2)

Übergeordnete kommunale Gebietskörperschaft des Fallstudienquartiers	(kreisfreie) Stadt **Essen**		Märkischer Kreis
			STADT ALTENA
QUARTIER (Fallstudie)	**ALTENESSEN/KARNAP**	**HÖRSTERFELD**	
städtebauliche Struktur	einfache Gründerzeitbebauung	Großwohnsiedlung (1970er Jahre)	kleinstädtisch, industriell überprägt
soziodemographische Struktur	Bevölkerungszahl stabil, starke internationale Zuwanderung, niedriger sozialer Status	Bevölkerungszahl rückläufig, niedriger sozialer Status	Bevölkerungszahl stark abnehmend, sozialer Status nicht näher definierbar

personenbezogenen Integrationsmaßnahmen befasst sind, wurden nicht nur befragt. Im Rahmen regelmäßiger Transferveranstaltungen partizipierten sie an der Datenauswertung und -interpretation. Insgesamt wurden fünf Forschungsschritte durchlaufen (vgl. Abb. 2).

Nachfolgend werden ausgewählte Ergebnisse der Strukturdatenanalyse, der Interviews mit Expert*innen und der Transferworkshop (Forschungsschritt vier und fünf) dargestellt.

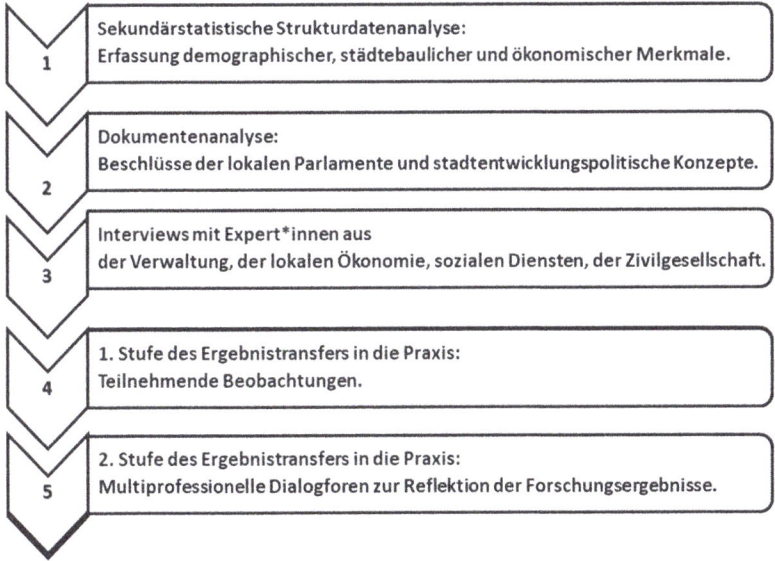

1 Sekundärstatistische Strukturdatenanalyse: Erfassung demographischer, städtebaulicher und ökonomischer Merkmale.

2 Dokumentenanalyse: Beschlüsse der lokalen Parlamente und stadtentwicklungspolitische Konzepte.

3 Interviews mit Expert*innen aus der Verwaltung, der lokalen Ökonomie, sozialen Diensten, der Zivilgesellschaft.

4 1. Stufe des Ergebnistransfers in die Praxis: Teilnehmende Beobachtungen.

5 2. Stufe des Ergebnistransfers in die Praxis: Multiprofessionelle Dialogforen zur Reflektion der Forschungsergebnisse.

Abb. 2 Forschungsschritte des Projekts QuartPoint. (Eigene Darstellung)

3.2 Forschungsergebnisse

Um die Ausgangslage in den drei Quartieren hinsichtlich der Bevölkerungs-zusammensetzung sowie städtebaulicher und demografischer Merkmale zu erfassen und sie mit der gesamtkommunalen Ausgangslage zu vergleichen, wurden sozialstrukturelle Daten ausgewertet.

Die Ausgangssituation in den Fallstudienquartieren im Spiegel relevanter Kennzahlen

Die Daten wurden vom kommunalen Statistikamt der Stadt Essen (2021), dem Landesbetrieb für Information und Technik des Landes Nordrhein-Westfalen (IT-NRW, 2021) und dem Wegweiser Kommune der Bertelsmann Stiftung (2021) bezogen (Tab. 2).[4]

Die Ausgangssituation in der Kleinstadt Altena im Jahr 2015 war stark vom demografischen Wandel geprägt, der zu einem Rückgang der Bevölkerungs-zahlen führte. Das Schrumpfen der Stadt bewegte den Altenaer Stadtrat 2010 zum Beschluss, mehr geflüchtete Personen aufzunehmen, als die Stadt von der Landesregierung zugewiesen bekommen hat (vgl. Nuissl et al., 2018, S. 81). Die Gestaltung von Integrationsmaßnahmen nimmt in Altena seit 2015 einen immer größeren Raum ein. Dies zeigt sich u. a. in einer personellen Aufstockung in der Kommunalverwaltung oder im Anspruch der interkulturellen Öffnung aller Verwaltungsstellen. Um u. a. mehrsprachige öffentliche Beratungsan-gebote zu gestalten, ausgrenzende sprachliche Formulierungen in Formularen und Behördenschreiben zu vermeiden und migrantische Akteur*innen in die

---

[4] Der Begriff „Migrationshintergrund" wird in der Fachdebatte kritisch diskutiert: „Menschen unterschiedlicher Lebenslagen (die z. B. schulischen oder in einem bestimmten Sozialraum leben) und verschiedener Lebensalter (z. B. Kinder, erwachsene Frauen) werden vor allem auf eine Facette reduziert, nämlich auf ihren ‚Migrationshintergrund' und die hiermit verbundenen bewertenden Pauschalzuschreibungen" (Schramkowski, 2018, S. 46). Zu den Menschen mit Migrationshintergrund (im weiteren Sinn) zählen nach der Definition des Mikrozensus „alle auf das heutige Gebiet der Bundesrepublik Deutsch-land Zugewanderten, sowie alle in Deutschland geborenen Ausländer und alle in Deutsch-land als Deutsche Geborenen mit zumindest einem zugewanderten oder als Ausländer in Deutschland geborenen Elternteil" (Statistisches Bundesamt, 2014). Auf der Basis der verfügbaren kommunalstatistischen Datensätze ließ sich für die Fallstudienquartiere nur ermitteln, wie groß der Anteil der Personen ohne deutsche Staatsangehörigkeit an der Gesamtbevölkerung in den untersuchten Quartieren gewesen ist.

Tab. 2 Die Untersuchungsquartiere im Spiegel relevanter Kennzahlen. (Quelle: Nuissl et. al, 2018, S. 19)[5]

	Altenessen-Nord	Altenessen-Süd	Karnap	Horst (Hörsterfeld)	*Essen*	Altena	*Märkischer Kreis*
Bevölkerung							
2012	16.803	25.524	7.752	9.908	*566.862*	17.869	*419.976*
2014	17.162	25.923	7.774	9.704	*581.312*	19 614	*413 820*
2016	17.138	27.077	8.095	10.782	*593.894*	17 375**	*416.171**￼*
Bevölkerungsdichte (Personen je Hektar der Gesamtfläche)							
2015	32,3	45,6	20,7	25,0	*27,8*	8,8	*37,1*
Anteil von Personen ohne deutsche Staatsangehörigkeit							
2012	15,8 %	17,3 %	12,0 %	7,2 %	*10,4 %*	8,3 %	*10,2 %*
2014	17,0 %	19,2 %	12,7 %	8,2 %	*11,9 %*	8,7 %	*10,3 %*
2016	19,0 %	24,4 %	17,1 %	14,3 %	*15,3 %*	10,5 %	*11,9 %*
‚SGB-II-Quote' (Anteil von SGB-II-Empfänger_innen an der Gesamtbevölkerung)							
2012	22,9 %	32,1 %	22,4 %	21,6 %	*18,5 %*	7,1 %	*6,8 %*
2014	17,0 %	19,2 %	12,7 %	8,2 %	*11,9 %*	8,7 %	*10,3 %*
2015**	24,90 %	33,50 %	23 %	24,20 %	*19,20 %*	7,80 %	*6,90 %*

￼ 2015 (Zahlen für 2016 lagen bei Endredaktion des Abschlussberichts von QuartPoint [Nuissl et al. 2019] noch nicht vor)

Gestaltung kommunaler Integrationsstrategien einzubeziehen, wurde eine Stelle im Verwaltungsapparat geschaffen.

Die Stadt Essen gestaltet seit vielen Jahren integrationsfördernde Maßnahmen. Diese konzentrieren sich insbesondere im Essener Norden, in dem der überwiegende Teil der Menschen mit Zuwanderungsgeschichte lebt. Die Kennzahl „SGB-II-Quote" deutet drauf hin, dass die nördlichen Bezirke (u. a. Hörsterfeld) der Stadt Essen stärker sozial herausgefordert sind als die südlichen Bezirke (u. a. Altenessen-Karnap) (vgl. Tab. 2 und Noack et al., 2018, S. 36 f.).

Vor diesem Hintergrund wurden in Essen zwei Wohnquartiere als Forschungsstandorte ausgewählt und vergleichend beforscht: In Altenessen-Süd/Karnap wird von der Bevölkerung seit Jahrzehnten eine Verteilungsungerechtigkeit wahrgenommen. Die Einschätzung, dass dem sozial bereits geforderten Essener Norden im Vergleich zu den südlichen Bezirken mehr Integrationsbemühungen abverlangt werden, sorgte für Unmut. Dieser Unmut erreichte Anfang 2016 einen

---

[5] Das Fallstudienquartier Hörsterfeld liegt im Stadtteil Horst, weswegen in der Tabelle die Daten für diesen Stadtteil herangezogen werden.

Höhepunkt. Der Ortsverein der Sozialdemokratischen Partei Deutschlands hatte eine Demonstration unter dem Motto „Der Norden ist voll" organisiert, die letztendlich jedoch wieder abgesagt wurde:

> „Bundesweite Aufregung erregte 2016 der ehemalige Essener SPD-Politiker Guido Reil, der aufgrund seiner Kritik an der Flüchtlingspolitik seiner Partei zur AfD [„Alternative für Deutschland"] wechselte. Zuvor war er maßgeblich daran beteiligt gewesen, eine Demonstration unter dem (…) Motto ‚Der Norden ist voll' zu planen, die dann nach massiver parteiinterner Kritik wieder abgesagt wurde." (Nuissl et al., 2019, S. 75)

Die Kritiker*innen der abgesagten Demonstration hoben jedoch hervor, dass Belastungsgrenzen bei der Integration von Menschen mit Zuwanderungsgeschichte für den Essener Norden bestehen würden und die Gefahr herrschte, dass der soziale Frieden vor Ort bedroht sei.

Im Hörsterfeld wurden Zuwanderung und Migration von den befragten Expert:innen als etwas Alltägliches behandelt. Eine öffentliche Problematisierung des verstärkten Zuzugs von Geflüchteten fand nicht statt. Das Erfahrungswissen, das aus bisherigen Zuzugsbewegungen im Hörsterfeld entstanden ist – etwa im Rahmen der Ankunft sog. „Gastarbeiter*innen" – wurde von quartierbezogen tätigen Akteur*innen als Ressource für die Gestaltung neuer Integrationsprozesse begriffen und genutzt (vgl. Noack, 2018, S. 700 ff.).

Im zweiten Forschungsschritt wurden durch die Recherche und Analyse von

- „stadtentwicklungspolitischen und -planerischen Programmen, Konzepten und Studien sowie
- online zugänglichen Pressemitteilungen und Niederschriften von Beschlüssen der lokalen Parlamente" (Nuissl et al., 2019, S. 22)

Akteur*innen identifiziert, die mit verhältnis- und mit personenbezogenen Integrationsmaßnahmen befasst waren. Diese Expert*innen wurden gebeten, an den Expert*inneninterviews teilzunehmen.

Verhältnis- und personenbezogene Integrationsmaßnahem in den Fallstudienquartieren

In Tab. 3 sind jene Akteur*innen aufgelistet, die als Interviewpartner*innen gewonnen wurden. Personen, die mit verhältnisbezogenen Integrationsmaßnahmen befasst waren, sind in den grau hinterlegten Zeilen gelistet. Die in den weißen Zeilen genannten Personen sind mit personenbezogenen Integrationsmaßnahmen befasst gewesen. Die Akteur*innen wurden

Tab. 3 Befragte Expert*innen. (Quelle: Nuissl et al., 2019, S. 167)

Interviewpartner*innen in Altena	Institution / Organisation
Bürgermeister der Stadt Altena	Stadt Altena, Rathaus Altena,
Gleichstellungsbeauftragte und Koordinatorin der haupt- und ehrenamtlichen Flüchtlingshilfe	Stadtverwaltung
Geschäftsführender Vorstand der Altenaer Baugesellschaft	Stadt Altena, Altenaer Baugesellschaft
Kundenbetreuer der Altenaer Baugesellschaft	
Mitglied einer katholischen Gemeinde in Altena	Stadt Altena
Inhaber eines Dienstleistungsbetriebes	Stadt Altena
Gleichstellungsbeauftragte und Koordinatorin der haupt- und ehrenamtlichen Flüchtlingshilfe	Stadt Altena, Rathaus Altena, Stadtverwaltung
Projektkoordinator*innen des Integrations- und Begegnungszentrums	
Leiter des Kommunalen Integrationszentrums (KI) im Märkischer Kreis	Märkischer Kreis, Kreisverwaltung
Geschäftsführer der Kreishandwerkerschaft und des Berufsbildungszentrums	Märkischer Kreis, Kreishandwerkerschaft Märkischer Kreis e. V.
Willkommenslotse zur Integration Geflüchteter in Handwerksbetriebe, Kreishandwerkerschaft	Stadt Altena, Stellwerk e. V.
Leiterin des Berufsbildungszentrums der Kreishandwerkerschaft Märkischer Kreis e. V.	Stadt Altena
Fachdienstleiter des Bereichs Aufenthaltsrecht und Integration (Ausländerbehörde) im Märkischen Kreis	Märkischer Kreis, Kreisverwaltung
Leiter des Kommunalen Integrationszentrums und der Ausländerbehörde im Märkischen Kreis	
Mitglied einer Moscheegemeinde	Stadt Altena, DiTiB Gemeinde Altena
Mitglied einer Moscheegemeinde	„Mevlana Camii"
Ehrenamtlich Engagierte für Geflüchtete	Stadt Altena, Stellwerk e. V.
Geschäftsführer eines lokalen Handwerksbetriebes	Stadt Altena
Leiter des Kommunalen Integrationszentrums (KI) im Märkischen Kreis	Märkischer Kreis, Kreisverwaltung
Geschäftsführer der Kreishandwerkerschaft und des Berufsbildungszentrums	Märkischer Kreis, Kreishandwerkerschaft Märkischer Kreis e. V.

Interviewpartner*innen in Essen	Institution / Organisation
Mitarbeiter Jugendhilfeplanung Stadt Essen	Stadt Essen, Stadtverwaltung
Mitarbeiter der Stadt Essen in Leitungsfunktion	Stadt Essen, Stadtverwaltung
Referentin für Integration, Büro des Oberbürgermeisters	Stadt Essen, Stadtverwaltung
Jugendamt Essen, Vertreter der Stadtteilarbeit in Altenessen	Stadt Essen, Altenessen-Karnap
Vorsitzender der Interessengemeinschaft (IG) Altenessen	Stadt Essen, Altenessen-Karnap
Bezirksbürgermeister des Bezirks VII Essen	Stadt Essen, Hörsterfeld
Stadtteilmoderation im Quartiersmanagement Altenessen	Stadt Essen, Altenessen-Karnap, Quartiersmanagement
Vertreter der Stadtteilarbeit	Stadt Essen, Hörsterfeld, Quartiersmanagement
Evangelischer Pfarrer	Stadt Essen, Hörsterfeld, Kirchgemeinde Freisenbruch-Horst-Eiberg
Schulleiter Leibniz-Gymnasium	Stadt Essen, Altenessen
Evangelischer Pfarrer in Altenessen	Stadt Essen, Altenessen-Karnap

mit einem teilstandardisierten Interviewleitfaden nach der Logik des problem-
zentrierten Interviews nach Witzel (1985) befragt. Die Transkripte wurden mit
der Software „MaxQDa" einer zusammenfassenden Inhaltsanalyse nach Mayring
(2002) unterzogen.

Im Folgenden werden die Ergebnisse der zusammenfassenden Inhaltsanalyse
beschrieben und mit Ankerbeispielen aus den Interviews illustriert.

Auch an den drei Forschungsstandorten war laut den Befragten im Zuge
der Migrationsbewegung 2015 ein beeindruckendes zivilgesellschaftliches
Engagement zu beobachten. Es reichte von Sach-, Nahrungsmittel- und
Kleiderspenden über die Gewährung von Unterkunft bis hin zu kulturellen
Angeboten, privat organisiertem Sprach- oder Religionsunterricht sowie der
Einbindung in örtliche Fußballvereine. Diese zivilgesellschaftlich getragenen
Integrationsmaßnahmen haben den Aufbau von *sozialen Brücken* zwischen ein-
heimischen und zugewanderten Personen gefördert.

Dieses Engagement entstand allerdings nicht im ‚luftleeren' Raum, sondern
baute auf administrativen Integrationspotenzialen auf. Dazu zählt in Essen ein
Modell der integrierten Stadt(teil)entwicklung, das von der Stadt als „freiwillige
Aufgabe"[6] kontinuierlich finanziert wird.

In Essen wurde im Kontext der Migrationsbewegungen der letzten Jahre
vom Stadtrat zudem ein Integrationskonzept verabschiedet, das die Vorteile von
Migration betont, wie etwa wirtschaftliche Potenziale. Dem Konzept liegt die
Prämisse zugrunde, dass sowohl zugewanderte Menschen als auch die lokale
Wirtschaft von Integrationsmaßnahmen profitieren können (vgl. Nuissl et al.,
2018, S. 42 ff.).

Auch Altena verfügt auf zivilgesellschaftlicher Ebene über Integrationspotenziale: Hier ist im Laufe mehrerer Jahre eine personell und infrastrukturell
gut ausgestattete Engagementlandschaft entstanden. Dazu gehört etwa die
Freiwilligenagentur (vgl. Nuissl et al., 2019, S. 60). Die von der Agentur ver-
mittelten Unterstützungsleistungen freiwillig engagierter Personen reichen
von Sprachkursen über Kleiderspenden bis hin zur Organisation von Berufs-
praktika. Allerdings fehlte der Stadt zum Zeitpunkt der Forschungsarbeiten eine
konzeptionell begründete Grundlage für die Migrations- oder Integrationspolitik.
Dennoch wurde auch hier Integration als kommunale Aufgabe betrachtet. Seit dem

---

[6] „Freiwillige Aufgaben sind in Deutschland Aufgaben, die sich die Kommune selbst
stellt. Sie bilden das Herzstück der Kommunalpolitik. Hier geht es um Lebensqualität:
Beratungsstellen, Museen, Bibliotheken, Jugendeinrichtungen Sportplätze, Freibäder, Freizeitangebote, Tierparks usw. Je knapper das Geld wird, desto mehr geraten gerade diese
Leistungen in Bedrängnis." (Kommunalpolitisches Forum, 2019).

„langen Sommer der Migration" im Jahr 2015 steht zum einen eine personelle Ressource für Integrationsaufgaben der Stadtverwaltung bereit. Zum anderen wird die interkulturelle Öffnung der Stadtverwaltung forciert, wodurch *soziale Verbindungen* mit den kommunal abgewickelten Strukturen des Staates begünstigt werden. Weiteres Integrationspotenzial liegt in Altena zudem in der überwiegend dezentralen Unterbringung geflüchteter Menschen (unabhängig von ihrem Aufenthaltsstatus), die u. a. mit privaten Vermieter*innen realisiert werden konnte (vgl. Nuissl et al., 2019, S. 83). Dadurch wurden *Beziehungsbrücken* zwischen einheimischen Bewohner*innen und zugewanderten Personen begünstigt.

Bei der Umsetzung dieser Integrationsziele wird in beiden Städten ein indikatorengestütztes Sozial(raum)monitoring betrieben. Aus den Forschungsergebnissen geht allerdings auch hervor, dass es nicht ausreichend ist, lediglich sozialstrukturelle Daten raumbezogen auszuwerten. Es ist erkenntnisreicher, raumbezogene Datenanalysen in Bezug zu dem beruflichen Erfahrungswissen von quartierbezogen tätigen Akteur*innen zu setzen. Dazu als Illustration eine Sequenz eines Interviews, das mit einem Mitarbeiter eines Bürgerzentrums in Essen Hörsterfeld geführt wurde:

> „Ich sehe mich von meinem Selbstverständnis her so ein bisschen als Mensch vor Ort, am Puls des Stadtteils für meine eigene Verwaltung. Sodass ich mitbekomme, wenn etwas schräg läuft. Wenn etwas schräg läuft, bin ich der Erste hier oben, der etwas davon mitbekommt. Man kann dann auch von dieser Seite gegensteuern."

Der Mitarbeiter führt weiter aus:

> „Also die Geschichte ist doch, dass in unseren Stadtbezirk ja auch schon in der Vergangenheit viele Menschen kamen, und die Menschen, die nun kommen, sind ja nicht die ersten. Es gab ja vor etlichen Jahren schon mal andere Menschen, die auch zu uns kamen. Da waren es ja mehr die Russen und die Russlanddeutschen und so, die hierhin kamen und die sind mittlerweile auch integriert."

Eine Quartiermanagerin aus Altenessen hob in ähnlicher Weise berufliches Erfahrungswissen, welches sich aus vorangegangenen Integrationsmaßnahmen speist, als quartierspezifisches Integrationspotenzial (qpi) für Altenessen hervor. Sie ergänzte zudem, was benötigt wird, um dieses qpi zu pflegen und zu entfalten:

> „Und ja, um zu verhindern, dass es da immer schwieriger wird tatsächlich und immer mehr Problemlagen obendrauf kommen, die diese Ankommensstadtteile zu stemmen haben. Da braucht es einfach andere Konzepte und da kann ich nicht mit der Gießkanne die gleichen Programme fahren, da muss ich halt Schwerpunkte setzen und das ist 'ne große Herausforderung."

Die Quartiermanagerin hat sich dafür ausgesprochen, das „Gießkannenprinzip" bei der Ressourcenverteilung für Integrationsmaßnahmen durch die ungleiche Behandlung ungleicher Quartiere zu ersetzen.

Nachfolgend wird diese Idee Bezug nehmend auf einschlägige Fachdebatten erörtert.

4 Ungleiche Quartiere ungleich behandeln?

Die Stadtsoziologie ist sich einig: Die Ursachen quartierspezifische Problemlagen liegen nicht in den Quartieren. Sie resultieren aus Problemen, die gesamtgesellschaftlich verursacht sind (vgl. Aehnelt et al., 2004, S. 36ff). In diesem Zusammenhang wird der Begriff Segregation diskutiert:

> „Analytisch wird in der Stadtforschung zumeist zwischen sozialer Segregation aufgrund ökonomischer Kriterien und ethnischer Segregation aufgrund kultureller oder ethnischer Differenzierungen unterschieden, wobei sich beide Phänomene häufig in der städtischen Realität gegenseitig überlagern, da Menschen mit Migrationshintergrund nicht selten statusniederen sozialen Schichten angehören oder diesen zugeordnet werden (…)." (Klus, 2018, S. 727)

Zu beachten ist, dass zugewanderte Menschen „häufig Wohnstandorte in Quartieren präferieren, in denen bereits Angehörige ihrer eigenen Community leben." (ebd.) Dies erscheint mit dem Bedürfnis zugewanderter Menschen und Menschen mit Migrationsgeschichte erklärbar, kulturelle Praktiken auszutauschen und *vertraute Beziehungsmuster aufrechtzuerhalten*.

Durch quartierbezogene Integrationsmaßnahmen können die Ursachen gesamtgesellschaftlich verursachter Segregationsprozesse nicht behoben werden. Es lassen sich nur zusätzliche Beeinträchtigungen fokussieren, die aus dem Wohnen in einem benachteiligten Quartier entstehen (vgl. Aehnelt et al., 2004, S. 40). In diesem Zusammenhang werden „Exit-Optionen" – also Möglichkeiten wegzuziehen – als relevant hervorgehoben, damit die Menschen eine Chance haben, in anderen Wohnquartieren Beziehungsbrücken aufzubauen.

Derlei „Exit-Optionen" lassen sich durch sozialplanerisch entwickelte Modelle kontinuierlicher integrierter Stadt(teil)entwicklung gestalten. Das Wort „kontinuierlich" muss besonders betont werden. Damit „Exit-Optionen" geschaffen werden können, ist es günstig, aufsuchende Stadtteilarbeit nicht nur aus zeitlich begrenzt verfügbaren Fördermitteln zu finanzieren, sondern Quartiermanagement dauerhaft zu betreiben. Darauf hat Kurtenbach bereits 2014 hingewiesen. Auf der Grundlage von Forschungsergebnissen zum segregierten Ankunftsstadtteil Köln-Chorweiler spricht er von diesem als „Durchlauferhitzer", sofern es gelingt, besagte „Exit-Optionen" kontinuierlich zu gestalten:

> „Wenn allerdings die Projektlaufzeit zu kurz ist, kann kaum eine notwendige tragfähige Beziehungsarbeit geleistet werden. (…) Demgegenüber ist zunehmend eine aufsuchende sowie begleitende und damit ressourcenintensive Sozialarbeit, beispielsweise bei Behördengängen und Arztbesuchen gefordert, die derzeitigen Finanzierungsmodellen oft gegenübersteht." (Kurtenbach, 2014, S. 179 f.)

Werden Zugewanderte bspw. dabei begleitet,[7] die Anerkennung ihrer beruflichen Qualifikationen zu beschleunigen, steigt die Chance, auf dem Arbeitsmarkt Fuß zu fassen und sich dadurch die Mieten in Wohnquartieren leisten zu können, die weniger sozial herausgefordert sind.

Für diese Exit-Option wurde in Altena eine Informationsstelle eingerichtet, bei der sich anerkannte Asylbewerber*innen über die Anerkennung ihrer beruflichen und/oder akademischen Qualifikationen in Deutschland informieren können. Dies versetzt sie in die Lage, sich frühzeitig um gegebenenfalls erforderliche Nachqualifizierungen zu kümmern.

Ein weiteres Beispiel: Um ungleiche Bildungschancen in ungleichen Quartieren auszugleichen, ist es nicht förderlich, wenn alle Schulen in einer Kommune die gleichen Stellenkontingente für Schulsozialarbeiter*innen erhalten. Auf Grundlage datenbasierter Berichte, aus denen hervorgeht, dass in einem „Ankunftsstadtteil" vermehrt Kinder zugewanderter Menschen eingeschult wurden und weitere Einschulungen aufgrund eines günstigen Mietspiegels zu erwarten sind, kann versucht werden, entsprechende Modifikationen der Personalstellenbemessung beim Landesschulministerium einzufordern.

An diesem Beispiel zeigt sich aber auch, inwiefern Vorsicht bei solchen Forderungen geboten ist. Eine erhöhte Anzahl von Schulkindern anerkannter Asylbewerber*innen stellt per se keine soziale Herausforderung dar. Daher ist es wichtig, Datenanalysen mit dem Erfahrungswissen vor Ort tätiger Akteur*innen zu kontextualisieren.

In Essen hat sich dieser erfahrungsbasierte Kontext selbstständig bemerkbar gemacht: Im Herbst 2017 haben mehrere Essener Schulleiter*innen in einem

---

[7] Begleitend im wörtlichen Sinne: z. B. durch das Zurücklegen des Weges vom Wohn- zum Beratungsort.

offenen Brief an Stadt, Land und Politik auf die Missstände an den Schulen im Essener Norden aufmerksam gemacht und zusätzliche Stellen für Lehrkräfte und Sozialarbeiter*innen gefordert (vgl. Niussl et al., 2019, S. 82).

Nachfolgend wird erörtert, wie sich im Rahmen integrierter Sozialplanungen raumbezogene Analysen durchführen lassen, um frühzeitig Hinweise zu erhalten, wie auf ungleiche Teilhabechancen durch ungleiche Ressourcenverteilungen reagiert werden kann.

5   Integrierte und raumbezogene Sozialplanung

Was ist Sozialplanung? In der Definition des Deutschen Vereins für öffentliche und private Fürsorge wird auf integrierte und raumbezogene Sozialplanungen verwiesen:

> „Sozialplanung in den Kommunen ist die politisch legitimierte, zielgerichtete Planung zur Beeinflussung der Lebenslagen von Menschen, der Verbesserung ihrer Teilhabechancen sowie zur Entwicklung adressaten- und sozialraumbezogener Dienste Einrichtungen, und Sozialleistungen in definierten geografischen Räumen." (DV, 2011, S. 4)

In integrierter und raumbezogener Form lässt sich Sozialplanung als eine Querschnittsaufgabe verstehen, durch die unterschiedliche kommunale Fachplanungen (Jugendhilfeplanung, Altenhilfeplanung etc.) miteinander verknüpft werden. Im Rahmen von Sozialplanungskonferenzen können sich die Fachplaner*innen, die mit sozialen Themen befasst sind, vernetzen und ihre Planungen raumbezogen aufeinander abstimmen.

Dafür ist einerseits die Festlegung gemeinsamer Raumanalyseebenen erforderlich. Nicht selten analysieren die verschiedenen Fachplanungen unterschiedliche planungsräumliche Ebenen: Mal wird auf Stadtteilebene analysiert und geplant, mal auf Bezirksebene.

Zudem ist ein einheitliches Indikatoren-Set erforderlich. Für die Indikatorenauswahl bietet der Capability-Ansatz eine interessante Orientierungshilfe. Als Kriterien für die Einschätzung der Teilhabemöglichkeiten und -fähigkeiten von Menschen benennt Nussbaum (1999) zehn Lebensbereiche, von denen angenommen wird, dass sie eine Schlüsselrolle für die Realisierung von Teilhabechancen einnehmen. Bereits das Fehlen nur einer dieser „Central Capabilities"[8]

---

[8] Nach Nussbaum (1999) sind Schutz, Gesundheit, Wohnen und Leben, Bildung, Emotion, Vernunft und Reflexion, Zugehörigkeit, Zusammenleben, Kreativität/Spiel und Erholung, Kontrolle über die eigene Umgebung „Central Capabilities".

geht nach Nussbaum mit einer grundlegenden Einschränkung menschlicher Teilhabe- und Verwirklichungschancen einher. Im Rahmen ämterübergreifender Sozialplanungskonferenzen kann im ersten Schritt eruiert werden, mit welchen Indikatoren das Vorhandensein welcher „Central Capabilities" ermittelt werden kann und zu welchen dieser Indikatoren Daten verfügbar sind.

Um die Ausprägung der Central Capability „Gesundheit" zu messen, bieten sich beispielsweise die Indikatoren „Gesundheit von Säuglingen", „Adipositas" und „Zahngesundheit" an, zu denen regelmäßig Daten der kommunalen Gesundheitsämter erhoben werden.

In einem zweiten Schritt können ämterübergreifende Sozialplanungskonferenzen für ein Sozial(raum)monitoring verstetigt werden. Das Monitoring ermöglicht es die Ausprägungen der „Central Capabilities" quartierbezogen zu analysieren und quartierübergreifend miteinander zu vergleichen. Dadurch können ämterübergreifende Sozialplanungskonferenzen zu Seismografen werden, indem ungleiche medizinische Versorgungsstrukturen, ungleiche Verteilung von Bildungsangeboten, ungleich vorhandene Wohn- und Freizeitmöglichkeiten etc. quartierbezogen analysiert werden.

Damit Quartierbewohner*innen mit und ohne Zuwanderungsgeschichte nicht zu Planungsobjekten werden, sollten ämterübergreifende Sozialplanungskonferenzen durch partizipative Ansätze flankiert werden. Dafür sind Planungsworkshops in den Wohnquartieren hilfreich, an denen Fachkräfte und Bewohner*innen mit und ohne Zuwanderungsgeschichte teilnehmen. Mit Symbolkarten können die Teilnehmenden räumliche Ressourcen (kostengünstiger Wohnraum, Begegnungsangebote etc.) und Defizite (kein kostengünstiger Wohnraum verfügbar, fehlende Begegnungsangebote etc.) auf einer hochauflösenden Karte des Wohnquartiers markieren und die gesammelten Informationen an ämterübergreifende Sozialplanungskonferenzen weiterleiten.

6   Fazit

In diesem Beitrag wurden die Möglichkeiten und Grenzen erörtert, auf sozialplanerischer Grundlage verhältnis- und personenbezogene Integrationsmaßnahmen zu verknüpfen, um zugewanderte Menschen in Quartieren, die unterschiedlich sozial herausgefordert sind, dabei zu unterstützen, sich zu integrieren.

Die Ursachen sozialer Ungleichheit, die sich im Wohnquartier niederschlagen, lassen sich nicht durch datenbasiert verknüpfte verhältnis- und personenbezogene Integrationsmaßnahmen beheben. Sie können aber dazu beitragen, Integrationshemmnisse zu vermeiden bzw. zu kompensieren, die sich durch das Leben in einem sozial herausgeforderten Wohnquartier ergeben. Dies wird beispielsweise möglich, indem Kommunen bei übergeordneten staatlichen Ebenen Ressourcenzufuhren auf Grundlage datenbasierter Erkenntnisse einfordern. Dadurch lassen sich Lebensverhältnisse so gestalten, dass es zugewanderten Menschen möglich wird, einen gleichberechtigten Zugang zum Wohnungs- und Arbeitsmarkt sowie zu sozialen Dienstleistungen zu erhalten.

Allerdings erfordert der Umgang mit derlei raumbezogenen Analysen Fingerspitzengefühl. Ergebnisse der Quartierforschung zeigen regelmäßig: „Sozial herausgeforderte Wohngebiete" werden vor allem von außen als solche wahrgenommen. Die dort lebenden Menschen berichten nicht selten von einem funktionierenden Zusammenleben vor Ort. Daher sollten raumbezogene Analysen nicht zur (weiteren) Stigmatisierung des im Fokus stehenden Wohngebietes beitragen. Um die vielfältigen und sich stetig wandelnden Alltagsrealitäten der Menschen mit und ohne Zuwanderungsgeschichte zu erfassen, ist es unabdingbar ihre Perspektiven auf das Wohnquartier sowie das berufliche Erfahrungswissen quartierbezogen tätiger Fachkräfte in die integrierte Sozialplanung einfließen zu lassen.

Literatur

Aehnelt, R., H. Häußermann, W. Jaedicke, M. Kahl, M., & K. Toepel. (2004). *Die Soziale Stadt Ergebnisse der Zwischenevaluierung.* Bundesministeriums für Verkehr, Bau- und Wohnungswesen, vertreten durch das Bundesamt für Bauwesen und Raumordnung.

Ager, A., & Strang, A. (2004). *Indicators of Integration. Final report.* Queen Margaret University College.

Ager, A., & Strang, A. (2008). Understanding integration: A conceptual framework. *Journal of Refugee Studies, 21*(2), 166–191.

Bertelsmann Stiftung. (2021). Wegweiser Kommune. https://www.wegweiser-kommune.de/. Zugegriffen: 22. Sept. 2021.

Coleman, J. S. (1990). *Grundlagen der Sozialtheorie* (Bd. 1). Handlungen und Handlungssysteme. Oldenbourg.

Deutscher Verein für öffentliche und private Fürsorge e. V. (DV). (2011). *Eckpunkte für eine integrierte Sozial- und Finanzplanung in Kommunen.* DV.

Engel, S., Deuter, M.-S., Mantel, A., Noack, M., Raspel, J., & Wohlert, J. (2019). Die (Re) Produktion symbolischer Ordnung – Narrative in der deutschen Medienberichterstattung über Flucht und Geflüchtete. In E. Arslan & K. Bozay (Hrsg.), *Symbolischen Ordnung und Flüchtlingsbewegungen in der Einwanderungsgesellschaft* (S. 273–298). VS Verlag.

Forschungsinstitut für gesellschaftliche Weiterentwicklung (FGW). (2020). Auf Wiedersehen! https://www.fgw-nrw.de/start.html. Zugegriffen: 15. Juni 2020.

Gögercin, S. (2018). Integration und aktuelle sozialwissenschaftliche Integrationskonzepte. Ein Überblick. In S. Gögercin, K. E. Sauer, B. Blank, & B. Schramkowski (Hrsg.),

Soziale Arbeit in der Migrationsgesellschaft. Grundlagen – Konzepte – Handlungsfelder (S. 173–186). Springer VS.

Karstedt, S. (2004). Linking capital. Institutionelle Dimensionen sozialen Kapitals. In F. Kessl & H.-U. Otto (Hrsg.), *Soziale Arbeit und Soziales Kapital. Zur Kritik lokaler Gemeinschaftlichkeit* (S. 45–62). VS Verlag|GWV Fachverlage.

Kommunalpolitisches Forum. (2019). Was verbirgt sich hinter den so genannten Pflicht- und Freiwilligen Aufgaben? http://www.kf-mv.de/Themen/Kommunalfinanzen/thema01_002. htm. Zugegriffen: 26. Febr. 2019.

Klus, S. (2018). Wohnen als Handlungsfeld der Sozialen Arbeit in der Migrationsgesellschaft. In S. Gögercin, K. E. Sauer, B. Blank, & B. Schramkowski (Hrsg.), *Soziale Arbeit in der Migrationsgesellschaft. Grundlagen – Konzepte – Handlungsfelder* (S. 723–734). Springer VS.

Kurtenbach, S. (2014). Ankunftsgebiete als Herausforderungskulisse für die Soziale Arbeit – Potenziale und Restriktionen Zuwanderungsschwerpunkte für die Soziale Arbeit. *Migration und Soziale Arbeit, 2,* 176–182.

Landesbetrieb IT-NRW. (2021). Statistik und IT-Dienstleistungen. https://www.it.nrw/. Zugegriffen: 22. Sept. 2021.

Mayring, S. (2002). *Einführung in die qualitative Sozialforschung.* 5. überarb. und neugestaltete Auflage. Beltz.

Noack, M. (2018). Interkulturelle Arbeit im Sozialraum. In S. Gögercin, K. E. Sauer, B. Blank, & B. Schramkowski (Hrsg.), *Soziale Arbeit in der Migrationsgesellschaft. Grundlagen – Konzepte – Handlungsfelder* (S. 695–710). Springer VS.

Noack, M., Raspel, J., Weingarten, J., Wohlert, J. (2018). Fluchtmigration – Eine Frage der Verteilungsgerechtigkeit. Essener Nord-Süd-Disparitäten. In *Standort* 1/2018. S. 35–41.

Nussbaum, M. (1999). *Die Grenzen der Gerechtigkeit Behinderung, Nationalität und Spezieszugehörigkeit.* Suhrkamp.

Nuissl, H., Engel, S., Noack, M., Raspel, J., Weingarten, J., & Wohlert, J. (2018). Integration vor Ort. Ein boomendes Aufgabenfeld zwischen zivilgesellschaftlichem Engagement und querschnittsorientierter Kommunalpolitik. *FGW-Impuls Integrierende Stadtentwicklung 08.* https://www.ssoar.info/ssoar/handle/document/67361. Zugegriffen: 22. Sept. 2021.

Nuissl, H., Engel, S., Noack, M., Raspel, J., Weingarten, J., Wohlert, J., Deuter, M.-S., Mantel, A., & Baumgärtner, A. (2019). Quartierspezifische Potentiale der Integration (QUARTPOINT). Drei Fallstudien zu lokalen Potenzialen und Prozessen der Integration im Kontext der Fluchtzuwanderung. https://www.fgw-nrw.de/fileadmin/user_upload/FGW-Studie-ISE-08-Nuissl-2019_06_06-komplett-web.pdf. Zugegriffen: 15. Juni 2020.

Presse- und Informationsamt der Bundesregierung (Hrsg.). (2007). *Der Nationale Integrationsplan. Neue Wege – Neue Chancen* (S. 19). Presse- und Informationsamt der Bundesregierung.

Schramkowski, B. (2018). Paradoxien des ‚Migrationshintergrunds'. Von vorder- und hintergründigen Bedeutungen des Begriffs. In S. Gögercin, K. E. Sauer, B. Blank, & B. Schramkowski (Hrsg.), *Soziale Arbeit in der Migrationsgesellschaft. Grundlagen – Konzepte – Handlungsfelder.* (S. 43-52). Springer VS.

Stadt Essen. (2021). Ein Blick auf Stadtteile. https://www.essen.de/dasistessen/essen_in_zahlen/ein_blick_auf_stadtteile.de.html. Zugegriffen: 22. Sept. 2021.

Statistisches Bundesamt. (2014). Bevölkerung und Erwerbstätigkeit, Bevölkerung mit Migrationshintergrund – Ergebnisse des Mikrozensus 2014. Fachserie 1, Reihe 2.2, Wiesbaden. https://www.destatis.de/DE/Publikationen/Thematisch/ Bevoelkerung/MigrationIntegration/Migrationshintergrund2010220147004.pdf%3F__ blob%3DpublicationFile. Zugegriffen: 07. Febr. 2019.

Tsianos, V. S., & Kasparek, B. (2015). Zur Krise des europäischen Grenzregimes: Eine regimetheoretische Annäherung. *Widersprüche, 138*, 8–22.

Witzel, A. (1985). Das problemzentrierte Interview. In G. Jüttemann (Hrsg.), *Qualitative Forschung in der Psychologie* (S. 227–255). Beltz.

Woolcock, M. (1998). Social Capital and Economic Development. Towards a theoretical Synthesis and Policy. *Theory and Society, 27*, 151–249.

Michael Noack Dr. phil., ist Professor für Methoden der Sozialen Arbeit am Fachbereich Sozialwesen der Hochschule Niederrhein. Seine Arbeitsschwerpunkte sind sozialräumliche Organisations- und Netzwerkentwicklung sowie Einsamkeitsforschung.

Open Access Dieses Kapitel wird unter der Creative Commons Namensnennung 4.0 International Lizenz (http://creativecommons.org/licenses/by/4.0/deed.de) veröffentlicht, welche die Nutzung, Vervielfältigung, Bearbeitung, Verbreitung und Wiedergabe in jeglichem Medium und Format erlaubt, sofern Sie den/die ursprünglichen Autor(en) und die Quelle ordnungsgemäß nennen, einen Link zur Creative Commons Lizenz beifügen und angeben, ob Änderungen vorgenommen wurden.

Die in diesem Kapitel enthaltenen Bilder und sonstiges Drittmaterial unterliegen ebenfalls der genannten Creative Commons Lizenz, sofern sich aus der Abbildungslegende nichts anderes ergibt. Sofern das betreffende Material nicht unter der genannten Creative Commons Lizenz steht und die betreffende Handlung nicht nach gesetzlichen Vorschriften erlaubt ist, ist für die oben aufgeführten Weiterverwendungen des Materials die Einwilligung des jeweiligen Rechteinhabers einzuholen.

Sozialplanung als Treiber von territorialer Stigmatisierung?

Markus Baum und Marius Otto

Zusammenfassung

Der Text diskutiert die sozialplanerische Praxis und insbesondere die Sozialberichterstattung vor dem Hintergrund der Effizienzsteigerung öffentlicher Verwaltungen und der zunehmenden Bedeutung raumbezogener Förderpolitiken. Raumbezogene Förderprogramme befördern eine defizitorientierte Sozialberichterstattung, welche sich auf die Identifizierung sozial-räumlicher ‚Problemfälle' spezialisiert und damit Strukturprobleme verräumlicht und vereinfacht. In dieser Form trägt Sozialberichterstattung zu Prozessen territorialer Stigmatisierung bei. Zugleich gibt der Text praktische Empfehlungen für eine reflexive Sozialplanung, die sich ihrer Rolle als wissenschaftsgestütztes Instrument bewusst bleibt.

1 Einleitung

In nahezu jeder deutschen Großstadt werden „bessere" von „schlechteren" Stadtteilen unterschieden oder „teure" von „bezahlbaren" Gebieten abgegrenzt. Diese alltäglichen Differenzierungen sind darauf zurückzuführen, dass moderne Stadt-

M. Baum
Katholische Hochschule NRW, Aachen, Deutschland
E-Mail: m.baum@katho-nrw.de

M. Otto (✉)
Papiererstr., Landshut, Deutschland
E-Mail: marius.otto@mail.aachen.de

© Der/die Autor(en) 2023
P. Oehler et al. (Hrsg.), *Marginalisierung, Stadt und Soziale Arbeit*,
Quartiersforschung, https://doi.org/10.1007/978-3-658-37386-3_9

gesellschaften weltweit trotz teils divergierender kultureller oder wirtschaftlicher Rahmenbedingungen durch soziale Disparitäten und Segregationsprozesse geprägt sind. Soziale Disparitäten, also ungleiche Lebensbedingungen in Städten, manifestieren sich stets in einer räumlichen Dimension. Nicht selten lassen sich diese Disparitäten beispielsweise an baulichen Qualitäten, Infrastrukturausstattungen oder der Verfügbarkeit von hochwertigen Freiräumen festmachen. In der Analyse der kleinräumigen soziostrukturellen Rahmenbedingungen in Städten lassen sich entsprechend Unterschiede im Einkommen oder in der Abhängigkeit von Transferleistungen feststellen. Residenzielle Segregation beschreibt das Phänomen der Verräumlichung sozialer Ungleichheit in der Stadt. Sie zeigt sich in einer erhöhten Konzentration von Armuts- und Desintegrationsphänomenen auf der einen und in erhöhtem Wohlstand auf der anderen Seite. Segregationsprozesse in Städten führen dazu, dass sich diese zunehmend nach unterschiedlichen, räumlich verorteten Sozialstrukturen ausdifferenzieren (Farwick, 2001). Politisch und medial diskutiert werden in der Regel die Fragmente urbaner Gesellschaften, welche als Bereiche enorm verdichteter sozialer Problemlagen wahrgenommen werden – also als Viertel mit hohen Armutskonzentrationen, desolaten Wohnsituationen und infrastrukturellen Defiziten. Auf dieser sog. Quartiersebene werden die zentralen Handlungserfordernisse definiert – in der Regel mit dem klaren Fokus auf die „benachteiligten" Quartiere. Kommunen kommen beim Versuch, der Segregation und Armutskonzentration durch die Förderung dieser Quartiere auf verschiedenen Ebenen (z. B. Sanierung, Projektentwicklung, Infrastrukturausstattung) entgegenzuwirken, schnell an ihre finanziellen und zum Teil steuerungsbezogenen Grenzen. Seit ihrer neoliberalen Umgestaltung in den 1980er und 1990er Jahren sind lokale Verwaltungen gezwungen, sich in ihren Entscheidungen zunehmend an ökonomischen Kriterien zu orientieren und Ressourcen zielgerichtet einzusetzen (Crouch, 2008, S. 57–60, 101–132; Häußermann et al., 2008, S. 279–300). Zudem sind sie verstärkt auf zweckgebundene und immer häufiger raumbezogene Förderprogramme auf europäischer, nationaler und regionaler Ebene angewiesen, denn hier werden problemorientiert finanzielle Mittel zur Verfügung gestellt.

An dieser Stelle wird die Sozialplanung als analytisches und strategisch beratendes Steuerungsinstrument relevant. Im Rahmen der Sozialberichterstattung liefert Sozialplanung kleinräumige Daten zur sozialen Lage und identifiziert räumlich fokussierte Handlungsbedarfe. Marginalisierte Stadträume werden zum Gegenstand der Planung mit dem Ziel, die Lebensqualität für die lokale Bürgerschaft zu erhöhen und Politik, Bürokratie und Bevölkerung für die quartierspezifischen Problemlagen zu sensibilisieren (Gerber, 2017, S. 13 f.). Sozialplanung definiert somit räumliche Grundlagen (Abgrenzung von zu analysierenden Raumeinheiten) und erarbeitet häufig eine vermeintlich objektive, weil statistisch hergeleitete Analyse der sozialen Lage für die Akquise von Fördermitteln. Damit – und dies ist das Kernstück dieses Beitrags – bewegt sich Sozialplanung auf einem schmalen Grat zwischen wissenschaftsgestützter Analyse und einer starken Komplexitätsreduktion in Bezug auf soziale Problemlagen mit dem Ziel, Bedarfslagen zu identifizieren. Die Sozialplanung verstärkt durch eine spezifische Form der Sozialberichterstattung die strukturell bedingten Folgen unfreiwilliger Segregation marginalisierter Gruppen durch eine nichtintendierte Verstärkung der Stigmatisierung von Quartieren. In diesem Zusammenhang geht dieser Beitrag zunächst kritisch auf sozialplanerische Praktiken (Abschn. 2 und 3) ein und zeigt anschließend Möglichkeiten auf, Sozialberichterstattung und -planung reflexiver im Hinblick auf das eigene Rollenverständnis zu gestalten.[1] (Abschn. 4).

2   Soziale Lebenswelten und die Macht von Zahlen: Die sozialplanerische Praxis

Das Konzept der Sozialplanung geht auf die Idee der integrierten Planung zurück, die seit den 1960er Jahren insbesondere auf kommunaler Ebene in Deutschland implementiert wurde. Die Sozialplanung sollte Verwaltungshandeln und Interessen der Bürger*innen harmonisieren sowie einzelne Fachdisziplinen wie zum Beispiel Jugendhilfeplanung, Altenplanung und Stadtplanung zusammenbringen, um ganzheitliche Planungsprozesse zu fördern (Dahme & Wohlfahrt, 2015, S. 121). In Verwaltungen wurde daraufhin sukzessive eine Koordinationsstelle „Sozialplanung" etabliert, die als Bindeglied verschiedener Fachplanungen fungieren und über ein eigenes Berichtswesen zur Sozialentwicklung in den betreffenden Kommunen verfügen sollte. Diese erhielt die Aufgabe, kleinräumige Bedarfe und Problemfelder zu erfassen und die Lebenslagen in verschiedenen Teilen der Städte gegenüber Politik und Öffentlichkeit verständlich zu machen (Gottschalk, 2019, S. 5; Werner, 2019b, S. 18; Brülle & Krätschmer-Hahn, 2018). Ab den 1990er Jahren wurde innerhalb der Verwaltung das betriebswirtschaftlich orientierte New-Public-Management-Modell implementiert. Dieses Modell

---

[1] Ein ausführlicherer Beitrag der beiden Autoren zum Thema der territorialen Stigmatisierung im Rahmen von Sozialplanung ist zu finden unter: Baum, M. & Otto, M. (2020). Die Paradoxie raumbezogener Sozialplanung – Zum Prozess nichtintendierter territorialer Stigmatisierung durch Sozialberichterstattung. *Leviathan, 48*(2), 237–263.

zielt darauf, die Effizienz der Verwaltungen zu steigern und die Kooperation mit Politik, freien Trägern, privaten Akteur*innen und Bürger*innen zu verbessern (Häußermann et al., 2008, S. 295–298). In vielen Kommunen wurden daher umfassende Sozialberichterstattungen etabliert. Zusammen mit der Sozialplanung entwickelten sie sich insbesondere in Großstädten zu einem allgegenwärtigen Bestandteil kommunaler Verwaltungsstrukturen.

Im Kontext dieses neuen Steuerungsmodells übernimmt Sozialplanung eine entscheidende Funktion. Sie erforscht die sozialen Lagen auf kommunaler Ebene, identifiziert Handlungsfelder und definiert Maßnahmen als Lösungsansätze. Aufgrund der zunehmenden Finanzknappheit der öffentlichen Kassen entwickelte sich die Sozialplanung zum anderen allerdings noch stärker zu einer strategisch-beratenden Einheit (Dohmen-Burk, 2019, S. 83; Gottschalk, 2019, S. 7 ff.). Diese erleichtert und legitimiert Entscheidungen, wo etwa Gelder oder Personalstellen am effektivsten ausgegeben bzw. eingesetzt werden sollen. Sie steuert somit die Ressourcenallokation – insbesondere für die besonders relevanten „freiwilligen" Mittel, die abseits von gesetzlich festgelegten Zahlungen zusätzlich als Förder-summen im kommunalen Haushalt bereitgestellt werden (Häußermann et al., 2008; Jungfer, 2005). Wenn also Mittel für ein „freiwilliges", zusätzliches Beratungsangebot, zum Beispiel für Alleinerziehende, zur Verfügung gestellt werden sollen, dann besteht der Anspruch, dieses Angebot bedarfsgerecht einzu-setzen. Die Lösung liegt dann entsprechend nahe: Es werden Räume ausgewählt, in denen die Alleinerziehenden-Quote besonders hoch sind. Zusätzliche Mittel sollen in dieser Logik dort ausgegeben werden, wo möglichst viele Personen der definierten Zielgruppen davon profitieren können. Eine Folge davon ist die Territorialisierung von sozialen und insbesondere sozioökonomischen Problem- und Bedarfslagen.

In diesem Kontext haben sich raumbezogene Förderprogramme von Bund und Ländern (insbesondere „Soziale Stadt"[2] in Deutschland) sowie auf europäischer Ebene (zum Beispiel Europäischer Sozialfonds) etabliert, um Städte und Kommunen zu unterstützen, denen die ökonomischen Ressourcen zum Erhalt oder Ausbau von Infrastrukturen und Maßnahmen fehlen. Auch hierbei nimmt

---

[2]Zu den bedeutendsten raumbezogenen Förderprogrammen gehört das deutsche Bund-Länder-Programm „Soziale Stadt", das seit 1999 und in mittlerweile weit über 500 Kommunen in Deutschland in integrierter Form Quartiersentwicklung fördert. Im Rahmen dieses Städtebauförderungsprogramms werden städtebaulich, wirtschaftlich und sozial benachteiligte und strukturschwache Stadtteile stabilisiert und aufgewertet. Städtebauliche Maßnahmen werden mit gemeinwesenorientierten Ansätzen verknüpft (BMI, 2018).

die Sozialplanung eine zentrale Rolle ein. Denn die potenziellen Gelder sind gebunden an fixe „Projektkontexte" mit einer gut begründeten Wahl von „Projekträumen". Raumbezogene Förderprogramme verfolgen in den jeweiligen Städten somit das Ziel, klar abgrenzbare „Problemräume" planerisch zu bewirtschaften und sogenannte Strukturprobleme wie Armut, Desintegration oder städtebauliche Missstände auf kleinräumiger Ebene zu bekämpfen.

Diese Territorialisierung von sozialen Zuständen und Prozessen führt letztlich dazu, dass nicht soziale Problemlagen im Allgemeinen (z. B. Strukturwandel, verfestigte Transferleistungsbezüge) behandelt werden, sondern die vermeintliche Aufwertung einzelner Räume in den Fokus gerückt wird. Für die Sozialplanung ist dies eine entscheidende Rahmenbedingung, da sie dazu verleitet wird, in defizitorientierter Weise „Problemräume" zu identifizieren. Damit erhöht sie die Effekte territorialer Stigmata.

Im Rahmen der Sozialberichterstattung untersuchen Sozialplaner*innen in der Regel klar abgrenzbare, statistische Raumeinheiten und setzen sie in den gesamtstädtischen Durchschnittskontext. Dadurch werden mit der Sozialberichterstattung oftmals auch neue räumliche Ordnungsmuster geschaffen. Hinzu kommt, dass durch die Sozialplanung vorwiegend solche Räume analysiert werden, für die es bereits eine Datenbasis gibt. Damit steuern also die Verfügbarkeit von Daten und die räumlichen Ordnungsprinzipien, die sich hinter den Datensätzen verbergen, ganz entscheidend die Art und Weise mit, wie soziale Realitäten rekonstruiert werden. In Abb. 1 werden beispielhaft die 60 sogenannten „Lebensräume" der Stadt Aachen dargestellt. Sie wurden für die städtische Sozialplanung neu konstruiert und dienen seither als Analysebasis für das Sozialmonitoring.

Sozialplanung konstruiert somit jeweils eigenlogische räumlich-analytische Grundlagen, welche dann durch die enge Raumfokussierung mit einer sozialen „Wirklichkeit" gleichgesetzt werden. Sie schafft vermeintlich statistisch-homogene Sozialräume (oder Quartiere) und wertet auf dieser Basis eine Fülle an unterschiedlichen Sozialindikatoren aus. Zu solchen gehören Altersstrukturen, Haushaltsdaten, Armutsindikatoren, Indikatoren im Bereich der sozialen Teilhabe (z. B. Wahlbeteiligung) und Gesundheitsdaten. Aus diesen werden raumbezogene Handlungsnotwendigkeiten abgeleitet. Zwangsläufig ergibt sich im Zuge der Analysen ein Benchmarking der zur Analyse bereitstehenden Raumeinheiten. Denn wie ein Sozialraum hinsichtlich seiner Daten zu bewerten ist, ist immer relativ zu sehen. Jeder Sozialraum wird mit seinen Datenkombinationen mit allen anderen Werten und vor allem mit gesamtstädtischen Durchschnittswerten verglichen, da die Werte erst im Vergleich eine Bewertungsdimension erhalten. Dabei werden insbesondere Abweichungen vom Durchschnittswert interessant. Der konstruktivistische Charakter der Raumeinheiten wird selten reflektiert. Vielmehr

Abb. 1 Die 60 Lebensräume der Sozialberichterstattung in Aachen. (Eigene Darstellung)

wird Sozialberichterstattung an manchen Stellen zum Optimierungsprozess bei der Suche nach den „idealen Problemräumen". Nicht selten werden Quartiere als Fördergebiete neu definiert, um Fördermittel zu erhalten. Dabei gilt: Abhängig davon, welche Straßenzüge oder Gebäudeeinheiten in das zu konstruierende Gebiet integriert werden, ergeben sich gänzlich andere Durchschnittswerte für die gewählten Sozialindikatoren und somit unterschiedliche Facetten territorialer Problemzuspitzungen. Die Notwendigkeit, an den raumbezogenen Fördermitteln teilhaben zu können, erhöht den Druck, „Problemquartiere" zu finden, und damit auch, sie zu konstruieren. In den Argumentationen wird entsprechend selten reflektiert, dass diese Stadtquartiere als Konstrukte in die Berichterstattung eingehen, wo sie durch Kommunikation verfestigt werden. Sie dienen letztlich dazu, Städte zu ordnen und zu beschreiben (Anderson, 2005; Gebhardt et al., 2004; Miggelbrink, 2009; Wardenga, 2006).[3]

In einem weiteren Schritt werden die Daten und Ergebnisse kartografisch verarbeitet. Karten sind ein beliebtes Mittel, um die Ergebnisse kompakt, verdichtet und teilweise plakativ darzustellen.[4] Hier erscheinen die „Problemquartiere" als von der Norm abweichende „Inseln", häufig als rot eingefärbte Raumeinheiten (Beispiele siehe bei Kozanák, 2014, S. 27; Kersting et al., 2009, S. 143). Bezeichnet werden diese „Inseln" dann beispielsweise als soziale Brennpunkte oder „Räume mit besonderen Problemlagen", was das letzte Stadium der von der Sozialberichterstattung vollzogenen Territorialisierung sozialer Probleme darstellt. Dabei ist festzustellen, dass über die kartografischen Pendants, also die „grünen", vermeintlich „problemfreien" Räume selten diskutiert wird, obwohl diese durchaus über spezifische Probleme verfügen können. Zu diesen gibt es nur häufig keine verfügbaren Daten (Themen Mobilität, Einsamkeit im Alter etc.).

Letztlich bleibt festzuhalten, dass die starke Defizitorientierung der Sozialberichterstattung zur Exponierung ohnehin schon durch Struktur- und Imageprobleme betroffener Räume beiträgt. Die endogenen Defizite dieser Räume werden somit durch exogene Prozesse der Berichterstattung verschärft. Denn

---

[3] Vgl. zur Konstruktion sozialer Wirklichkeit in soziologischer Perspektive maßgeblich Berger und Luckmann (2004).

[4] Dieses Vorgehen lässt sich europaweit – beispielsweise im Rahmen des Programms „Politique de la Ville" in Frankreich – nachweisen, sodass sich eine europäische Landkarte benachteiligter Quartiere erstellen lässt (Kessl & Reutlinger, 2010, S. 54 ff.).

Sozialplanung schafft öffentlichkeitswirksame Publikationen, aus denen gerne vereinfacht zitiert wird, wo es „am schlimmsten" ist. Dies verdeutlicht klar den schmalen Grat zwischen Analyse und Überakzentuierung, auf dem sich Sozialplanung befindet. Häufig werden sogenannte „Problemquartiere" über eine einfache, verknüpfende Analyse von einigen wenigen Indikatoren identifiziert. Diese sind vor allem auf sozioökonomische Strukturdaten ausgelegt (Transferleistungsbezug, Alleinerziehenden-Quote). Die komplexen Lebenswelten der Menschen in diesen Quartieren werden so auf wenige erklärende Variablen reduziert. Sozialräumlich organisierte Handlungsinstrumente (z. B. Quartiersmanagement) werden entsprechend dieser Ergebnisse eingesetzt. Wenn es darum geht, knappe Ressourcen bestmöglich einzusetzen, ist dieses Vorgehen verständlich; die Botschaft vor Ort ist damit trotzdem eindeutig: „Hier sind die Probleme übergroß!"

Insgesamt führt die Verräumlichung sozialer Herausforderungen innerhalb von Städten und einzelnen Bezirken zu einer vereinfachenden Fokussierung gesellschaftlicher Prozesse auf Raumkonstrukte. Sowohl die gesamtgesellschaftlich zu betrachtenden Problemlagen als auch die individuellen Problemlagen vor Ort werden über den Raum verallgemeinert und homogenisiert. Aus sozialen Problemen von Menschen an einem Ort werden räumliche Strukturprobleme. Und so werden aus „armen" Menschen „arme" Quartiere.

3 Die sozialplanerische Stigmatisierung von Quartieren

In der Debatte zu den Effekten von Quartieren wird mehrheitlich davon ausgegangen, dass Quartiere mit einem hohen Anteil sozial Benachteiligter eine zusätzliche negative Wirkung auf ihre Bewohner*innen haben (Farwick, 2001, S. 123–141; Kessl & Reutlinger, 2010, S. 114–120; Häußermann & Siebel, 2000, S. 133 f.; Volkmann, 2012, S. 18). Diese Effekte lassen sich hinsichtlich ihrer sozialen (Interaktion, Zusammensetzung der Wohnbevölkerung, Sozialisation), politischen (institutionelle Vorgehensweisen), materiell-physischen (Umweltbedingungen, bauliche und infrastrukturelle Ausstattung, Lage und Erreichbarkeit) und symbolischen (Image, Stigma) Dimension differenzieren (Dangschat 2014, S. 226 f.; Schuster & Volkmann, 2019, S. 2 ff.; Volkmann, 2012, S. 20). Auf letztere bezieht sich der Begriff *territorialer Stigmatisierung*. Darunter wird die kollektiv vollzogene symbolische Abwertung städtischer Räume verstanden (Wacquant, 2018, S. XX; Wacquant et al., 2014, S. 1272). Insbesondere die städtische Bürokratie, d. h. auch die Sozialplanung, die Privatwirtschaft sowie Wissenschaftler*innen, intellektuelle Eliten verfügen über die symbolische Macht, die Wahrnehmung spezifischer städtischer Räume zu prägen und anschließend zum Gegenstand politischer Maßnahmen zu machen.[5] Die Sozialplanung hat wie oben aufgeführt sogar regelrecht den Auftrag, städtische Teilräume zu labeln. Ist der Schritt zum zwar ungewollten, aber dennoch wirksamen Stigma durch die Definition des Viertels als Ort konzentrierter Problemlagen vollzogen, folgen weitere:

> „Diese auf den Raum bezogene Schande verzerrt Wahrnehmung und Verhalten von Akteuren der öffentlichen Bühne und der Wirtschaft (etwa wenn Firmen die Auswahlkriterien bezüglich Investitionen und Anstellungen nach Lage und Wohnort ausrichten), ebenso wie die Zuteilung zentraler öffentlicher Dienstleistungen wie Sozialhilfe, Gesundheit und Polizei" (Wacquant, 2018, S. XX–XXI).

Eine zusätzliche Verschärfung der Stigmatisierung tritt ein, sobald jene Gruppen und Institutionen mit symbolischer Macht die geografische Lage des als homogen wahrgenommenen Wohnortes mit dessen Bewohner*innen identifizieren. Wissenschaft und Journalismus tragen ihren Teil zu diesem Stigmatisierungsprozess bei, indem sie durch die gezielte Verwendung von Signalworten oder eine intensivierte, problematisierende Forschung und Berichterstattung die Wahrnehmung bürokratischer Eliten prägen und konsolidieren. Dabei ist es auch so, dass wissenschaftlich gut aufbereitete Analysen in der Sozialberichterstattung erst der Ausgangspunkt für weitere Kommunikationsprozesse sind. Diese können – insbesondere auf das Wording bezogen – dann auch nicht mehr durch die Sozialplanung gesteuert werden. So titelt die tz, 2009 „Wo Münchens Sorgen wohnen" und liefert in einer Grafik die entsprechend rot eingefärbten Gegenden der Stadt gleich mit.[6] Sehr anschaulich zeigt das Münchner Boulevardmagazin, wie die räumliche Adressierung sozialer Probleme zum territorialen Stigma gerät. Die Stellungnahme des wissenschaftlichen Leiters vom Deutschen Institut für Urbanistik (Difu), Rolf-Peter Löhrs, im Jahre 2002 kann als paradigmatisch für den Anteil der Wissenschaft am Stigmatisierungsprozess gelten. Denn das Difu war bis 2003 die zentrale wissenschaftliche Begleitinstanz im Rahmen des Bundesprogramms „Soziale Stadt", das die Identifikation sozialräumlicher

---

[5] Vgl. grundlegend zum Begriff symbolischer Macht Bourdieu, 2008, S. 125; Bourdieu, 2005, S. 63 f.

[6] tz, 2009. Eine eindrückliche Zusammenstellung der von Medienakteur*innen vollzogenen Moralisierung und Stigmatisierung sozialer Ungleichheit liefert Chassé, 2010, S. 18–38.

Problemlagen durch Sozialberichterstattung sowie deren sozialplanerische Bewältigung zum Ziel hat.

> „Dort leben manche Leute schon in der dritten Generation von Sozialhilfe – da herrscht Sozialhilfeadel – die wissen gar nicht mehr, wie das ist, morgens aufstehen, sich rasieren, vernünftig anziehen und zur Arbeit fahren. Die kassieren ihr Geld vom Staat, machen nebenbei noch ein bisschen Schwarzarbeit, wenn sie nicht sogar kriminell werden. Wenn wir etwas bewegen wollen, müssen wir diese Leute aus ihrer Lethargie wecken, ihnen klar machen, dass sie für sich, ihre Stadt und ihr Viertel selbst verantwortlich sind" (Löhr, zitiert nach Kessl & Reutlinger, 2010, S. 107).

Wissenschaft und Journalismus geben somit eine Perspektive vor, in der die dem Wohnort zugeschriebenen negativen Attribute auf die Bewohner*innen übertragen und soziale Probleme, die in einem Mangel an Infrastruktur und Arbeitsplätzen gründen, auf individuelle Einstellungen und Verhaltensweisen (beispielsweise fehlende Leistungsbereitschaft) zurückgeführt werden. Im Umgang mit stigmatisierten Orten wird jedoch nicht allein auf Aktivierungs- und Rehabilitierungspolitiken, sondern immer wieder auch auf Methoden des Überwachens und Bestrafens zurückgegriffen (Kessl & Reutlinger, 2010, S. 114–120).[7]

Das territoriale Stigma kann tiefschürfende soziale und psychische Folgen für die Bewohner*innen marginalisierter Quartiere haben und zu beschädigten Identitäten führen.[8] Die beschädigte Identität erschwert es den Bewohner*innen, sich mit dem Quartier und ihrem sozialen Umfeld zu identifizieren. Als Folge ziehen sie sich ins Private zurück, was zur Erosion sozialer Bindungen führt und die Fähigkeit unterminiert, sich kollektiv zu organisieren (Wacquant, 2018, S. XX f.). Selbst die sozialplanerisch bekämpften Segregationsprozesse können durch ein territoriales Stigma verstärkt werden, sprich die planerische Absicht wird von ihrem eigenen Vorgehen konterkariert. Denn aufgrund ihres Stigmas reduzieren sich für die Bewohner*innen marginalisierter Stadtteile nicht nur die Chancen auf dem Arbeitsmarkt,[9] sondern auch die Aussichten, eine geeignete

---

[7] Zu diesen Maßnahmen zählen unter anderem schikanierende polizeiliche Kontrollen, „Sonderbehandlungen" von Bewohner*innen in Form von unbegründeten Platzverweisen oder das In-Verwahrung-Nehmen von Verdächtigen (Warcquant 2009; Wacquant 2018, S. XXI, XXXIV, XL).

[8] Goffman versteht ein Stigma als Resultat einer als massiv erfahrenen Diskreditierung derjenigen, die Normen nicht genügen (können) oder sich deviant verhalten. Auf Dauer führen diese Erfahrungen zum Verlust der eigenen Identität (Goffman, 2013).

[9] Wacquant (2018), S. XVI, 20, 60–66. Vgl. für Vahrenheide-Ost, einem Hannoveraner Stadtteil, Janßen und Polat (2006, S. 2954 f.).

Wohnung in einem renommierteren Quartier zu erhalten, was Segregations-tendenzen weiter verstärkt.[10] Die Paradoxie wird spätestens dann sichtbar, wenn sich in den Quartieren Widerstand regt. Dieser nimmt aufgrund eines Mangels an ökonomischer oder symbolischer Macht der Bewohner*innen tendenziell die Form der Gewalt an, wie es etwa 2011 im Londoner Stadtteil Tottenham und 2005 in den französischen Banlieues beobachtet werden konnte (Dzudzek & Müller, 2013; Eribon et al., 2019). Sozialberichterstattung ist damit ein wesent-licher Teil von lokalen Kommunikationsprozessen und prägt die Art und Weise, wie über einzelne Fragmente von Städten gesprochen wird. Sie kann dabei zur Verschärfung von territorialen Stigmatisierungen beitragen. Im Folgenden werden Anregungen vorgestellt, mittels derer die skizzierte Stigmatisierung gemildert oder umgangen werden kann.

4   Sozialplanung weitergedacht: Zur Reflexion der eigenen Rolle in der Sozialberichterstattung

Mit den folgenden Überlegungen soll auf das Spannungsfeld eingegangen werden, in dem sich Kommunen bei ihrer Raum- und Förderpolitik befinden. Einerseits sind sie auf eine raumbezogene Sozialplanung angewiesen, andererseits um eine Abmilderung von Stigmatisierungseffekten bemüht. Für die Sozialplanung ist ganz entscheidend, dass sie ihre Rolle als Wissensvermittlerin ernst nimmt und sich dem konstruktivistischen Charakter ihrer analytischen Grundlagen bewusst wird.

Bezüglich des Strebens nach einer reflexiven Sozialplanung und einer differenzierten Sozialberichterstattung kristallisieren sich folgende Möglichkeiten heraus:

Fokus auf Komplexität, Heterogenität und Potenzialerkennung
Um der territorialen Stigmatisierung entgegenzuwirken kann nicht gelten, soziale Problemfelder in ihrer räumlichen Dimension zu tabuisieren. Sozialplanung ist in erster Linie um Transparenz bemüht und sollte dies auch weiter tun. Das über-geordnete Ziel sollte nur nicht die Identifizierung von Problemen sein, sondern

---

[10] Farwick zeigt eindrücklich in seiner Studie für Bielefeld, dass in einem dortigen Quartier mit hohem Anteil an Sozialhilfeempfänger*innen die Chance, das Quartier zu verlassen, erheblich niedriger ist als für Bewohner*innen von Quartieren, in denen der Anteil an Sozialhilfeempfänger*innen geringer ausfällt (Farwick, 2001, S. 123–141). Die Dis-kriminierung auf dem Wohnungsmarkt der Bewohner*innen marginalisierter Quartiere hat Bogardus bereits 1926 mittels des Konzepts der sozialen Distanz erläutert.

die allgemeine Beschreibung der sozialen Lage. Es sind differenzierte Analysen nötig, um Räume stärker in ihrer Komplexität darzustellen. Neben offensichtlichen Defiziten und Problemkonstellationen müssen die Potenziale beschrieben und in den Fokus gerückt werden.[11] Beispielsweise weisen soziale Einrichtungen wie Schulen in Räumen mit besonderen sozialen Herausforderungen sehr häufig große Erfahrungswerte und Know How auf und die Akteur*innen vor Ort sind in der Regel gut in Netzwerken organisiert und arbeiten gemeinsam, was insgesamt als großes Potenzial angesehen werden kann. Schulen und Kindertagesstätten in migrantisch und gleichzeitig durch Armut geprägten Quartieren leisten häufig sehr gute Integrationsarbeit und sind als starke Partner*innen in der Quartiersentwicklung zu sehen. Ein Fokus auf die Infrastruktur vor Ort kann daher hilfreich sein, um Ergebnisse aus der Analyse von Sozialstrukturen einordnen und in eine Entwicklungsperspektive überführen zu können. So ist beispielsweise eine hohe Alleinerziehenden-Quote sozialplanerisch per se nicht unbedingt als ‚Problem' zu werten, wenn es vor Ort ein breites Angebot zur Unterstützung und Beratung gibt und beispielsweise die lokalen Kindertagesstätten auf Alleinerziehende eingestellt sind. Dann ist die hohe Quote vor Ort vielleicht sogar Indiz einer Stärke, weil sie ein effektives Unterstützungsangebot im Umfeld bedingt.

Um die Komplexität und auch Heterogenität von kleinräumiger Sozialentwicklung erfassen zu können, sollte das Portfolio der Sozialberichterstattung auch qualitative Methoden (Interviews, teilnehmende Beobachtungen etc.) beinhalten, denn gerade mit ihnen kann der Sozialraum als Feld aktiver nachbarschaftlicher Beziehungen, bürgerschaftlichen und akteursbezogenen Engagements sowie sozialer Netzwerke rekonstruiert werden (Heintze, 2019, S. 45 f.). Ein Stichwort ist hierbei die sog. responsive Bildung von Indikatoren. Damit ist gemeint, dass Sozialplanung sozialraumbezogene Informationen dauerhaft und systematisch im Sinne eines *Bottom-up*-Prozesses mit einbezieht. Dabei hilft ein regelmäßiger Austausch mit zentralen Netzwerken und Akteur*innen in den Quartieren der

---

[11] Eher potenzialorientierte Perspektiven existieren im globalen Kontext der sogenannten „Arrival Cities" (Saunders, 2011) oder „Sanctuary Cities" (Heuser, 2017). Der Leitidee jener Selbstbezeichnung folgend, versuchen Städte zum einen, Migration nicht weiterhin als Problem zu definieren, sondern die Potenziale von Migrationsprozessen zu erschließen. Zum anderen wird ein flexibler Umgang mit ordnungspolitischen und rechtlichen Rahmen gepflegt, die einer rigiden Politik der Abschottung das Wort reden. Die jeweiligen Haltungen und Vorgehensweisen dieser Städte lassen sich jedoch nicht unmittelbar auf den hier diskutierten Problemhorizont städtischer und kommunaler, sozialräumlich agierender Sozialplanung übertragen. Zu sehr divergieren die nationalstaatlichen rechtlichen Rahmen sowie die Prozesse, auf die jene internationalen Städte konkret reagieren.

Sozialberichterstattung. Quartiersmanagements oder Stadtteil- bzw. Quartiers-konferenzen können als Seismografen und Lotsen fungieren und gewährleisten, dass sich wandelnde Bedürfnisse kommuniziert und sozialplanerisch berück-sichtigt werden. Eine derartige sozialräumliche Planung baut bürokratisch-administrativ eingezogene Hierarchien ab, versteht die Bewohner*innen als Instanz, vor der es sich in erster Linie zu rechtfertigen gilt, und greift damit zentrale Gedanken des *Community Organizing* auf (May, 2008, S. 72–79). Noch weiter geht der sog. Ansatz des Asset-Based Community Development (ABCD), der Quartiersentwicklung bewusst auf die lokalen Stärken und Potenziale aus-richtet und vor allem in Nordamerika zum Einsatz kommt. Konträr zu stärker bedarfsorientierten Ansätzen, die einen analytischen Blick auf den Raum und die Menschen werfen und somit eine Top-down-Bedarfsermittlung mit sich bringen, besteht beim ABCD-Ansatz die Prämisse, dass sich Menschen in Gemeinschaften organisieren und die Entwicklung in ihrem Quartier vorantreiben können, indem sie Potenziale und Anknüpfungspunkte für Lokalentwicklung identifizieren und nutzen (Kreitzer et al., 2020, S. 44 f.). Themen, aber auch neue Entwicklungs-richtungen für einzelne Quartiere und Nachbarschaften werden vor Ort im Quartier und durch die lokale Bevölkerung definiert. Dabei kann es sein, dass diese nicht unbedingt mit der sozialplanerischen Analyseebene korrespondieren müssen. Auch in solchen Fällen sollte die Sozialplanung Unterstützungsmöglichkeiten aufbauen und anbieten und vor allem den ‚Raum' für diese Prozesse zulassen bzw. fördern.

Zudem ist es für die Sozialberichterstattung sehr hilfreich, die Zusammen-hänge zwischen Raumstrukturen zu erarbeiten. Die Marginalisierung von Räumen ist nicht ohne die Herausbildung von wohlhabenden, auf den ersten Blick als „sorgenfrei" einzustufenden Quartieren möglich, denn beide werden stets in Relation zueinander eingeordnet (Belina & Miggelbrink, 2010). In der Regel wird völlig außer Acht gelassen, dass der Wohnungsmarkt der zentrale Treiber von Segregationsprozessen ist. Die Verzahnung von Sozial- und Wohnungsmarkt-berichterstattung ist ein guter Weg, um einzelne Räume und ihre Sozialstrukturen mit gesamtstädtischen Entwicklungen in Beziehung zu setzen.

Neue und alternative Daten
Häufig wird in der sozioökonomischen Berichterstattung aufgrund des Mangels an Zahlen zur kleinräumigen Einkommensstatistik die Bevölkerung regelrecht in zwei Gruppen eingeteilt: die Tranferleistungsempfänger*innen und die Nichttran sferleistungempfänger*innen. Dies wird den komplexen Bedarfslagen in den all-täglichen Lebenswelten der Bevölkerung nicht gerecht. Solche Ansätze führen zu einer starken Homogenisierung einzelner Bevölkerungsgruppen und Raum-einheiten. Es stellt sich die Frage, wie alternative Bedarfs- beziehungsweise

Potenziallagen zu identifizieren sind. Das Thema „Soziale Teilhabe" ist dabei einer von vielen Schlüsselbegriffen. Dieses zugegebenermaßen komplexe Thema lässt sich beispielsweise in einer Annäherung über Indikatoren wie Wahlbeteiligung, Verbreitung von Ehrenamtsausweisen, Theaterabonnement-Bezug, Teilnahme an Weiterbildungen von Volkshochschulen, Vereinsmitgliedschaften oder Bezug von Stadtbibliotheksausweisen kleinräumig darstellen, auch wenn dies nur einen Ausschnitt von sozialer Teilhabe abbilden kann.[12] Die Operationalisierbarkeit der Betrachtungsebenen setzt der Sozialberichterstattung deutliche Grenzen. Und dennoch: Die oben genannten Daten bieten einen Einstieg in das komplexe Themenfeld von sozialer Teilhabe. Vermehrte Forschung und neue empirische Zugänge zu den Variablen könnten einer solchen Betrachtungsweise zu größerer Bedeutung verhelfen.

Auch andere Darstellungsformen sind zu überlegen. Die Macht, die hinter Zahlen- und Kartenwerken steckt, und die Folgen einer Reduzierung von Komplexität in der Sozialberichterstattung gilt es in der Sozialplanung zu reflektieren. Dabei helfen beispielsweise raumtheoretische Ansätze und insbesondere die kritische Kartografie (Glasze, 2013), die sich mit der Raumproduktion und der „Macht von Karten" beschäftigt. Die oben diskutierte Problematik subjektiver Raumkonstruktionen kann aufgebrochen werden durch eine zumindest partielle Abkehr vom Denken in vermeintlich lebensweltorientierten Quartieren. Sogenannte Rasterkarten werden so konzipiert, dass das Stadtgebiet in Quadrate (zum Beispiel 500 × 500 m) eingeteilt wird und über diese Indikatoren dargestellt werden. Diese Quadrate orientieren sich nicht an politischen Grenzen oder gefühlten Nachbarschaften. Sie zeigen häufig auf, dass sich die räumliche Verteilung von Problemlagen selten „perfekt" über bekannte und immer wieder reproduzierte Viertellabels erklären lassen.

Des Weiteren lassen sich nicht alle sozialen Phänomene über den Raum erklären. In der Formulierung von Maßnahmen, etwa zur Bekämpfung von Kinderarmut, kann es durchaus sinnvoll sein, sich zum Beispiel Daten von Betreuungseinrichtungen anzuschauen und über die soziale Durchmischung einrichtungs- und nicht sozialraumbezogen zu diskutieren. In der Analyse einrichtungsbezogener Segregationsphänomene zeigt Kersting für die Stadt Mülheim/Ruhr auf, dass über einen reinen Sozialraumbezug die Konzentration von Armut in Kinderbetreuungseinrichtungen völlig außer Acht gelassen wird (Kersting, 2017).

---

[12] Vgl. zum Problem, soziale Teilhabe begrifflich zu bestimmen, Behrendt (2019).

Wissensvermittlung und Einordung der Ergebnisse
Sozialberichterstattung ist ein zentraler Kommunikationskanal und hat den Auftrag der Wissensvermittlung. Sie „liefert" nicht nur Daten, sondern ist verantwortlich dafür, wie Öffentlichkeit über Stadt und Gesellschaft spricht. Es ist unabdingbar, nicht lediglich Daten und Kartenmaterialien zu produzieren, sondern die Ergebnisse zu erklären und in einen Kontext zu setzen. Sozialberichterstattung sollte sich wichtigen Fragen in ihrer Komplexität stellen. Zu solchen Fragen gehören etwa:

- Was impliziert eine erhöhte Quote von Migrant*innen vor Ort?
- Sind alle arm, die Transferleistungen beziehen?
- Welche Wechselwirkungen bestehen zwischen der erhöhten Armutskonzentration und der Wohnungsmarktentwicklung?
- Was bedeutet das viel diskutierte Ziel der sozialen Durchmischung? Und wer strebt diese eigentlich an (Brülle & Krätschmer-Hahn, 2018)?

Sozialberichterstattung sollte beim „Verstehen" helfen, denn damit zeigt sie Problemfelder auf und beugt gleichzeitig Überakzentuierungen von Themen oder Fehlinterpretationen vor. Dies fängt bei der Erklärung von Indikatoren an (Was bedeutet überhaupt ein Bezug von Arbeitslosengeld nach dem SGB II?) und führt zum Aufzeigen von deren Wechselwirkungen.

Sozialberichterstattung mit Weitblick
Eine Sozialberichterstattung, die lediglich eine Identifizierung marginalisierter Problemräume intendiert, verschärft das Problem territorialer Stigmata. Sie stützt sich in der Regel auf sozioökonomische Armutsdaten und das Thema der Zuwanderung (Integrationsherausforderungen) und konstruiert damit zugleich Räume, in denen sich soziale und ethnische Segregationstendenzen verstärken. Eine interdisziplinäre Berichterstattung wird allerdings auch in den vermeintlich unauffälligen, weil nicht von Armut betroffenen Räumen Defizite und Herausforderungen identifizieren. Ihr Motiv lässt sich auf die Formel bringen: „Jedes Quartier hat seine spezifischen Herausforderungen." Das Bild wird deutlich differenzierter, sobald demografische Überalterungsprozesse, städtebauliche Herausforderungen, Mobilitäts- und Anbindungsfragen, Wohnungsmarktentwicklungen und Umweltfaktoren ebenfalls berücksichtigt werden. Statt die „guten" von den „schlechten" Quartieren zu trennen, bietet es sich an, Quartierstypen mit spezifischen Problemlagen zu definieren, die ein differenzierteres Bild der Stadt ergeben. Hierunter werden sich sicherlich auch die Quartiere mit Multi-Problemlagen wiederfinden. Diese werden dann allerdings in einen Gesamtzusammenhang städtischer Entwicklungen gesetzt. Das bedeutet auch, zu

relativieren und die Bedeutung von Segregation für die Stadt zu verstehen. Wenn in vier Stadtvierteln, in denen 25 % der Gesamtbevölkerung leben, 50 % aller Transferleistungsempfänger*innen leben, spricht dies für eine deutlche Konzentration und eine Segregationstendenz. Ein Raumfokus scheint dann unausweichlich. Gleichzeitig bedeutet dieses Rechenbeispiel allerdings auch, dass jede*r zweite Transferleistungsempfänger*in eben nicht in diesen vier Quartieren lebt.

Ausgleichender lokaler Förderansatz
Es ist notwendig, die lokale Förderpolitik differenziert zu gestalten und sich möglichst allen genannten Themenfeldern anzunehmen. Neben Programmen zur Armutsbekämpfung und Beseitigung von Strukturproblemen in Multi-Problemgebieten können auch andere Quartiersprojekte über Fördermittel umgesetzt werden – zum Beispiel solche, die sich mit dem demografischen Alterungsprozess auf Quartiers- oder Nachbarschaftsebene beschäftigen. Ein Themenmix beim gesamtstädtischen Einsatz von Instrumenten wie Quartiersmanagement kommuniziert eine ganzheitliche Betrachtungsweise und eine ausgleichende kommunale Förderpolitik.

Klare und konkrete Zielsetzungen
„Armutsbekämpfung", „Aufwertung", „Durchmischung" oder die „Schaffung von mehr Begegnung" bleiben oftmals sehr vage formulierte Ziele an der „Oberfläche". Eine klare Idee davon, was insbesondere soziale Maßnahmen in den als „Problemräumen" identifizierten Quartieren erzielen sollen, hilft, sich mit den individuellen und spezifischen Problemlagen zu beschäftigen. Ein roter Faden in Analyse, Interpretation und Schlussfolgerungen schafft Möglichkeiten für klar formulierte Handlungsempfehlungen und Maßnahmenentwicklungen bei der Fokussierung auf die konkreten Bedarfe. Damit verbunden ist eine realistische Zielsetzung sinnvoll, genauso wie der offene Umgang mit gegebenen Strukturen, die nicht unmittelbar durch die Sozialplanung selbst beeinflusst werden können.

Mit diesen Handlungsempfehlungen lässt sich der konstruktivistische Charakter der Sozialplanung und ihrer Sozialberichterstattung nicht gänzlich auflösen und auch das Problem des schmalen Grats zwischen wissenschaftlichem Anspruch und der starken Komplexitätsreduktion in Bezug auf soziale Problemlagen bleibt aufgrund der übergeordneten Rahmenbedingungen, in denen sich Sozialplanung befindet, bestehen. Die praxisnahen Empfehlungen ermöglichen Sozialplaner*innen jedoch einen reflektierten Umgang mit der eigenen Rolle, eine kritische Auseinandersetzung mit den Folgen der Konstruktion von Räumen als „soziale Realitäten" und einen Zugang zu einer ganzheitlichen Sozialberichterstattung, die soziale Phänomene in ihren Wechselwirkungen erfasst und nicht lediglich auf räumlich fixierte „Problemlagen" reduziert.

5 Resümee

Im Kontext zunehmender Finanzknappheit von Städten und Gemeinden und des gleichzeitigen Bedeutungsgewinns von raumorientierten Ansätzen in der staatlichen Förderpolitik erhält die kommunale Sozialplanung, die hauptverantwortlich ist für die kleinräumige Sozialberichterstattung, eine ganz besondere Rolle. Sie analysiert einzelne Teilräume der Stadt und stuft diese hinsichtlich ihrer demografischen und vor allem sozioökonomischen Entwicklung ein. In der Betrachtung von Armutsdaten erhalten vor allem stark vom städtischen Durchschnitt abweichende Gebiete Aufmerksamkeit und werden als zentrale „Problemräume" herausgearbeitet. Sie bilden infolgedessen die Grundlagen für das Abgreifen raumbezogener Fördergelder. Was plausibel im Hinblick auf das Abgreifen von Fördermitteln erscheint, bringt eine Verschärfung territorialer Stigmatisierung mit sich. Auf der Suche nach den „perfekten" Zielgebieten für die Ressourcengewinnung und -allokation werden Strukturprobleme nämlich durch die Sozialberichterstattung vereinfacht und verräumlicht. Dabei fehlt den teils unreflektierten Aneinanderreihungen von Daten in Kombination mit plakativen kartografischen Elementen auf Basis eigens für die Analysen kreierter Raumkonstrukte nicht selten der Bezug zu den Lebenswelten der Menschen und eine konkrete Lösungsorientierung. Die Abgrenzung homogener „Problemräume" und ihre Betitelung als „Brennpunkte" oder „Quartiere mit sozialen Schieflagen" verschärft in erster Linie die Stigmatisierung dieser Gebiete. Der vorliegende Text versteht sich als Anregung, Sozialberichterstattung reflexiver zu gestalten. Eine solche Berichterstattung ist sich des konstruierten Charakters ihrer räumlichen Bezüge bewusst. Neben der Produktion von Daten versteht sie sich als kommunikative Nahtstelle, die Zusammenhänge und Wechselwirkungen sozialer Prozesse einordnet, erklärt und in ihrer Komplexität darstellt. Sie führt einzelne Entwicklungen argumentativ zusammen und bringt diese in einen städtischen Gesamtkontext. Sie durchbricht auf diese Weise die zusammenhangslose Bloßstellung von Problemquartieren.

Literatur

Anderson, B. R. (2005). *Die Erfindung der Nation. Zur Karriere eines folgenreichen Konzepts*. 2. Aufl. Campus. (Erstausgabe 1983)

Behrendt, H. (2019). Soziale Teilhabe als Tatsache, Wert und Aufgabe. *Deutsche Zeitschrift für Philosophie, 67*(3), 464–489.

Belina, B. & Miggelbrink, J. (Hrsg.). (2010). *Hier so, dort anders: Raumbezogene Vergleiche in der Wissenschaft und anderswo*. Westfälisches Dampfboot.

Berger, P. L., & Luckmann, T. (2004). *Die gesellschaftliche Konstruktion der Wirklichkeit: Eine Theorie der Wissenssoziologie* (20. Aufl.). S. Fischer.

BMI – Bundesministerium des Innern, für Bau und Heimat. (2017). Der Investitionspakt „Soziale Integration im Quartier". https://www.investitionspakt-integration.de/. Zugegriffen: 05. Apr. 2019.

Bogardus, E. S. (1926). Social Distance in the City. In American Sociological Society (Hrsg.), *Proceedings and Publications of the American Sociological Society* (S. 40–46). University of Chicago Press.

Bourdieu, P. (2005). *Die männliche Herrschaft.* Suhrkamp.

Bourdieu, P. (2008). Ortseffekt. In P. Bourdieu & A. Accardo (Hrsg.), *Das Elend der Welt: Zeugnisse und Diagnosen alltäglichen Leidens an der Gesellschaft* (S. 159–167). UVK.

Brülle, H., & Krätschmer-Hahn, R. (2018). Dimensionen kommunaler Armutspolitik. In P. Böhnke, J. Dittmann, & J. Goebel (Hrsg.), *Handbuch Armut: Ursachen, Trends, Maßnahmen* (S. 309–319). Budrich.

Chassé, K. A. (2010). *Unterschichten in Deutschland. Materialien zu einer kritischen Debatte.* VS Verlag für Sozialwissenschaften.

Crouch, C. (2008). *Postdemokratie.* Bundeszentrale für politische Bildung.

Dahme, H., & Wohlfahrt, N. (2015). *Soziale Dienstleistungspolitik: Eine kritische Bestandsaufnahme.* Springer VS.

Dangschat, J. S., et al. (2014). Soziale Ungleichheit und der (städtische) Raum. In P. A. Berger (Hrsg.), *Urbane Ungleichheiten: Neue Entwicklungen zwischen Zentrum und Peripherie* (S. 117–132). Springer VS.

Dohmen-Burk, R. (2019). Sozialberichterstattung. In I. Gottschalk (Hrsg.), *VSOP Kursbuch Sozialplanung: Orientierung für Praxis und Wissenschaft* (S. 83–111). Springer VS.

Dzudzek, I. & Müller, M. (2013). Der Lärm des Politischen: Die Londoner riots 2011 und ihre politischen Subjekte. *sub\urban. Zeitschrift für kritische Stadtforschung, 1*(2), 17–40.

Eribon, D., Louis, E., & Lagasnerie, G. de. (2019). Die Herrschenden haben Angst– und das ist wundervoll. https://www.republik.ch/2019/01/12/die-herrschenden-haben-angst-und-das-ist-wundervoll. Zugegriffen: 17. Jan. 2019.

Farwick, A. (2001). *Segregierte Armut in der Stadt: Ursachen und soziale Folgen der räumlichen Konzentration von Sozialhilfeempfängern.* VS.

Gebhardt, H., Reuber, P., & Wolkersdorfer, G. (2004). Konzepte und Konstruktionsweisen regionaler Geographien im Wandel der Zeit. *Berichte zur deutschen Landeskunde, 78*(3), 293–312.

Gerber, E. (2017). *Handbuch Quartierentwicklung: Wissen für die Praxis aus acht Jahren Programm ‚Projets urbains – Gesellschaftliche Integration in Wohngebieten'.* BBL.

Glasze, G. (2013). Karten und Kartographie. In M. Rolfes & A. Uhlenwinkel (Hrsg.), *Metzler Handbuch Geographieunterricht – Ein Leitfaden für Praxis und Ausbildung* (S. 333–341). Westermann.

Goffman, E. (2013). *Wir alle spielen Theater: Die Selbstdarstellung im Alltag* (13. Aufl.). Malik.

Gottschalk, I. (2019). Vorwort – Sozialplanung aktuell. In I. Gottschalk (Hrsg.), *VSOP Kursbuch Sozialplanung: Orientierung für Praxis und Wissenschaft* (S. 5–13). Springer VS.

Häußermann, H., & Siebel, W. (2000). Wohnverhältnisse und Ungleichheit. In A. Harth, G. Scheller, & W. Tessin (Hrsg.), *Stadt und soziale Ungleichheit* (S. 120–140). VS.

Häußermann, H., Läpple, D., & Siebel, W. (2008). *Stadtpolitik.* Suhrkamp.
Heintze, I. (2019). Sozialraumorientierung. In I. Gottschalk (Hrsg.), *VSOP Kursbuch Sozialplanung: Orientierung für Praxis und Wissenschaft* (S. 39–52). Springer VS.
Heuser, H. (2017). Sanctuary Cities in Deutschland: Widerstand gegen die Abschiebepolitik der Bundesregierung. https://verfassungsblog.de/sanctuary-cities-in-deutschland-widerstand-gegen-die-abschiebepolitik-der-bundesregierung/. Zugegriffen: 27. Aug. 2019.
Janßen, A. & Polat, A. (2006). Zu benachteiligenden Effekten in Migrantenvierteln. In K.-S Rehberg (Hrsg.), *Soziale Ungleichheit, kulturelle Unterschiede: Verhandlungen des 32. Kongresses der Deutschen Gesellschaft für Soziologie in München 2004* (S. 2948–2957). Campus.
Jungfer, K. (2005). *Die Stadt in der Krise: Ein Manifest für starke Kommunen.* Bundeszentrale für politische Bildung.
Kersting, V. (2017). Soziale Stadt: Über Armut und die begrenzte Reichweite von Quartierspolitik. *urbanLab Magazin, 2*(2), 44–47.
Kersting, V., Meyer, C., Strohmeier, P., & Terpoorten, T. (2009). Die A 40 – der Sozialäquator des Ruhrgebiets. In A. Prossek (Hrsg.), *Atlas der Metropole Ruhr: Vielfalt und Wandel des Ruhrgebiets* (S. 142–145). Emons Verlag.
Kessl, F., & Reutlinger, C. (2010). *Sozialraum: Eine Einführung* (2. Aufl.). VS.
Kozanák, I. (2014). *Kleinräumiges Monitoring für kommunale Prävention am Beispiel des kanadischen Projektes HELP: Arbeitspapiere wissenschaftliche Begleitforschung „Kein Kind zurücklassen!".* Bertelsmann Stiftung.
Kreitzer, L., Harvey, A., & Orjasaeter, J. (2020). In S. Todd & J. L. Drolet (Hrsg.), Asset-based and place-based community development. Strengthening community through abundant community Edmonton. Community practice and social development in social work (S. 41–60). Springer.
May, M. (2008). Sozialraumbezüge Sozialer Arbeit. In M. Alisch & M. May (Hrsg.), *Kompetenzen im Sozialraum: Sozialraumentwicklung und -organisation als transdisziplinäres Projekt* (S. 61–84). Budrich.
Miggelbrink, J. (2009). Räume und Regionen der Geographie. In I. Baumgärtner, P.-G. Klumbies, & F. Sick (Hrsg.), *Raumkonzepte: Disziplinäre Zugänge* (S. 71–94). V & R Unipress.
Saunders, D. (2011). *Die neue Völkerwanderung – Arrival City.* Karl Blessing Verlag.
Schuster, N. & Volkmann, A. (2019). Lebenschancen im Quartier. Lebensziele von Stadtteilbewohner(inne)n, ihre Ressourcen und Strategien, sich diese zu erfüllen. *Raumforschung und Raumordnung, 77*(4), 1–15.
tz, (2009). Wo Münchens Sorgen wohnen. https://www.tz.de/muenchen/stadt/wo-muenchens-sorgen-wohnen-72459.html. Zugegriffen: 1. Okt. 2019.
Volkmann, A. (2012). *Quartierseffekte in der Stadtforschung und der sozialen Stadtpolitik: Die Rolle des Raumes bei der Reproduktion sozialer Ungleichheit.* Forum Stadt- und Regionalplanung e.V.
Warcquant, L. (2009). *Punishing the poor. The neoliberal government of social insecurity.* Duke University Press.
Wacquant, L. (2018). *Die Verdammten der Stadt: Eine vergleichende Soziologie fortgeschrittener Marginalität.* Springer VS.
Wacquant, L., Slater, T., & Borges Pereira, V. (2014). Territorial Stigmatization in Action. *Environment and Planning A: Economy and Space, 46*(6), 1270–1280.

Wardenga, U. (2006). Raum- und Kulturbegriffe in der Geographie. In M. Dickel & D. Kanwischer (Hrsg.), *TatOrte: Neue Raumkonzepte didaktisch inszeniert* (S. 21–47). Lit.

Werner, W. (2019a). Ausblick – Selbstverständnis, Standards und Haltung der Sozialplanenden. In I. Gottschalk (Hrsg.), *VSOP Kursbuch Sozialplanung: Orientierung für Praxis und Wissenschaft* (S. 123–135). Springer VS.

Werner, W. (2019b). Geschichte der Sozialplanung, theoretische Grundlagen, Methodologie. In I. Gottschalk (Hrsg.), *VSOP Kursbuch Sozialplanung: Orientierung für Praxis und Wissenschaft* (S. 15–27). Springer VS.

Markus Baum Dr., Soziologe und Politikwissenschaftler, ist Lehrkraft für besondere Aufgaben und Gründungsmitglied am Zentrum für Antisemitismus- und Rassismusstudien an der Katholischen Hochschule Nordrhein-Westfalen, Abteilung Aachen. Seine Schwerpunkte in Forschung und Lehre liegen in den Bereichen der Gesellschaftswissenschaften, der Sozial- und Politischen Philosophie (des 18. bis 21. Jahrhunderts) und der Ästhetischen Theorie. Gegenwärtig geht er autoritären Reaktionsmustern im Kontext von Krisen-Erfahrungen, den Motiven und Konsequenzen des Digitalisierungsprozesses sowie stadt- und architektursoziologischen Fragen nach.

Marius Otto Dr., ist Sozialgeograf und Sozialplaner. Zu seinen Forschungsinteressen gehören die Stadt- und Quartiersentwicklung sowie neue Ansätze in der Sozialberichterstattung. Im Jahr 2015 hat er am Geografischen Institut der RWTH Aachen University zu Integrationsprozessen oberschlesienstämmiger Aussiedler in Deutschland promoviert. Aktuell ist er als Sozialplaner der Stadt Aachen sowie als Lehrbeauftragter im Bereich Soziale Arbeit tätig.

Open Access Dieses Kapitel wird unter der Creative Commons Namensnennung 4.0 International Lizenz (http://creativecommons.org/licenses/by/4.0/deed.de) veröffentlicht, welche die Nutzung, Vervielfältigung, Bearbeitung, Verbreitung und Wiedergabe in jeglichem Medium und Format erlaubt, sofern Sie den/die ursprünglichen Autor(en) und die Quelle ordnungsgemäß nennen, einen Link zur Creative Commons Lizenz beifügen und angeben, ob Änderungen vorgenommen wurden.

Die in diesem Kapitel enthaltenen Bilder und sonstiges Drittmaterial unterliegen ebenfalls der genannten Creative Commons Lizenz, sofern sich aus der Abbildungslegende nichts anderes ergibt. Sofern das betreffende Material nicht unter der genannten Creative Commons Lizenz steht und die betreffende Handlung nicht nach gesetzlichen Vorschriften erlaubt ist, ist für die oben aufgeführten Weiterverwendungen des Materials die Einwilligung des jeweiligen Rechteinhabers einzuholen.

Inter- und transnationale Perspektiven auf residentielle Segregation und Innovation in marginalisierten Quartieren

Segregation und soziale Benachteiligung

Jutta Guhl und Maurice Blanc

Zusammenfassung

Soziale Benachteiligung manifestiert sich im Raum u. a. durch eine räumliche Konzentration sozial schwacher Gruppen in bestimmten Stadtgebieten. Der Beitrag beleuchtet dies für Frankreich, Deutschland und die Schweiz.

Zur Beurteilung der Auswirkungen von segregiertem Wohnen, müssen die jeweiligen Bedingungen in den Blick genommen werden: Handelt es sich um freiwillige oder erzwungene Segregation, ist sie temporär und erfüllt eventuell gar eine integrative Funktion oder manifestiert sich in ihr dauerhafter Ausschluss? Von Bedeutung sind nicht zuletzt die Lebensbedingungen in den betroffenen Quartieren: Fügen die Quartiere bestehender Benachteiligung eine weitere Dimension bei oder gelingt es durch eine aktive Quartierspolitik Entwicklungsoptionen zu bieten?

Der Beitrag ist in ähnlicher Form bereits auf Französisch erschienen: Blanc, Maurice und Jutta Guhl. 2020. Ségrégation résidentielle et mixité sociale dans les quartiers pauvres et stigmatisés en Allemagne, France et Suisse. *Pensée plurielle*, 2 (50): 153–170.

J. Guhl (✉)
Fachhochschule Nordwestschweiz/Hochschule für Soziale Arbeit/Institut Sozialplanung, Organisationaler Wandel und Stadtentwicklung, Muttenz, Schweiz
E-Mail: jutta.guhl@fhnw.ch

M. Blanc
Université de Strasbourg/Laboratoire SAGE (Sociétés, Acteurs, Gouvernement en Europe)/Institut d'urbanisme et d'aménagement régional, Strasbourg, Frankreich
E-Mail: maurice.blanc@unistra.fr

© Der/die Autor(en) 2023
P. Oehler et al. (Hrsg.), *Marginalisierung, Stadt und Soziale Arbeit*, Quartiersforschung, https://doi.org/10.1007/978-3-658-37386-3_10

Soziale Ungleichheit bildet sich in Städten auch räumlich ab. Das Phänomen der räumlichen Segregation der Wohnbevölkerung anhand sozioökonomischer Merkmale ist immer wieder Gegenstand von Diskursen der Stadtpolitik und der raumbezogenen Sozialen Arbeit, zuweilen auch von öffentlichen Debatten und medialer Aufmerksamkeit. Der Artikel möchte einen Beitrag zu einer differenzierten Betrachtung auf das Phänomen leisten.

Er definiert dazu zunächst genauer den Begriff der Segregation, indem er dies anhand verschiedener Gegensatzpaare beleuchtet: der Unterscheidung von Segregation in eine funktionale (temporäre) und eine strukturelle (dauerhafte), eine freiwillige versus eine erzwungene Segregation, eine räumliche und eine soziale Trennung der Bewohnerschaft. Außerdem wird auf den Diskurs um die Rolle eines hohen Migrantenanteils in benachteiligten Quartieren eingegangen sowie auf die Frage, ob von den Quartieren eine zusätzlich benachteiligende Funktion ausgeht oder ob sie die Ausgrenzung ihrer Bewohner lediglich räumlich manifestieren. In einem zweiten Teil werden städtische Segregationsprozesse länderspezifisch für Frankreich, Deutschland und die Schweiz betrachtet, bevor zum Schluss ein Blick auf Strategien des Umgangs mit Segregationsprozessen geworfen wird.

1   Residenzielle Segregation

Unter Segregation versteht man kurz gefasst die „Konzentration verschiedener sozialer Gruppen in verschiedenen Quartieren" (Siebel, 2014, S. 6). Mittels Segregation projizieren sich auch soziale Strukturen auf den Raum (vgl. Häußermann & Siebel, 2001b, S. 70). Fassmann bezeichnet die sozialräumliche Segregation als eines der wichtigsten Ordnungsprinzipien der Gesellschaft im städtischen Raum (vgl. Fassmann, 2002, S. 13). Die Sozialwissenschaften interessiert vor allen Dingen, unter welchen Umständen die Segregation stattfindet und welche Gruppen warum segregiert leben. Für Kürşat-Ahlers (1993, S. 218) ist sie ein Symptom ungleicher Machtverteilung innerhalb der Gesellschaft. Häußermann und Siebel (2001b, S. 71) stellen heraus, dass in Deutschland (und das lässt sich vermutlich für Europa insgesamt sagen) die Bevölkerung vor allem entlang der Merkmale sozialer Ungleichheit und ethnisch-kultureller Differenz segregiert wohnt. Damit allerdings wird Segregation zu einem „Gerechtigkeits- und Integrationsproblem" (ebd.).

Die Chancen, seinen Wohnort frei zu wählen, steigen mit den Ressourcen, die den Individuen zur Verfügung stehen. Bourdieu fasst diese individuellen Ressourcen mit den Begriffen des sozialen, kulturellen und ökonomischen

Kapitals und führt aus, welche „Lokalisationsprofite" (Bourdieu, 1991, S. 31) sich aus dem Einsatz dieses Kapitals auf dem Wohnungsmarkt schlagen lassen. Bezogen auf den Raum entscheidet das einer Person zur Verfügung stehende Kapital auch über die Möglichkeiten, denselben nach seinem Wunsch zu gestalten (Bourdieu, 1991, S. 30). Als konkrete Profite benennt Bourdieu die ‚Situationsrendite', die unerwünschte Dinge und Personen, etwa Lärm oder arme Menschen, fernhält und Nähe zu begehrten Dingen und Personen, etwa Sicherheit, attraktive Lage oder jeweils gewünschter Lebensstil, sichert; die ‚Okkupations- oder Raumbelegungsprofite', worunter etwa der persönliche Wohnflächenverbrauch zu verstehen ist, und schließlich die ‚Positions- oder Rangprofite', die sich z. B. in einer ‚guten' Adresse niederschlagen (Dangschat, 1998a, S. 35).

Besonders die Situationsrendite spielt für die Frage der Segregation eine wichtige Rolle. Bourdieu schreibt, dass nichts weniger tolerierbar sei als Menschen, die einem sozial fernstehen, aber räumlich nahe sind (vgl. Bourdieu, 1991, S. 32). Die Situationsrendite ermöglicht es, sich dieser räumlichen Nähe nicht aussetzen zu müssen. Raum ist somit ein Ort, in dessen Gestaltung sich Macht ausdrückt, und zwar häufig in einer subtilen, nicht als Macht wahrgenommenen Form (ebd., S. 27).

Situationsrendite und Rangprofite führen zu einer freiwilligen Segregation, insbesondere nichtbenachteiligter Gruppen. Bourdieu bezeichnet dies als „Klub-Effekt", der in anderen Quartieren einen „Ghetto-Effekt" erzeugt. Die freiwillige Segregation der „Kapitalbesitzenden" führt auf der anderen Seite diejenigen zusammen, die „nichts Anderes gemeinsam haben als ihre gemeinsame Exkommunikation" (Bourdieu, 1991, S. 33 f.).

2 Verschiedene Aspekte residenzieller Segregation

Zur Beurteilung des segregierten Wohnens müssen die spezifischen Bedingungen der Segregation betrachtet werden. Hierbei sollen im Folgenden verschiedene Gegensatzpaare beleuchtet werden.

2.1 Funktionale versus strukturelle Segregation

Im Kontext von Fragen der Integration von Immigrant*innen wird oft eine Unterscheidung in funktionale und strukturelle Segregation vorgenommen.

Als funktional wird eine Segregation bezeichnet, die v. a. für neuankommende Migrant*innen für eine gewisse Zeit ein Umfeld mit einer gewissen Dichte von Landsleuten bietet, „um auf der sicheren Grundlage geteilter kultureller Selbstverständlichkeiten die individuelle Systemintegration voranzutreiben" (Heitmeyer, 1998, S. 447). Diese „Binnenintegration" könne „unter bestimmten Umständen ein positiver Faktor für [die] Integration in eine aufnehmende Gesellschaft" (Elwert, 1982, S. 718) darstellen.

Betont wird bei der funktionalen Segregation vor allem die zeitliche Begrenzung. Strukturelle Segregation liegt hingegen vor, wenn sich die funktionale Segregation nicht auflöst: „Mit struktureller Segregation ist ein ‚Dauerprovisorium' verbunden, d. h. dass zwar ‚Binnenintegration' eine möglicherweise zufriedenstellende Basis ergibt, die Systemintegration aber für größere Teile unterschiedlicher Migrantengruppen partiell oder dauerhaft scheitert" (Heitmeyer, 1998, S. 447). Die Folge sind nach Heitmeyer Selbstethnisierungen und eine Verstärkung der kulturellen Homogenität. Der binnenintegrative Effekt verkehrt sich ins Negative und wird zur Falle. Die Integration in die Community verhindert die Integration in die Aufnahmegesellschaft.

Häußermann und Siebel fassen den Unterschied zwischen funktionaler und struktureller Segregation wie folgt zusammen: „Die entscheidenden Merkmale funktionaler Segregation sind Freiwilligkeit und zeitliche Begrenzung. Wenn beides der Fall ist, dann – so die These – dient Segregation der individuellen Integration und ist damit funktional. Sie erfüllt dann alle […] positiven, der Segregation zugeschriebenen Funktionen. Strukturelle Segregation dagegen ist dauerhafte, erzwungene Segregation, und sie geht einher mit dem dauerhaften Scheitern der Systemintegration. Ethnische Institutionen in segregierten Gebieten entstehen dann als Reaktion auf versagte Teilhabe und ersetzen die Institutionen der Mehrheitsgesellschaft auf niedrigerem Niveau" (Häußermann & Siebel, 2004, S. 187).

2.2   Freiwillige versus erzwungene Segregation

Im öffentlichen Diskurs wird das segregierte Wohnen von Migrant*innen zuweilen einem mangelnden Integrationsinteresse der Migrant*innen zugeschrieben. Empirisch ist das nicht belegt (vgl. Kürşat-Ahlers, 1993, S. 221). Bei der Frage der Freiwilligkeit der Segregation muss der Blick vielmehr von den benachteiligten Quartieren und Bevölkerungsgruppen auch auf die mittelschichtigen und privilegierten Gruppen und Quartiere und ihr Distinktionsbedürfnis gelenkt werden. Dangschat spricht von der „fragwürdige[n] Rolle der ‚flüchtenden Mittelschichten'" (Dangschat, 2002, S. 35) und schreibt: „Während in einer freien

Gesellschaft jeder und jedem selbstverständlich das Recht zugestanden wird, dorthin umzuziehen, wohin sie oder er möchte, liegt das Problem in der Massenhaftigkeit paralleler individueller Entscheidungen, die – jede für sich genommen – nachvollziehbar und plausibel darstellbar sind, in der Summe jedoch genau zu den Entmischungsformen führen, die dann von diesen Menschen selbst kritisiert und bekämpft werden" (Dangschat, 2002, S. 26). Alisch und er kritisieren dies als „Verweigerung gesellschaftlicher Integrationsarbeit (gegenüber Migranten, nicht-familialen Haushalten, Behinderten, Sozialhilfeempfängern, Obdachlosen) (…) Wenn sich die Zahl und die Heterogenität derer, die die präsente Aufnahmegesellschaft darstellen, ‚in die hinein integriert werden soll‘, derart reduziert, dass die unterschiedlichen Beteiligten unter sich bleiben und diese schwierige Aufgabe für den Rest der sich gerne ‚multikulturell‘ gebenden Aufnahmegesellschaft übernehmen müssen, dann sollte diese Freiwilligkeit auch als ein Akt der Entsolidarisierung kritisiert werden" (Alisch und Dangschat, 1998a, S. 92).

Für Frankreich argumentiert Éric Maurin (2004) provokativ, aber gestützt auf empirische Daten, dass die „wahren Ghettos" nicht die der Armen, sondern die der Reichen sind. Wir beobachten ihm zufolge eine „Ghettoisierung von oben". Dies ist auch die These von Michel und Monique Pinçon-Charlot (2000): Die Eliten heben sich vom „Volk" ab und bleiben unter sich.

2.3   Räumliche versus soziale Segregation

In Frankreich haben Jean-Claude Chamborédon und Madeleine Lemaire (1970) einen wichtigen Artikel zur Bevölkerung in Großwohnsiedlungen des sozialen Wohnungsbaus in der Peripherie der Städte in den 1960er Jahren publiziert. Sie zeigen darin, dass sich entgegen der Intention der Architekten und Urbanisten die räumliche und die soziale Mischung nicht ergänzen, sondern im Gegenteil: Die räumliche Nähe geht mit sozialer Distanz einher. Die Wohnungspolitik strebte eine gewisse soziale Mischung an – zwischen der Mittelschicht und der Arbeiterklasse – aber unter Ausschluss der ärmsten und reichsten Segmente der Bevölkerung, die in den „guten Vierteln" leben. Selbst zwischen den Mittelschichten und den ärmeren Schichten hat das auferlegte Zusammenleben (räumliche Mischung) kaum zu intensiven nachbarschaftlichen Beziehungen (soziale Mischung) geführt: Es kommt häufig zu Nachbarschaftskonflikten und die räumliche Nähe verstärkt die soziale Distanz.

Seit 50 Jahren bleibt die Illusion, dass räumliche Nähe reicht, um (eine wirkliche) soziale Mischung zu generieren, ein sehr starkes Leitmotiv. (s. dazu

unter Abschn. 5.1. die Kritik am französischen Gesetz „Solidarität und Stadterneuerung" von 2000.)

Auf die Frage, ob räumliche Nähe interethnische Kontakte fördert oder
eher Konflikte begünstigt und (positive) Kontakte verhindert, wird im deutschsprachigen Diskurs häufig auf die Kontakt- und die Konflikthypothese eingegangen. Die Kontakthypothese geht davon aus, dass Kontakte zwischen
Einheimischen und Migrant*innen gegenseitige Sympathie und positive Einstellungen begünstigen. Die Konflikthypothese geht hingegen davon aus, dass es
zwischen Menschen verschiedener Schichten, Lebensstile und Kulturen eher zu
Konflikten kommt als zwischen Menschen, die die eigenen Gewohnheiten teilen.

Empirische Untersuchungen zu den beiden Hypothesen zeigen uneinheitliche
Ergebnisse (Alpheis, 1990). Häußermann und Siebel sehen den Ausschlag in den
jeweiligen Rahmenbedingungen der räumlichen Nähe. Zwar braucht es räumliche Nähe für eine bestimmte Art von Kontakten, aber für die Frage, ob es ein
positiver oder konflikthafter Kontakt wird, sind die Umstände entscheidend. Dass
Kontakt nicht automatisch zu Sympathie führt, zeigt sich nach Häußermann und
Siebel auch im hohen Wahlanteil fremdenfeindlicher Parteien in den Quartieren
mit hohem Ausländer*innenanteil (Häußermann & Siebel, 2004, S. 185).

2.4 Hoher Migrantenanteil: Ursache oder Folge des sozialen Abstiegs von Quartieren

Im deutschsprachigen Raum wird in der Regel bei der Beschreibung benachteiligter
Quartiere fast reflexhaft auf den hohen Migrant*innenanteil der Bewohnerschaft
verwiesen. Dies führt dazu, dass der Migrant*innenanteil teils als ursächlich für
die Probleme des Quartiers erscheint. Häußermann und Siebel schreiben (2001a,
S. 59) dazu: „Die Selektionsmechanismen des Marktes und die Belegungspraktiken
von Wohnungsbaugesellschaften filtern Migrant*innen in jene Segmente des
Wohnungsmarktes, in denen vorwiegend auch einheimische Bewohner*innen in
prekären Lebenslagen konzentriert sind. Diese sind aber am wenigsten in der Lage,
geduldige und weltoffene Partner*innen im Prozess der Entwicklung einer multikulturellen Stadt zu sein." Durch den Strukturwandel sind viele dieser Quartiere in
den letzten Jahrzehnten zunehmend von Arbeitslosigkeit und Verarmung betroffen.
Dies führte zu einer zunehmenden Fluktuation: Wer die Wahl hatte, zog häufig weg.
Aus „Arbeiterquartieren" wurden „Arbeitslosenquartiere" (ebd., S. 61). Zeitgleich
zogen zunehmend Migrant*innen zu. Der Wandel des Quartiers wird in der Folge
den Zugezogenen angelastet, obwohl ihr Zuzug eher die Folge als die Ursache
des sozialen Abstiegs ist. Die Angst vor dem eigenen (weiteren) sozialen Abstieg,

wird auf die Migrant*innen übertragen (ebd., S. 60). Ein Muster, das sich, wie wir gesehen haben, auch in der Wahrnehmung der französischen Öffentlichkeit findet.

2.5   Benachteiligte oder benachteiligende Quartiere?

Intensiv wurde in Deutschland diskutiert, ob Quartiere mit einem überproportional hohen Anteil von armutsbetroffenen oder migrantischen Einwohner*innen nur eine räumliche Konzentration benachteiligter Gruppen darstellen oder ob von diesen Quartieren eine zusätzliche Benachteiligung für die Bewohner*innen ausgeht. So Dangschat: „Überwiegend wird davon ausgegangen, dass es sich bei Segregation/Konzentration um ein Abbild, eine Übertragung sozialer Ungleichheit in den (städtischen) Raum handelt. Dabei wird übersehen, dass durch die Lage und die Ausstattung des Wohnstandortes selbst unmittelbare Vor- und Nachteile entstehen, die nahezu ausnahmslos die ohnehin bestehenden sozial-strukturellen Unterschiede vergrößern" (Dangschat, 1998b, S. 207).

Während Friedrichs (1990, S. 309 ff.) dies tendenziell verneint, gehen Häußermann und Kapphan davon aus, dass der soziale Raum die Verbindung zwischen gesellschaftlicher Makroebene und individueller Mikroebene darstellt und eine „die Marginalisierung verstärkende Rolle" (Häußermann und Kapphan, 2004, S. 211) spielt. Sie zählen einige Kontexteffekte auf, etwa fehlende (positive) Rollenmodelle z. b. hinsichtlich Erwerbsbiografien für Kinder, die Auswirkungen eines verwahrlosten öffentlichen Raumes auf das Selbstbild der Bewohner*innen oder der Verlust an politischem Einfluss durch den selektiven Wegzug wahlberechtigter und kommunikativ kompetenter Bewohner*innen (ebd., S. 228 f.).

Ein weiterer Aspekt, unter dem viele Bewohner*innen benachteiligter Quartiere leiden, ist das schlechte Image des Quartiers und die Angst, dass dies z. B. bei der Arbeitssuche auf sie „abfärben" könnte. In dieser Hinsicht bewegt sich auch die Soziale Arbeit und nicht zuletzt die Sozialforschung in einem Spannungsfeld: Eine Thematisierung der Benachteiligung birgt immer auch die Gefahr einer zusätzlichen Stigmatisierung.

3   Segregation in Deutschland, der Schweiz und Frankreich

Der Blick in die drei Nachbarländer Deutschland, Frankreich und Schweiz zeigt, dass sozialräumliche Segregation in den städtischen Ballungsräumen aller drei Länder besteht. Dies wird nicht zuletzt in der Ausweisung von benachteiligten

Stadtteilen in nationalen Programmen in Frankreich, Deutschland und zumindest phasenweise auch in der Schweiz (vgl. Becker et al., 2017) ersichtlich.

Der Vergleich zwischen den drei Ländern erscheint spannend, weil sich bei räumlicher Nähe und teils ähnlichen Entwicklungen doch deutliche Unterschiede in der staatlichen Steuerung zeigen.

3.1 Deutschland

Die Gebiete, in denen sozial benachteiligte Menschen und Menschen mit Migrationshintergrund gehäuft wohnen, sind in Deutschland oft Gebiete des Sozialen Wohnungsbaus.

Die soziale Bedeutung des öffentlich geförderten Wohnungsbaus in der Vergangenheit kommt bei Häußermann deutlich zum Ausdruck, wenn er schreibt: „Herausragendes Merkmal der europäischen Stadt des 20. Jahrhunderts war und ist, dass sich zwischen soziale Ungleichheit und Wohnbedingungen ein Puffer schob, der die Verdoppelung von Benachteiligung durch sozialräumliche Ausgrenzung verhinderte" (Häußermann, 1998, S. 160).

Nach dem Gesetz sollte der Soziale Wohnungsbau „weite(n) Kreise(n) der Bevölkerung" (2. Wohnungsbaugesetz § 1 Abs. 2; Fassung gültig bis 2001[1]) zur Verfügung stehen. Allerdings hat sich dieses Segment des Wohnungsmarktes durch Ablauf der Belegungsbindung, Veräußerungen kommunaler Bestände und einen Rückgang der Neubauprojekte in diesem Bereich in den letzten Jahrzehnten kontinuierlich verringert (Deutscher Bundestag, 2018, S. 15 f.) Dadurch verblieben immer weniger Wohnungen für ärmere und von Marginalisierung bedrohte Bevölkerungsgruppen.

Hinzu kommt, dass sich die ökonomische Lage vieler Bewohner*innen dieser „Arbeiterquartiere" in den letzten Jahrzehnten durch Entwicklungen auf dem Arbeitsmarkt und in der Sozialpolitik verschlechtert hat (Prekarisierung der Arbeitsplätze, schlechtere ökonomische Abfederung bei Arbeitslosigkeit seit Einführung von Hartz IV).

---

[1] Zweites Wohnungsbaugesetz (Wohnungsbau- und Familienheimgesetz – II. WoBauG) in der Fassung vom 01.10.1994.

3.2   Schweiz

In der Schweiz gibt es keinen klassischen sozialen Wohnungsbau der öffentlichen Hand. Die Aufgabe der preiswerteren Wohnversorgung einkommensschwächerer Gruppen wird häufig über Wohnbaugenossenschaften erfüllt. 2003 wurde mit dem Wohnbauförderungsgesetz ein „Fonds de roulement" eingeführt, der es gemeinnützigen Bauträgern ermöglicht zinsvergünstigte Darlehen für den Bau und die Sanierung preisgünstiger Mietwohnungen zu erhalten. Daneben gibt es teils kantonale Förderprogramme (vgl. Bundesamt für Wohnungswesen, o. J.).

Verglichen mit Frankreich oder Deutschland gibt es in der Schweiz weniger großflächige Segregation, was auch an den insgesamt kleineren Maßstäben liegt. Dennoch gibt es natürlich durchaus sozioökonomisch Unterschiede zwischen verschiedenen Stadtgebieten und unterschiedliche Konzentrationen unterschiedlicher Bevölkerungsgruppen.

Insgesamt ist die Schweiz weniger durch Großstädte geprägt als durch ländliche Regionen und v. a. in den letzten Jahren durch ein starkes Wachstum der Agglomerationsgemeinden. Zur Frage der sozialen Mischung ist in der Schweiz hinzuzufügen, dass die Gemeinden eine hohe Steuerautonomie haben und je nach Wohnort unterschiedlich hohe Einkommenssteuern zu bezahlen sind. Gerade für einkommensstarke Bevölkerungsgruppen ist dies bei der Frage der Wohnortwahl ein wichtiger Faktor. Dies führt teils zu sozioökonomischer Segregation, nicht auf Quartiers-, sondern auf Gemeindeebene.

3.3   Frankreich

In Frankreich gab es in der Zeit des Wirtschaftswachstums, wie auch in Westdeutschland und der Schweiz, eine große Nachfrage nach ausländischen Arbeitskräften. Es war hauptsächlich eine Arbeitsmigration junger Männer, die ohne ihre Familien kamen. Sie hofften, schnell viel Geld zu verdienen und dann nach Hause zurückzukehren. Sie akzeptierten harte und gefährliche Arbeitsbedingungen, ihr Hauptanliegen bestand darin, Geld zu sparen. Sie lebten untereinander, entweder in Slums oder in „Wanderarbeitsheimen". Diese Segregation wurde lange Zeit nicht wahrgenommen.

Nach dem ‚Ölschock' und der Wirtschaftskrise veränderten sich die Dinge 1973 rasch. Ein Gesetz von 1974 verbot die Einwanderung von Arbeitnehmer*innen und hatte unbeabsichtigte Folgen: Da die Arbeiter*innen nicht mehr zwischen Frankreich und ihrem Herkunftsland pendeln konnten, kamen die Familien nach Frankreich. (Auch diese Entwicklung verlief in der Schweiz und Deutschland ähnlich.) Die Politik der Familienzusammenführung stellte zwei Bedingungen auf: ein stabiles Beschäftigungsverhältnis mit einem ausreichenden Lohn und angemessenen Wohnraum.

Um ihre Familien nachholen zu können, bemühten sich die ausländischen Arbeitskräfte um eine Sozialwohnung, zu einer Zeit, als diese begannen ihre Attraktivität zu verlieren: Die großen Sozialwohnungssiedlungen, die in den 1960er Jahren massiv am Stadtrand gebaut wurden, waren in einer Abwärtsentwicklung. Durch die neue Politik, den Besitz eines Einfamilienhauses in noch weiter außen liegenden Vororten zu fördern, standen viele Sozialwohnungen leer. Sie wurden ausländischen Familien zugeteilt, die keine andere Wahl hatten. Die Reaktionen der Nachbarschaft waren jedoch sehr scharf: In einer Umkehrung von Ursache und Wirkung wurde erklärt, dass die Ausländer den Franzosen die Sozialwohnungen wegnehmen würden (Blanc, 1983).

Zu dieser Zeit begann das Programm zur Sanierung großer Sozialwohnungsgebiete mit dem Namen „Politique de la ville" (Äquivalent des späteren deutschen Programms „Soziale Stadt"). Neben den technischen, architektonischen und städtebaulichen Problemen musste es sich mit Arbeitslosigkeit und interethnischen Beziehungen in der Nachbarschaft befassen. Dies erfordert komplexe, häufig schwer umzusetzende Partnerschaften mit Schulen und Unternehmen, aber auch mit Sozialarbeiter*innen (Blanc, 1982).

4   Sozialwohnungen und prekäre Wohnungen

In allen drei Ländern ist die unzureichende Verfügbarkeit von Wohnraum für die Ärmsten offensichtlich. Für Frankreich ist dies in den Jahresberichten der Abbé-Pierre-Stiftung über den Zustand der Wohnungsnot gut dokumentiert.[2] Die Zahl der obdachlosen oder nur notdürftig wohnversorgten Personen nimmt zwangsläufig aufgrund zweier sich gegenseitig verstärkender Mechanismen zu: (1) die Überbelegung in prekären Wohnverhältnissen: aus familiärer und/oder ethnischer Solidarität rückt man zusammen, damit niemand auf der Straße bleibt, was darauf hinausläuft, dass sich die Wohnverhältnisse weiter verschlechtern; (2) die Strategien skrupelloser Vermieter*innen, die Mieter*innen in unwürdigen

---

[2] https://www.fondation-abbe-pierre.fr/nos-publications/etat-du-mal-logement/les-rapports-annuels

Verhältnissen zusammenpferchen, um ihren Gewinn zu steigern. Sie werden in Frankreich oft „Schlafhändler" genannt, sie wissen, wie man mit den Grenzen der Legalität und der Wehrlosigkeit ihrer Mieter*innen spielt, besonders wenn diese einen irregulären Aufenthaltsstatus haben.

5 Strategien zum Umgang mit Segregation

Während es in der Forschung zur Beurteilung der residenziellen Segregation je nachdem durchaus verschiedene Positionierungen gibt, stellt sie, wie Häußermann (2005, S. 133) feststellt, für Planer*innen und Verwaltung – und man kann wohl hinzufügen auch für Sozialarbeitende – häufig einen „Betriebsunfall der Stadtentwicklung" dar.

5.1 Desegregation

Auf die lange Geschichte politischer Maßnahmen der Sozialen Mischung weist Holm (2009) hin, wenn er schreibt, dass bereits im 19. Jahrhundert aus Angst vor Seuchen und sozialen Unruhen Versuche unternommen wurden, die soziale Segregation der Arbeiterviertel aufzubrechen. Aber man hat nicht die Arbeitsbedingungen verbessert, die die zentrale Ursache des Elends waren (Blanc, 2013).

Frankreich ist unseres Wissens das einzige Land, das ein Gesetz zur Bekämpfung der Segregation und zur Durchsetzung sozialer Vielfalt erlassen hat: das Gesetz „Solidarität und Stadterneuerung" (Dezember 2000). Dieses Gesetz ist sehr diskussionswürdig: Es macht das Vorhandensein von Sozialwohnungen zu einem Indikator für soziale Vielfalt bzw. Segregation. Es legt für alle Stadtgemeinden ein Minimum von 25 % Sozialwohnungen fest (dieser Schwellenwert wurde auf 30 % angehoben). Die Kritik an dieser Herangehensweise stützt sich auf mehrere Punkte (Blanc, 2010; Blanc & Bidou, 2010):

- Es definiert Segregation als ein städtisches Problem, obwohl es (auch) in den Dörfern vorhanden ist.
- Der Prozentsatz der Sozialwohnungen ist keine aussagekräftige Maßzahl für die sozialräumliche Segregation: Wie bereits erwähnt, sind in Frankreich im Sozialen Wohnungsbau nicht die reichsten (das ist logisch), aber auch nicht die ärmsten Personen untergebracht. Letztere wohnen im (sehr profitablen) Segment der gesundheitsschädlichen Wohnungen (De Rudder-Paurd, 1978, S. 58).

- Ein stadtweiter Indikator ist unzureichend: Es gibt sehr große Unterschiede zwischen den Stadtteilen.
- Dieser räumliche Indikator sagt nichts über die Nachbarschaftsbeziehungen aus. Konkret: Gehen die Kinder im Quartier in die Schule oder außerhalb?

Die 2003 gegründete Nationale Agentur für Stadterneuerung hatte ursprünglich Pläne, 200.000 Sozialwohnungen am Stadtrand abzureißen, durch „ökologische" Wohnungen zu ersetzen und die soziale Mischung durch eine Partnerschaft zwischen den öffentlichen Sozialwohnungsunternehmen und privaten Immobilienentwickler*innen zu sichern. Die Ziele wurden dann nach unten korrigiert, die soziale Mischung hat sich nicht erhöht (Blanc, 2010).

Leichter als bei Bestandsimmobilien sind desegregierende Strategien bei Neubauvorhaben möglich. Sie werden in den letzten Jahren auch vermehrt in Angriff genommen.

Die Stadt Freiburg schreibt bei Neubaugebieten seit einigen Jahren eine bestimmte Quote geförderter Wohnungen vor. Allerdings zeigt die Praxis, dass bei konkreten Bauvorhaben, gerade in „besseren" Quartieren dennoch häufig Ausnahmen genehmigt werden.

Kritisch kann zu solchen Strategien angemerkt werden, dass sie nicht Armut oder Ausschluss reduzieren, sondern nur die räumliche Konzentration und damit eventuell die Sichtbarkeit. Häußermann und Oswald (1996, S. 96) merken dazu an: „der Irrtum besteht im Glauben, Benachteiligung sei geringer, wenn sie nicht so gut sichtbar ist."

Auch stellt sich die Frage, wie oben bereits angedeutet, ob der räumlichen Mischung auch eine soziale entspricht. In der Tat sind die neuen Bewohner sehr stark nach außen orientiert, was eher eine „statistische" soziale Mischung (die Anzahl der Haushalte im Quartier, die zu einer höheren Berufsgruppe gehören, steigt) als eine reale darstellt. Es gibt viele „Reibungszonen" (z. B. Kinderspielplätze), die verschiedenen Bewohnergruppen geraten eher in Konflikt, als dass sie in (einen positiven) Kontakt kommen. (ORIV und CUS, 2013).

5.2   Quartierentwicklungsmaßnahmen

Wesentlich häufiger als direkte Desegregierungsstrategien werden für benachteiligte Quartiere Quartierentwicklungsmaßnahmen eingesetzt. Jans et al. (2011, S. 70) erachten dies als sinnvoller als Desegregierungsbemühungen: „Eine Verbesserung der Lebenssituation in Problemgebieten erfordert viel eher eine integrierte Quartierentwicklung, verknüpft mit städtebaulichen Entwicklungs-massnahmen, als eine stärkere soziale Durchmischung."

Da die räumliche Gebundenheit, auch benachteiligter Bevölkerungsgruppen, tendenziell abnimmt, wird für eine tatsächliche Mischung einer guten Anbindung an die Nachbarquartiere und die Gesamtstadt, sowohl in baulicher als auch in sozialer Hinsicht, insofern eine große Bedeutung beigemessen (vgl. PPU, 2011, S. 23).

Häufiger Bestandteil der sozialen Stadtentwicklung sind Maßnahmen, die der **sozioökonomischen Integration der Wohnbevölkerung** dienen (Qualifizierungs- und Arbeitsmarktintegrationsmaßnahmen). Die Verbesserung der sozioökonomischen Lage der Bevölkerung würde letztlich natürlich auch zu einer größeren sozialen Durchmischung führen. Allerdings stoßen diese Maßnahmen in ihrer Wirkung durch makroökonomische Entwicklungen häufig an Grenzen. (vgl. Guhl, 2015).

Krummacher weist auf zwei Aspekte hin, die im Kontext von Quartierentwicklungsmaßnahmen beachtet werden müssen. Zum einen müsse eine Stabilisierung des Gebiets angestrebt werden, keine Aufwertung (Gentrification), die eine Verdrängung der jetzigen Bewohner*innen zur Folge hätte, und es dürften daraus keine „„Billiger-Jakob-Lösungen' für Arme, Aus-länder und Ausgegrenzte abgeleitet werden" (Krummacher, 2002, S. 44).

Daneben geraten bis dato benachteiligte Quartiere, vor allem wenn sie über potenziell attraktive Merkmale wie Innenstadtnähe oder attraktive Bausubstanz verfügen, vor allem in Zeiten von Wohnraumknappheit in einen Aufwertungs-mechanismus. Bei diesen Gentrifizierungsprozessen kommt es in der Folge häufig zu einer Verdrängung der bis dato ansässigen Bevölkerung durch eine Erhöhung der Mieten, was an anderer Stelle dann eventuell wieder Segregationsprozesse verstärkt.

Literatur

Alisch, M. & Dangschat, J. S. (1998). *Armut und soziale Integration. Strategien sozialer Stadtentwicklung und lokaler Nachhaltigkeit.* Leske + Budrich.
Alpheis, H. (1990). Erschwert die ethnische Konzentration die Eingliederung? In H. Esser & J. Friedrichs (Hrsg.), *Generation und Identität. Theoretische und empirische Beiträge zur Migrationssoziologie* (Buchreihe: Studien zur Sozialwissenschaft, Bd. 97, S. 147–184). Westdeutscher Verlag.
Becker, M., Guhl, J., & Michon, B. (2017). Soziale Stadtentwicklung in trinationaler Perspektive. In P. Oehler, N. Käser, M. Drilling, J. Guhl, & N. Thomas (Hrsg.), *Emanzipation, Soziale Arbeit und Stadtentwicklung. Eine programmatische und methodische* Herausforderung (S. 97–121). Budrich UniPress Ltd.

Blanc, M. (1982). Travailleurs sociaux et aménagement urbain. *Espaces et Sociétés, 40*, 47–55.

Blanc, M. (1983). Le logement des travailleurs immigrés en France: Après le taudis, le foyer, et aujourd'hui le H L. M. *Espaces et Sociétés, 42*, 129–140.

Blanc, M. (2010). The impact of social mix policies in France. *Housing Studies, 25*(2), 257–272.

Blanc, M. (2013). Logement, travail et santé en France. *Pensée plurielle, 39*, 17–26. https://www.cairn.info/revue-pensee-plurielle-2015-2-page-17.htm. Zugegriffen: 17. Mai 2020.

Blanc, M., & Bidou, C. (Hrsg.). (2010). Les paradoxes de la mixité sociale (éditorial). *Espaces et Sociétés, 140/141*, 9–20. http://www.cairn.info/revue. Zugegriffen: 17. Mai 2020.

Bourdieu, P. (1991). Physischer, sozialer und angeeigneter physischer Raum. In M. Wentz (Hrsg.), *Stadt-Räume. Die Zukunft des Städtischen.* Buchreihe *Frankfurter Beiträge 2.* (S. 26–34). Campus-Verlag.

Bundesamt für Wohnungswesen. *Indirekte Förderung des gemeinnützigen Wohnungsbaus.* https://www.bwo.admin.ch. Zugegriffen: 24. Febr. 2019.

Chamborédon, J.-C., & Lemaire, M. (1970). Proximité spatiale et distance sociale. Les grands ensembles et leur peuplement. *Revue française de sociologie, 11*(1), 3–33.

Dangschat, J. S. (1998a). Warum ziehen sich Gegensätze nicht an? Zu einer Mehrebenen-Theorie ethnischer und rassistischer Konflikte um den städtischen Raum. In W. Heitmeyer (Hrsg.), *Die Krise der Städte: Analysen zu den Folgen desintegrativer Stadtentwicklung für das ethnisch- kulturelle Zusammenleben* (1. Aufl., S. 21–95). Suhrkamp.

Dangschat, J. S. (1998b). Segregation. In H. Häußermann (Hrsg.), *Großstadt. Soziologische Stichworte* (S. 207–220). Leske + Budrich.

Dangschat, J. S. (2002). Residentielle Segregation – die andauernde Herausforderung an die Stadtforschung. In H. Fassmann, J. Kohlbacher, & U. Reeger (Hrsg.), *Zuwanderung und Segregation. Europäische Metropolen im Vergleich* (S. 25–36). Drava Verlag.

De Rudder-Paurd, V. (1978). Le Marché de l'insalubre. *Espaces et Sociétés, 24–27*, 53–72. https://gallica.bnf.fr/ark:/12148/bpt6k61309434.image. Zugegriffen: 1. Juni 2020

Deutscher Bundestag. (2018). *Drucksache 19/3592* 19. Wahlperiode 27.07.2018, http://dipbt.bundestag.de/doc/btd/19/035/1903592.pdf. Zugegriffen: 11. Sept. 2020.

Elwert, G. (1982). Probleme der Ausländerintegration. Gesellschaftliche Integration durch Binnenintegration? *Kölner Zeitschrift für Soziologie und Sozialpsychologie, 34*, 717–731.

Fassmann, H. (2002). Zuwanderung und Segregation. In H. Fassmann, J. Kohlbacher, & U. Reeger (Hrsg.), *Zuwanderung und Segregation. Europäische Metropolen im Vergleich* (S. 13–24). Drava Verlag.

Friedrichs, J. (1990). Interethnische Beziehungen und städtische Strukturen. In H. Esser & J. Friedrichs (Hrsg.), *Generation und Identität. Theoretische und empirische Beiträge zur Migrationssoziologie,* Buchreihe: Studien zur Sozialwissenschaft (Bd. 97, S. 305–320). Westdeutscher Verlag.

Guhl, J. (2015). Die Programme der integrierten Stadt- und Quartierentwicklung in Deutschland und der Schweiz und die Rolle der Gemeinwesenarbeit. In M. Drilling & P. Oehler (Hrsg.), *Soziale Arbeit und Stadtentwicklung. Forschungsperspektiven, Handlungsfelder, Herausforderungen,* Buchreihe Quartierforschung (2. Aufl., S. 113–124). Springer Fachmedien.

Häußermann, H. (1998). Zuwanderung und die Zukunft der Stadt. Neue ethnisch-kulturelle Konflikte durch die Entstehung einer neuen sozialen „underclass"? In W. Heitmeyer (Hrsg.), *Die Krise der Städte* (S. 145–174). Suhrkamp.

Häußermann, H. (2005). Migranten und Urbanität. In G. D' Amato & B. Gerber (Hrsg.), *Herausforderung Integration. Städtische Migrationspolitik in der Schweiz und in Europa* (S. 33–142). Seismo.

Häußermann, H., & Kapphan, A. (2004). Berlin: Ausgrenzungsprozesse in einer europäischen Stadt. In H. Häußermann, M. Kronauer, & W. Siebel (Hrsg.), *An den Rändern der Städte* (S. 203–234). Suhrkamp.

Häußermann, H., & Oswald, I. (1996). Stadtentwicklung und Zuwanderung. In B. Schäfers & G. Wewer (Hrsg.), *Die Stadt in Deutschland. Aktuelle Entwicklung und Probleme* (S. 85–101). Leske + Budrich.

Häußermann, H., & Siebel, W. (2001a). *Soziale Integration und ethnische Schichtung. Zusammenhänge zwischen räumlicher und sozialer Integration.* Gutachten im Auftrag der Unabhängigen Kommission „Zuwanderung". Berlin, Oldenburg. http://archiv.schader-stiftung.de/docs/haeussermann_siebel_gutachten.pdf; Zugegriffen: 16. Juli 2017

Häußermann, H., & Siebel, W. (2001b). Integration und Segregation – Überlegungen zu einer alten Debatte. *Deutsche Zeitschrift für Kommunalwissenschaften, 1*, 68–79.

Häußermann, H., & Siebel, W. (2004). *Stadtsoziologie. Eine Einführung.* Campus Verlag.

Heitmeyer, W. (1998). Versagt die „Integrationsmaschine" Stadt? Zum Problem der ethnisch-kulturellen Segregation und ihrer Konfliktfolgen. In W. Heitmeyer (Hrsg.), *Die Krise der Städte: Analysen zu den Folgen desintegrativer Stadtentwicklung für das ethnisch- kulturelle Zusammenleben* (1. Aufl., S. 443–467). Suhrkamp.

Holm, A. (2009). Soziale Mischung. Zur Entstehung und Funktion eines Mythos. *Forum Wissenschaft, 26*(1), 23–26.

Jans, A., Graf, S., & Leu, T. (2011). *Aktuelle Herausforderungen auf dem Wohnungsmarkt: Studie im Auftrag der SP-Fraktion der Bundesversammlung.* ZHAW Zürcher Hochschule für Angewandte Wissenschaften. https://www.zhaw.ch/storage/sml/institute-zentren/fwp/Studien/Studie_Wohnungsknappheit.pdf. Zugegriffen: 17. Mai 2020

Krummacher, M. (2002). Zusammenleben und interkulturelle Konflikte in Stadtteilen mit hohem Zuwandereranteil. In H. Fassmann, J. Kohlbacher, & U. Reeger (Hrsg.), *Zuwanderung und Segregation. Europäische Metropolen im Vergleich* (S. 37–48). Drava Verlag.

Kürşat-Ahlers, E. (1993). Über das Wohn- und Gesellschaftsmodell der Multikulturalität. Stigmatisierung, Wohnsegregation und Identitätsbildung. In B. Blanke (Hrsg.), *Zuwanderung und Asyl in der Konkurrenzgesellschaft* (S. 215–237). Leske + Budrich.

Maurin, É. (2004). *Le ghetto français. Enquête sur le séparatisme social français.* Seuil.

ORIV, CUS. (2013). *Etude des parcours, pratiques et usages des habitants du nouveau parc privé au Neuhof* [En ligne], http://www.oriv-alsace.org/wp-content/uploads/oriv_dossier_thematique_habitants_parc_prive_neuhof.pdf. Zugegriffen: 17. Mai 2020.

Pinçon, M., & Pinçon-Charlot, M. (2000). *Sociologie de la bourgeoisie.* La Découverte.

Programms Projets Urbains. (Hrsg.). (2011). *Soziale Mischung und Quartierentwicklung: Anspruch versus Machbarkeit*, Bern. https://www.are.admin.ch/are/de/home/medien-und-publikationen/publikationen/staedte-und-agglomerationen/soziale-mischung-und-quartierentwicklung-anspruch-versus-machbar.html. Zugegriffen: 9. Mai 2019.

Siebel, W. (2014). Integration durch Segregation? *Stadtblick, Informationen der Fachstelle für Stadtentwicklung Zürich, 29*, 6–8.

Jutta Guhl Sozialarbeiterin und Soziologin, ist Dozentin an der Hochschule für Soziale Arbeit der Fachhochschule Nordwestschweiz. Ihre aktuellen Schwerpunkte in Forschung und Lehre sind Gemeinwesenarbeit und grenzüberschreitende Zusammenarbeit in der Oberrheinregion.

Maurice Blanc ist em. Professor für Soziologie am Labor SAGE (Sociétés, Acteurs, Gouvernements en Europe) der Universität Straßburg und Mitglied der interdisziplinären Zeitschrift Espaces et Sociétés. Seine Forschungsschwerpunkte sind Stadtplanung, Soziale Stadtentwicklung, lokale Demokratie und grenzüberschreitende Kooperationen in Europa.

Open Access Dieses Kapitel wird unter der Creative Commons Namensnennung 4.0 International Lizenz (http://creativecommons.org/licenses/by/4.0/deed.de) veröffentlicht, welche die Nutzung, Vervielfältigung, Bearbeitung, Verbreitung und Wiedergabe in jeglichem Medium und Format erlaubt, sofern Sie den/die ursprünglichen Autor(en) und die Quelle ordnungsgemäß nennen, einen Link zur Creative Commons Lizenz beifügen und angeben, ob Änderungen vorgenommen wurden.

Die in diesem Kapitel enthaltenen Bilder und sonstiges Drittmaterial unterliegen ebenfalls der genannten Creative Commons Lizenz, sofern sich aus der Abbildungslegende nichts anderes ergibt. Sofern das betreffende Material nicht unter der genannten Creative Commons Lizenz steht und die betreffende Handlung nicht nach gesetzlichen Vorschriften erlaubt ist, ist für die oben aufgeführten Weiterverwendungen des Materials die Einwilligung des jeweiligen Rechteinhabers einzuholen.

Soziale Innovation durch grenzüberschreitenden Austausch: Marginalisierte Quartiere im Blick

Jutta Guhl, Sandra Janett und Bruno Michon

Zusammenfassung

Der Beitrag widmet sich dem trinationalen und grenzüberschreitenden Forschungs- und Entwicklungsprojekt „MARGE – Einbindung marginalisierter Quartiere in die Oberrheinregion" und diskutiert, wie sich die Effekte des grenzüberschreitenden Austauschs von Fachpersonen, die im Bereich der Sozialen Stadtentwicklung tätig sind, auf soziale Innovation in benachteiligten Quartieren auswirken. Dabei zeigt sich, dass MARGE die Voraussetzungen dafür geschaffen hat, soziale Innovation durch grenzüberschreitenden Austausch zu ermöglichen.

Der grenzüberschreitende Austausch wird hier verstanden als Sonderfall des internationalen Austauschs, indem benachbarte Länder und Regionen sich austauschen, die eine gemeinsame Landesgrenze teilen. Siehe dazu auch Abschn. 4.

J. Guhl (✉) · S. Janett
Fachhochschule Nordwestschweiz/Hochschule für Soziale Arbeit/Institut Sozialplanung, Organisationaler Wandel und Stadtentwicklung, Muttenz, Schweiz
E-Mail: jutta.guhl@fhnw.ch

S. Janett
E-Mail: sandra.janett@fhnw.ch

B. Michon
Ecole Supérieure Européenne de l'Intervention sociale, Strasbourg, Frankreich
E-Mail: bruno.michon@eseis-afris.eu

© Der/die Autor(en) 2023
P. Oehler et al. (Hrsg.), *Marginalisierung, Stadt und Soziale Arbeit,* Quartiersforschung, https://doi.org/10.1007/978-3-658-37386-3_11

1   Einleitung

Benachteiligte oder marginalisierte Quartiere gibt es, seit es Städte gibt. Sie sind der räumliche Ausdruck sozialer Ungleichheit. Wissenschaftliche Auseinandersetzungen über das Phänomen finden sich ab dem 19. Jahrhundert etwa bei Friedrich Engels „Lage der arbeitenden Klasse in England" oder den Werken der Chicagoer Stadtsoziologie (Park et al., 1925; Zorbaugh, 1929). Auch sozialreformerische Ansätze mit dem Ziel, die Folgen der räumlichen und sozialen Ungleichheit zu lindern, finden sich bereits seit dieser Zeit, z. B. in der Settlement-Bewegung, die ausgehend von London und später den USA in vielen europäischen Ländern Nachahmung fand (vgl. Wendt, 2017, S. 354 ff.).

Bei Fragen zur gesellschaftlichen Spaltung bzw. Kohäsion wird häufig auf das Leitbild der „europäischen Stadt" verwiesen, in welcher soziale Ungleichheiten durch Sozial- und Raumpolitik reduziert werden und „die" Bürgerschaft sich aktiv in die Gestaltung eines gemeinsamen Gemeinwesens einbringt (Frey & Koch, 2010, S. 261 ff.). Dieses Idealbild stellt auch den Hintergrund für die Programme der sozialen Stadtentwicklung dar, die in mehreren europäischen Ländern zum Teil seit Jahrzehnten bestehen, etwa die „Politique de la Ville" in Frankreich, das Programm „Soziale Stadt" in Deutschland und die „Projets urbains" in der Schweiz (2008–2015). Den Programmen ist gemeinsam, dass sie ein umfassendes Verständnis von sozialer Stadtentwicklung haben, indem sie einen integralen Politikansatz verfolgen, der verschiedene Politikbereiche einbezieht und neben baulichen und infrastrukturellen Fragen auch solche der sozialen und ökonomischen Teilhabe ihrer Bewohner*innen in den Blick nimmt (Becker et al., 2019).

Die im Rahmen dieser Programme entwickelten Maßnahmen werden permanent an die Entwicklung der eingebundenen Quartiere angepasst. Der ressortübergreifende territoriale Ansatz dieser Programme ist oft als wegweisend und innovativ bezeichnet worden (Blanc, 2006).

Das in diesem Beitrag diskutierte trinationale und grenzüberschreitende Forschungsprojekt „MARGE – Einbindung marginalisierter Quartiere in die Oberrheinregion" (2017–2019) befasste sich mit der Sozialen Stadtentwicklung in Frankreich, Deutschland und der Schweiz. Denn obwohl Programme zur integrativen Stadt- und Quartiersentwicklung seit mehreren Jahren in allen drei Länder vorliegen, fehlen noch immer praxisnahe Strukturen der grenzüberschreitenden Kooperation sowie in andere Quartiere übertragbare Beispiele guter Methoden und Techniken – sogenannte „Good Practice Modelle". MARGE hatte sich daher zum Ziel gesetzt, diese Lücken zu schließen mittels einer Austauschplattform, einem Toolkit (Methodenhandbuch) sowie einem trinationalen

Weiterbildungsprogramm. Damit wurde die Absicht verfolgt, soziale Innovationen in der Oberrheinregion zu ermöglichen und unter Berücksichtigung kontextueller Rahmenbedingungen über die Landesgrenzen hinweg zu transferieren. Dahinter steckte folgende Annahme, die nicht nur im vorliegenden Beitrag kritisch zu hinterfragen war, sondern auch im Verlaufe des dreijährigen Forschungsprojekts: *„Soziale Innovationen sind dann möglich, wenn auf Basis identifizierter Bedarfe Methoden und Praktiken, die in einem Land bereits erprobt und als gut befunden worden sind, von einem anderen Land ausgewählt, adaptiert und dauerhaft durchgeführt werden.* Dies gilt bzw. galt es deshalb zu reflektieren, da „nicht alles Neue auch Innovation bedeutet" (Parpan-Blaser, 2011, S. 13; Alter, 2013, S. 7).

In diesem Beitrag wird diskutiert, wie sich die Effekte des grenzüberschreitenden Austauschs von Fachpersonen, die im Bereich der Sozialen Stadtentwicklung tätig sind, auf soziale Innovation in benachteiligten Quartieren auswirken. Hierzu werden wir versuchen zu verstehen, welche Bedingungen für diesen Austausch erforderlich sind, um soziale Innovation hervorzubringen, und um welche Art von sozialer Innovation es sich dabei handelt. Zunächst erfolgt in einem ersten Teil die Beschreibung des Forschungsprojekts, auf dem dieser Artikel basiert. Anschließend konzentrieren wir uns auf die Auswirkungen des grenzüberschreitenden Austauschs – einerseits auf die soziale Innovation in den Stadtteilen und andererseits auf das Handeln der Fachpersonen in den Quartieren.

2   Das Forschungsprojekt MARGE: Drei Länder, neun Quartiere, ein Raum für Innovation?

MARGE ist ein von INTERREG V – Oberrhein gefördertes Forschungs- und Entwicklungsprojekt, das 2017 aus einer langjährigen Zusammenarbeit zwischen der ESEIS (Ecole Supérieure Européenne de l'Intervention Sociale de Strasbourg), der Fachhochschule Nordwestschweiz und der Katholischen Hochschule in Freiburg hervorgegangen ist. Gegenstand von MARGE war die Entwicklung von Quartieren und deren Gestaltung durch die Fachpersonen aus der öffentlichen Verwaltung, der Sozialen Arbeit und weiteren lokalen Akteur*innen mit Einfluss auf die soziale Quartierentwicklung.[1] Ziel war, den grenzüberschreitenden Austausch

---

[1] Als soziale Quartierentwicklung werden „sämtliche über Zeiträume feststellbare Veränderungen des sozialen Lebens eines Quartiers bezeichnet, die mehr oder weniger absichtlich durch Interventionen herbeigeführt werden und/oder aufgrund von veränderten Rahmenbedingungen eintreten können" (Becker et al., 2019, S. 61).

zwischen den Fachpersonen aus Verwaltung und Sozialer Arbeit aus den neun teils benachteiligten Quartieren[2] der Länder Frankreich, Deutschland und der Schweiz in der Oberrheinregion systematisch zu fördern. Damit wurde die Absicht verfolgt, den Ausbau transnationaler Kontakte und Kooperationen der Akteur*innen der sozialen Stadt- und Quartierentwicklung sowie den Austausch guter Methoden und Projekte („Good Practice Modelle") zu stärken, um auf lange Sicht eine stärkere grenzüberschreitende Zusammenarbeit und ein Zusammenrücken der involvierten Fachpersonen zu initiieren. Mit MARGE sollten also weniger die Rahmenbedingungen sozialer Quartierentwicklung untersucht werden, sondern die Vielfalt und Erweiterung der Möglichkeiten von Interventionen für die Quartierentwicklung im trinationalen Kontext. Die hierbei leitende Fragestellung lautete: *Inwiefern beeinflusst grenzüberschreitender Austausch soziale Innovationen im Quartier?*

Das dem Forschungsprojekt MARGE zugrunde liegende Verständnis sozialer Innovation geht davon aus, dass erst dann von einer sozialen Innovation die Rede sein kann, wenn sie „sozial akzeptiert wird und breit in die Gesellschaft bzw. bestimmte gesellschaftliche Teilbereiche diffundiert, dabei kontextabhängig transformiert und schließlich als neue soziale Praxis institutionalisiert bzw. zur Routine wird" (Howaldt & Schwarz, 2010, S. 90). Für die Soziale Arbeit und somit auch für die Quartierarbeit bedeutet dies, dass Innovationen auf neuem oder neu kombiniertem Wissen basieren, in intendierten und kooperativen Prozessen entwickelt werden und neuartige Konzepte, Verfahren und Organisationsformen erzeugen, die einen Mehrwert namentlich für Quartierbewohner*innen erzeugen (Parpan-Blaser, 2011, S. 242). Insbesondere das Kriterium des „Mehrwerts", oder des „sozialen Nutzens" (Offredi & Ravoux, 2010), gilt es hierbei in den Vordergrund zu rücken. Dies grenzt die Quartierarbeit von einer ökonomischen Innovationslogik ab. Damit kann im Hinblick auf die leitende Fragestellung festgehalten werden, dass der grenzüberschreitende Austausch dann zu sozialen Innovationen in den Quartieren führt, wenn „es gelingt, die kritische (empirische) Beobachtung und Reflexion der eigenen Praxis und den damit verbundenen Wissenszuwachs produktiv zu nutzen, oder Anstösse von oben (Politik, Gesetzgeber) oder von unten (Bürgerinitiativen, soziale Bewegungen) unter fachlichen

---

[2] Dies waren namentlich die Gemeinden Pratteln und Suhr sowie das Quartier Klybeck-Kleinhüningen (Basel) in der Schweiz, die Stadtteile Port du Rhin und Meinau-Neuhof (Strasbourg) sowie die Stadt Saverne in Frankreich sowie die Quartiere Haslach und Weingarten (Freiburg i. Br.) und Kreuzmatt (Kehl) in Deutschland.

Gesichtspunkten in den disziplinären Diskurs einzubinden" (Parpan-Blaser, 2011, S. 119). Orientierung bietet hierbei der Nutzen für die Bewohner*innen der jeweiligen Quartiere.

Als Forschungs- und Entwicklungsprojekt, das auf innovative Veränderungen und Optimierung sozialer Quartierentwicklung mittels grenzüberschreitender Kontakte und Kooperation setzte, verfolgte MARGE eine Kombination aus Analysen und Interventionen. Die von den im Forschungsprojekt MARGE beteiligten Quartieren selbst ausgewählten Projekte und Methoden fungierten hierbei als Vergleichsgegenstand. Der Vergleich selbst beinhaltet folgende zwei Ebenen:

- erstens einen internationalen Vergleich zwischen Frankreich, Deutschland und der Schweiz;
- zweitens einen Vergleich der Sichtweisen zwischen Fachpersonen der sozialen Stadtentwicklung und der Forschung.

Um den am Forschungsprojekt beteiligten Quartieren eine echte Aneignung ausländischer Projekte zu ermöglichen und sich selbst die Möglichkeit zu geben, soziale Innovationen zu fördern, wählte MARGE für seine Forschungsarbeit die Methode der Aktionsforschung aus. Mit der angestrebten Aufhebung der Subjekt-Objekt-Beziehung von Forschenden und Beforschten hin zu einer gleichberechtigten Kooperation und dem Verständnis von Forschung als Teil von Lern- und Entwicklungsprozessen und damit einhergehend der Verbindung von Analyse und Intervention (vgl. Bortz & Döring, 2016, S. 337 f.) besteht eine gute Passung zum emanzipatorischen Anspruch der Sozialen Arbeit. Vor allem in der Quartiers- und Gemeinwesenarbeit werden Elemente der Aktionsforschung etwa mit der aktivierenden Befragung seit langem eingesetzt (vgl. Lüttringhaus & Richers, 2019). Es galt jedoch selbstkritisch zu berücksichtigen, dass Aktionsforschung auch Risiken in sich birgt, die unter anderem mit der Reduktion der Distanz der Forscher*innen zum Untersuchungsgegenstand und mit dem partizipativen Ansatz zu tun hatten.

In den neun MARGE-Quartieren bildeten Akteur*innen der verschiedenen Ebenen (Politik, Verwaltung, Soziale Arbeit, Bewohner*innen) Fokusgruppen, die sich über drei Jahre hinweg trafen. Der Einbezug lokaler Akteur*innen aus der öffentlichen Verwaltung, der Sozialen Arbeit und der Quartier- und Stadtentwicklung entspricht methodischen Standards, „denn es ist eine praktizierte Ausgangsbedingung von Aktionsforschung, alle Beteiligten zu einer Kooperation zu bewegen, und das bedeutet, vom obersten Manager über die Verwaltung, bis hin zu den direkten Vorgesetzten und verschiedenen Untergebenen alle einzubinden" (Schaffer, 2002, S. 83). Die insgesamt neun Fokusgruppen trafen regelmäßig in einer gemeinsamen trinationalen Projektgruppe zusammen. Jede dieser Fokusgruppen wählte bewährte Projekte und Methoden aus ihrem Quartier aus, die sie den Vertreter*innen der anderen Quartiere präsentierte. Bei der anschließenden Interessensbekundung ging es darum, dass sich jedes Quartier für mindestens ein Projekt aus einem Nachbarland entschied, welches es kennenlernen und für einen Transfer prüfen wollte. Auf Grundlage dieser Interessenbekundungen wurden in einem weiteren Schritt die „Felderkundungen" konzipiert: ein- oder zweitägige Veranstaltungen, die in jedem der neun Quartiere stattfanden, in denen Vertreter*innen ausländischer Quartiere zu Besuch waren, die dortigen Projekte kennenlernten und mit den involvierten Personen sprachen. Alle Teilnehmenden fertigten Forschungsnotizen an, die gemeinsam mit den Protokollen der Fokus- und Projektgruppentreffen und den von der Forschungsgruppe geführten Interviews das Datenmaterial bildeten, um die gestellte Forschungsfrage zu beantworten, inwiefern grenzüberschreitender Austausch soziale Innovation in den Quartieren beeinflusst.

3 Die eigenen Grenzen überschreiten, Denkweisen neu gestalten: die notwendigen Prämissen zur Innovation

Nach Schütz (2002) ist der hauptsächliche Effekt der Begegnung mit dem Fremden das Hintersichlassen des unhinterfragt Akzeptierten. Das Gleiche lässt sich bei grenzüberschreitenden Begegnungen beobachten. Landesgrenzen schaffen effektiv Universen von für selbstverständlich gehaltenen Praktiken und Überzeugungen, die sich stark von den Diskursen in den Nachbarländern unterscheiden können. Der Sozialarbeitende im Quartier schreibt sein Handeln in eine Geschichte und Praktiken ein, die ihm vorausgehen und die er reproduziert. Die einfache Tatsache, eine Landesgrenze zu überschreiten und Praktiken, Methoden oder Dispositive zu übernehmen, zu „übersetzen", führt daher zu einer Dezentrierung, einer notwendigen Voraussetzung für soziale Innovation.

Auch im Rahmen von MARGE finden sich zahlreiche Beispiele, die Fachpersonen gezwungen haben, ihre eigenen Praktiken zu hinterfragen, basierend auf dem Erstaunen, das die ausländischen Praktiken hervorriefen. Konzentrieren wir uns unter diesen Beispielen auf einen wesentlichen Aspekt der städtischen sozialen Entwicklung: die Beteiligung von Bewohner*innen.

Im Folgenden ein Auszug aus einem Feldforschungsbuch:

31. Juli 2017

> *Ich bin zurück von den Fokusgruppentreffen in Kehl und Pratteln. Ich hatte erwartet, Schweizer und deutsche Fachpersonen aus den Quartieren der beiden Ortschaften zu treffen. Meine Überraschung war groß, als ich mich mit einer Vielzahl von Menschen wiederfand, die ich nicht kannte. Nach den üblichen, die Fokusgruppe eröffnenden Vorstellungsrunden, stelle ich fest, dass eine beträchtliche Anzahl der Personen am Tisch Quartierbewohner*innen sind.*
>
> *Aufgrund der Tatsache, dass ich selbst die französischen Fokusgruppen zusammengestellt hatte und mir der Gedanke, Bewohnende aus dem Quartier einzuladen, nicht in den Sinn gekommen war, war der Schock umso größer. Ebenso wenig auf diese Idee gekommen zu sein schienen die Fachpersonen der an dem Projekt beteiligten französischen Quartiere.*
>
> *Gleichzeitig jedoch war die Anweisung, welche meine Schweizer und deutschen Kolleg*innen bei der Bildung dieser Fokusgruppen angewendet hatten, dieselbe wie meine: „Die Akteur*innen des Quartiers zusammenzubringen."*

Diese Erfahrung zeugt zunächst davon, dass „das Andere", das Fremde es ermöglicht, das „Selbstverständliche" im eigenen System zu reflektieren.

Ohne diesen Blick von außen wären die französischen Projektteilnehmer*innen nicht zu der folgenden einfachen Erkenntnis gelangt: Es ist auch möglich, es anders zu machen. Nun können diese Beobachtungen vertieft werden. Die oben geschilderte Erfahrung bedeutet nicht, dass es in den drei französischen Quartieren keine Bürgerbeteiligung gibt, sondern vielmehr, dass die Bedingungen für eine solche Teilnahme nicht dieselben sind. Aus den im Rahmen von MARGE erhobenen und analysierten Daten ist es nun möglich, eine Analyse dieser Beteiligungsvoraussetzungen vorzunehmen.

Es scheint uns interessant, das Vertrauen und insbesondere das Vertrauensverhältnis zwischen Politik, Verwaltungen, lokalen Akteur*innen und Bewohner*innen der Quartiere als einen der wesentlichen Erklärungsfaktoren für diese Unterschiede zu betrachten. Diese Vertrauensverhältnisse sind durch die Wechselwirkung zwischen der Geschichte der Entstehung des Nationalstaats, von politischen Entscheidungen und von lokalen Besonderheiten ausgeprägt (Küppers, 2019). MARGE erlaubt uns wenig zu sagen über die nationalen Gegebenheiten, aber es erlaubt uns eine gute Darstellung, wie auf lokaler Ebene Vertrauensverhältnisse aufgebaut sind.

Auf Quartierebene lassen sich die gesellschaftlichen Regeln, Normen und Gesetze, die das Vertrauen umrahmen, feststellen. Dadurch entsteht ein spezifisches „Vertrauensverhältnis" zwischen den verschiedenen Komponenten des Quartiers. Jede Akteurin und jeder Akteur des Quartiers „weiß", was von den anderen Akteur*innen zu erwarten ist, und kann dabei Teil der „Vertrauenskette" sein, die alle Individuen verbindet.

Die soziale Stadtentwicklung ist natürlich Teil dieser Kette, wie die beiden oben beschriebenen Erfahrungen veranschaulichen.[3]

In den drei französischen Quartieren basiert das Vertrauensverhältnis auf Delegation. Jede*r Bürger*in delegiert an die Institutionen (Gebietskörperschaften, Staat, Soziale Arbeit usw.), welche für das „Gemeinwohl" zuständig sind. Die Konzeption der Gleichheit hat hierbei Vorrang vor der Freiheit. Ausschließlich Institutionen, die über den*die Einzelne*n hinausreichen, sind dazu geeignet, die Gleichstellung aller Bürger*innen zu gewährleisten.

Anders stellt sich die Situation in den Schweizer Quartieren dar, in denen die Bürger*innen die Verantwortung des Gemeinwohls nur teilweise an die Politik delegieren. Letztere hat die Pflicht, die gesamte Politik gemeinsam mit den Bürger*innen auszuarbeiten. Das gesamte System basiert somit auf der ständigen gegenseitigen Abhängigkeit aller Gesellschaftsteile. Diese Form der gegenseitigen Abhängigkeit führt dazu, dass jede radikale Reform äußerst kompliziert wird.

In den deutschen Quartieren wiederum ist das Vertrauensverhältnis vom Subsidiaritätsprinzip geprägt. Die höchsten Institutionen sind nicht die mit der größten Macht. Die Zivilgesellschaft ist dafür verantwortlich, sich eines Teils des Gemeinwohls anzunehmen. In den Quartieren ist die Zivilgesellschaft (Verbände, Kirchen usw.) im Namen der Kommune für die Verwaltung des Gemeinwohls verantwortlich.

Es ist zusammenfassend sinnvoll, keines der Modelle der Vertrauensbeziehung im Vergleich zu den anderen zu idealisieren. So bemerkten viele Schweizer und deutsche Teilnehmer*innen in Frankreich positiv die Investitionen durch den Staat, welcher als Garant für Gleichheit auftritt. Die Pflicht einer Gemeinde, in ihre ärmsten Quartiere zu investieren, war jenseits des Rheins nicht realisierbar, während das daraus entstehende Vertrauensverhältnis in den französischen Quartieren für diese sehr interessant war.

Auf französischer Seite äußern die Teilnehmer*innen Verdrossenheit bezüglich des Mangels an Vertrauen, den sie auf allen Ebenen verspüren: Die gewählten Vertreter*innen gegenüber der Verwaltung, die Verwaltung gegenüber den Mittlerorganisationen und diese drei Ebenen gegenüber den Bewohner*innen. Es

---

[3]Alle folgenden Aussagen müssen in den Kontext von MARGE gestellt werden. Sie ergeben sich aus der Analyse der Daten der neun Quartiere des Oberrheins und erheben keinen Anspruch auf Verallgemeinerbarkeit.

scheint als sei dies eines der Hauptergebnisse von MARGE: sich von den Vertrauensverhältnissen der Nachbarländer inspirieren zu lassen, und dadurch offen zu werden, das eigene System zu reflektieren und neu zu denken. Es wäre möglich und spannend, die auf lokaler Ebene dargestellten Vertrauensverhältnisse mit anderen französischen, deutschen und Schweizer Quartieren zu vergleichen, um eine breitere Sicht zu gewinnen und vielleicht verallgemeinern zu können. Besonders wichtig wäre dabei, die anderen Faktoren näher zu beschreiben (Geschichte der Entwicklung der Nationalstaaten, politische Entscheidungen etc.). Auf Grundlage der bei MARGE erhobenen Daten sind jedoch nur Aussagen auf lokaler Ebene möglich.

Wir können diese Erkenntnisse über die Beteiligung der Bewohner*innen und das Vertrauensverhältnis mit einigen Anmerkungen zu den Auswirkungen des grenzüberschreitenden Austauschs auf die soziale Innovation abschließen. Das Erstaunen, das durch die Unterschiede zwischen den Beteiligungspraktiken in den neun im Rahmen von MARGE betrachteten Stadtteilen verursacht wird, ist an sich keine soziale Innovation. Es führt jedoch dazu, dass die Bedingungen für soziale Innovation geschaffen werden, indem allen Beteiligten im Quartier gestattet wird, die Selbstverständlichkeiten und die „Vertrauensbeziehungen", in die ihre Praktiken eingebettet sind, infrage zu stellen. Der grenzüberschreitende Austausch eröffnet die Möglichkeit, neue, von Unsicherheit geprägte, originelle Maßnahmen umzusetzen, die von einem bestimmten Kontext in einen anderen übersetzt werden, was allesamt Innovationsmerkmale sind.

4   Austausch und Innovation

Schauen wir nun genauer auf den grenzüberschreitenden Austausch, der einen Spezialfall des internationalen Austauschs darstellt. Durch die räumliche Nähe der Akteur*innen sind direkte Begegnungen einfacher und häufiger möglich und dadurch leichter zu verstetigen. Im besten Fall entsteht dadurch etwas, was man in Anlehnung an Saskia Sassens Begriff der „borderlands" als „Grenzraum" bezeichnen könnte, der als Einheit wahrgenommen wird und der die Akteur*innen dies- und jenseits der Landesgrenze nicht mehr trennt, sondern verbindet (vgl. Sassen in Interview mit Bourdeau-Lepage, 2009). Claude Courlet hat hierfür das schöne Bild von der Grenze, die sowohl „coupure" als auch „couture", sowohl ein trennender Schnitt als auch eine verbindende Naht, sein kann, gefunden (vgl. Courlet, 1988, S. 9).

Die Entstehung eines gemeinsamen Raums in Form einer grenzüberschreitenden Community ist eines der zentralen Ergebnisse von MARGE, der von den beteiligten Akteur*innen sehr geschätzt und auch über das Projektende hinaus eigenaktiv weitergepflegt wird.[4]

Was hat dieser grenzüberschreitende Austausch bei den beteiligten Akteur*innen aus den Quartieren bewirkt?

Im Zentrum von MARGE stand die Begegnung, der grenzüberschreitende Austausch und ein zeitweiliges Eintauchen in ein anderes Umfeld mit dem Ziel, hieraus Nutzen für die Situation „zuhause" zu ziehen. Wir haben die Haltung, die es dafür braucht und welche die an MARGE Beteiligten entwickelt haben, in dem gefunden, was Ulf Hannerz (2002) als Kosmopolitismus definiert: „eine Orientierung, eine Bereitschaft, sich auf das Andere einzulassen" (S. 142 f.), die Offenheit „durch Zuhören, Beobachten, Intuition und Nachdenken" (S. 143) Zugang zu den neuen Erfahrungen zu finden und in einem zweiten Schritt darum, sich im bis dato fremden „System von Bedeutungen(…) mehr oder weniger vertraut zu bewegen" (S. 143). Zumindest die erste Stufe des so skizzierten Kosmopolitismus, die Bereitschaft zuzuhören und zu beobachten und sich auf das Neue einzulassen, entspricht ziemlich gut den Beobachtungen, die wir im Rahmen von MARGE machen konnten. „Das Forschungsprojekt ermöglicht es, Horizonte zu öffnen und verschiedene Erfahrungen zu machen, also aus der Routine auszubrechen und andere mögliche, offene Denkweisen kennen zu lernen (…)" (Aussage aus einer Wandzeitung im Rahmen eines MARGE-Projekt-gruppentreffens) – oder um es mit den Worten einer anderen Teilnehmerin auszu-drücken, „Grenzgänger*in" zu werden.

5   Ungeplantes Nebenprodukt: Anerkennung

Neben der Wahrnehmung, „Grenzgänger*in" geworden zu sein, und dem Gefühl, zu einer grenzüberschreitenden Community zu gehören, haben die in das Projekt MARGE einbezogenen Fachpersonen und die Bewohner*innen

---

[4] Der grenzüberschreitende Raum von MARGE ist natürlich nicht im luft- und geschichts-losen Raum entstanden. Die Oberrheinregion blickt auf eine lange Geschichte grenzüber-schreitender Kooperationen, Projekte und Institutionen zurück. Sich darin einbinden zu können, war für die Dynamik von MARGE sicherlich förderlich. Aber nicht zuletzt die Situation im Frühjahr 2020 mit pandemiebedingten Grenzschließungen und Irritationen hat gezeigt, dass auch eine stabile Freundschaft regelmäßig neue Vergewisserungen braucht. Wir hoffen, dass für den Bereich der Sozialen Stadtentwicklung MARGE hierzu einen bescheidenen Beitrag leisten kann.

konstatiert, dass der grenzüberschreitende Austausch eine Möglichkeit für Anerkennung darstellt.

Im Rahmen des grenzüberschreitenden Austauschs wurden neben regelmäßigen Projektgruppentreffen, an denen die Akteur*innen aus allen neun Quartieren teilnahmen, die bereits weiter oben ausgeführten Felderkundungsbesuche durchgeführt. Die Durchführung dieser ein- bis zweitägigen Veranstaltungen ermöglichte den Teilnehmer*innen einen vertieften Einblick in die Handlungspraxis der sozialen Stadtentwicklung in den besuchten Quartieren und bot ihnen Impulse für ähnliche Themen und Herausforderungen im eigenen Quartier.

Ein solch vertiefter Austausch zwischen Personen verschiedener Quartiere ist unserer Erfahrung nach relativ ungewöhnlich und erfordert nicht nur viel Zeit und Vorbereitung, sondern vor allem die Bereitschaft zur Offenheit und zur Reflexion der eigenen Praxis. Sowohl der Empfang der Besucher*innen im eigenen Quartier als auch die Felderkundungen in den ausländischen Quartieren boten dazu die Möglichkeit und wurden dazu genutzt.

Die interessierten Nachfragen und die Notwendigkeit, die eigene Praxis im Vorfeld zu reflektieren, um sie „Ausländer*innen" erklären zu können, führten häufig zu der Erkenntnis „dass bei uns im Quartier doch nicht alles so schlecht läuft und dass wir eine gute Arbeit machen" (Gedächtnisprotokoll eines Quartierakteurs).

Die vielfach positiven Rückmeldungen der ausländischen Gäste wurden als sehr wohltuend und bestärkend erlebt. Dies nicht zuletzt, weil gerade Fachpersonen aus der Sozialen Arbeit immer noch häufig wenig Anerkennung für ihre Leistung erfahren (vgl. Bereswill & Ehlert, 2012).

Aber nicht nur durch die ausländischen Gäste wurde den Quartiersakteur*innen Anerkennung zuteil. An den Felderkundungen, aber auch an den innerhalb jedes Quartiers implementierten Fokusgruppen nahmen viele Akteur*innen teil, die sich zwar untereinander in der Regel kannten, aber sich selten die Zeit genommen hatten, sich ihre Arbeit gegenseitig so differenziert vorzustellen. So hat MARGE teilweise auch zu einer besseren Vernetzung im Quartier beigetragen.

Last, but not least stieß der im Rahmen der Felderkundungen stattfindende Besuch einer ausländischen Delegation im „benachteiligten" Quartier der eigenen Gemeinde in der Regel auch auf Aufmerksamkeit und Interesse der lokalen Politik und Öffentlichkeit. So stellte beispielsweise der im Rahmen einer grenzüberschreitenden Felderkundung in Frankreich stattgefundene Besuch beim Präfekten eine für die involvierten französischen Akteur*innen noch nie erfolgte Begegnung dar. Der Austausch zwischen den Gästen und dem Präfekten als Vertreter des Staates und ausführendes Organ der Politik hinterließ bei den Fachpersonen einen bleibenden Eindruck. Insbesondere die lokalen Akteur*innen erachteten die durch den grenzüberschreitenden Austausch möglich gewordene Begegnung als Zeichen der Wertschätzung ihrer professionellen Tätigkeiten.

Wir können nun versuchen, die zentrale Frage des Forschungsprojekts zu beantworten: Inwiefern beeinflusst der grenzüberschreitende Austausch die soziale Innovation in Quartieren? Am Ende unserer Überlegungen zu den drei in der Einleitung gestellten Fragen erscheint es uns möglich, diese Frage zumindest teilweise zu beantworten.

6 Welche Art der sozialen Innovation entsteht bei welchem grenzüberschreitenden Austausch?

6.1 MARGE als ein Erfahrungsprojekt

MARGE ist, wie viele andere Forschungsprojekte auch, ein Erfahrungsprojekt. Dies bedeutet, dass es im Wesentlichen von den Projektteilnehmer*innen erlebt wird und daher schwierig zu übertragen ist. Das neue Wissen wurde durch die immersive Erfahrung erworben, mithilfe der verschiedenen Sinne, der Herzlichkeit und Freude an diesem Austausch teilzunehmen. Es ist nicht akademisches Wissen, welches „outside the box" vermittelt werden konnte, sondern setzt sich zusammen aus winzigen Signalen, die schwer zu benennen und zu identifizieren sind und dabei Praktiken und Erfahrungen widerspiegeln. Diese Dimension kann als „hypersubjektiv" bezeichnet werden. Dieses Konzept, das aus der Forschung von Anne Perraut-Soliveres stammt, beschreibt die Schwierigkeit, eine individuelle Erfahrung, die von einer starken Subjektivität geprägt ist, auszudrücken und in Worte zu fassen (Perraut-Soliveres, 2001, S. 251).

Diese Hypersubjektivität macht Innovationen auf der Ebene eines Quartiers kompliziert. Es ist schwierig, den Beitrag des grenzüberschreitenden Austauschs zu bewerten, da er sich stark auf die Haltungen, auf eine oft leichte Verschiebung des Verhältnisses zu den Einwohner*innen auswirkt. Die Übertragung dieser Veränderung individueller Praktiken auf die Ebene einer Institution ist nicht selbstverständlich. Oftmals nahmen ein oder zwei Personen aus verschiedenen Organisationen an MARGE teil, was es nicht erlaubt, Veränderungen durch die vorhandenen Strukturen zu übernehmen. Menschen können ihre Praktiken individuell ändern, werden dabei jedoch sehr schnell mit der Organisation und der Struktur konfrontiert. Um Methoden spürbar zu verändern, Arbeitsprozesse neu zu gestalten und diese Veränderungen zu institutionalisieren, muss die Dynamik des Austauschs und des Bewusstseins für das Thema verstärkt werden.

6.2   Ein begrenzter Zeitraum für die Messung der Auswirkungen von Transfers auf die Veränderung von Methoden

MARGE dauerte drei Jahre. Das erste Jahr ermöglichte es, die Arbeitsgruppen („Fokusgruppen" in jedem Quartier und auf der Ebene der neun beteiligten Quartiere) zu bilden und die zu entwickelnden Projekte für die Feldforschungsbesuche zu benennen. Im zweiten Jahr gingen die Projektpartner*innen zu den Feldforschungsbesuchen, was für alle Beteiligten ein besonderes Highlight war. Es mussten die An- und Abreisen organisiert, eine persönliche Verfügbarkeit über mehrere Tage sichergestellt, die vorgestellten Projekte und Methoden verstanden sowie gemeinsam darüber nachgedacht werden, wie vorzugehen ist, um die „Transfers" zu organisieren. Das dritte Jahr ermöglicht es lediglich, die Praktiken und Methoden auf die eigenen Kontexte anzupassen und auf die herausgearbeiteten Bedürfnisse anzuwenden.

Von sozialer Innovation kann gesprochen werden, wenn sie „gesellschaftlich anerkannt und weitreichend in der Gesellschaft oder zumindest einigen Teilen dieser verbreitet ist, obgleich sie sich entsprechend des Kontextes entwickelt und letztendlich wie eine neue gesellschaftliche Praktik institutionalisiert ist, diese also gewissermaßen zur Routine wird" (Howaldt & Schwarz, 2010, S. 90).

Es ist zum jetzigen Zeitpunkt noch zu früh, um die Auswirkungen der Transfers vollumfassend zu erkennen. Darüber hinaus wurden die Feldforschungsbesuche nach Ansicht der Fachpersonen von MARGE von vielen als eine Möglichkeit angesehen, den eigenen Horizont um neue Praktiken zu erweitern, ohne notwendigerweise den Wunsch oder die Mittel für die Übertragung eines Projekts zu besitzen. Um die gemachten Erfahrungen besser einzuordnen, kann Kegelmanns Typisierung des Lernens herangezogen werden:

„Auf der Ebene des Single-Loop-Lernens werden bestehende Praktiken verbessert und optimiert. Beim Double-Loop-Lernen findet eine Veränderung der handlungsleitenden Vorstellungen, Zielsetzungen und Grundüberzeugungen statt. Deutero-Learning hingegen sammelt und kommuniziert Wissen über vergangene Lernprozesse und wird als Lernen des Lernens aufgefasst." (Kegelmann, 2019, S. 443).[5]

---

[5] Siehe auch den Beitrag von Kegelmann in diesem Band.

Bezogen auf MARGE, betreffen die beobachteten Veränderungen der Praktiken die erste und vielleicht längerfristig auch die zweite Stufe. Die an MARGE beteiligten Fachpersonen und Bewohner*innen konnten, verglichen mit den Praktiken in anderen Quartieren, manchmal mit radikal unterschiedlichen Praktiken konfrontiert werden. Dabei ließen sich auch die ersten Auswirkungen dieser Konfrontationen auf die Praxis feststellen.

Die im vorherigen Abschnitt vorgestellten Überlegungen zur Beteiligung der Bewohner*innen bezeugen dies.

6.3   Ein Innovationsprojekt für innovative Quartiere?

MARGE zielte darauf ab, soziale Innovation durch grenzüberschreitenden Austausch zu ermöglichen. Obwohl diese Dimension zum jetzigen Zeitpunkt schwer zu erfassen und zu quantifizieren ist, hat es MARGE dennoch ermöglicht, Keime für eine soziale Innovation zu säen.

Erinnern wir uns an die sechs Merkmale der sozialen Innovation (Parpan-Blaser, 2011, S. 43):

- Neuerung
- Originalität
- Ungewissheit
- Emergenz
- Relativität
- Plastizität

Durch den grenzüberschreitenden Austausch und die partizipative Projektmethodik hat MARGE die Bildung einer grenzüberschreitenden Gemeinschaft von Akteur*innen der sozialen Stadtentwicklung ermöglicht. Diese Gemeinschaft ist *transnational, transprofessionell* und *transkulturell* zugleich.

Die Arbeitsmethode hat es ermöglicht, neue Praktiken zu entdecken, aber auch, über die eigenen Praktiken zu reflektieren. Die Feldforschungsbesuche (im eigenen oder im fremden Quartier) besaßen eine wichtige reflektierende Dimension. Oftmals haben sie Fachpersonen von MARGE dazu veranlasst, einen differenzierten Blick auf ihre Arbeitsmethoden zu werfen, während sie gleichzeitig Verbesserungsspielraum für Fortschritte und mögliche Entwicklungen herausgearbeitet haben.

MARGE ist aufgrund seines internationalen und grenzüberschreitenden Kontextes ein innovatives Forschungs- und Entwicklungsprojekt an sich. Letzteres hatte sicherlich Einfluss auf die Motivation und Neugierde der Teilnehmer*innen. Die „exotische" Dimension des Austauschs erlaubte es ihnen, ihre eigenen Praktiken von neuem zu hinterfragen, ohne sich in einem normativen oder präskriptiven Rahmen zu befinden. Für Patrick Hassenteufel sind „die Beiträge des internationalen Vergleichs vielfältig. Erstens ermöglicht der vergleichende „Umweg" einen dezentrierten Blick auf die eigene nationale Realität (…). Vor allem der vergleichende Ansatz ermöglicht es, durch Multiplikation der Anzahl der beteiligten Fälle, empirisch fundierte allgemeine theoretische Hypothesen zu validieren (oder zu verwerfen), wenn dieser deduktiv verwendet wird" (2005, S. 113).

In dieser Hinsicht erfolgte die von MARGE produzierte Innovation im Gegensatz zur disruptiven Innovation schrittweise. Mit anderen Worten, sie erfolgte in Kontinuität mit den bestehenden Methoden, ohne einen radikalen Bruch mit dem Kontext und den bestehenden Praktiken durchzuführen. Es kann davon ausgegangen werden, dass diese Methode die Akzeptanz von Veränderungen verbessern wird.

Im Rahmen von MARGE entstanden mehrere Projekte (in Form von Transfer oder neuen Projekten), die der Definition von sozialer Innovation gemäß MARGE entsprechen:

- Ein grenzüberschreitendes Quartiersfest wurde zwischen den Stadtvierteln Kreuzmatt in Kehl und Port du Rhin in Straßburg organisiert.
- Die Stadt Saverne hat eine Reflexion über die Rolle der Bewohner*innen bezüglich der Funktionsweise des soziokulturellen Zentrums angestoßen und versucht dabei, eine Dynamik der Umwandlung der Praktiken bei allen Beteiligten, insbesondere Mandatsträger*innen, Verwaltungspersonal, Betreuer*innen, Direktion/Leitung usw. nach dem Vorbild der in Pratteln beobachteten Funktionsweise anzustoßen.
- Der Verein Forum Weingarten in Freiburg ist sehr daran interessiert, ein inklusives Kunstprojekt nach dem Vorbild des Projekts Michto, welches in Port du Rhin vorgestellt wurde, zu organisieren.
- In Basel hat eine MARGE-Teilnehmerin das in Freiburg-Haslach besuchte Projekt „Ruhewohnung" aufgegriffen und einer sozialen Wohnungsbaugesellschaft vorgeschlagen. Dies fällt zwar nicht in ihren Zuständigkeitsbereich, während sie trotzdem als „Vermittlerin" von Ideen und Erfahrungen fungiert.
- Die Gemeinde Pratteln prüft, inwiefern sie die in Weingarten beobachtete Mietermitbestimmung in einigen Liegenschaften in ihrer Gemeinde umsetzen kann.

- In Straßburg beschloss die Unterpräfektin, die Bedingungen für die Aus-
  schreibung von Projekten bezüglich der Festlichkeiten am Jahresende zu
  überprüfen. Der Ansatz ist eher „bottom-up" und basiert auf den Bedürf-
  nissen des jeweiligen Quartiers. Die Überlegung liegt insbesondere in dem
  Feldforschungsbesuch in Suhr begründet, bei dem viele Personen aus Frankreich an einer Gemeindeversammlung teilnehmen konnten, welche ihre Vorstellungen zum Thema „Bürger*innenbeteiligung" erschütterte.

Diese Liste ist nicht vollständig, zeichnet jedoch ein Bild von der Art der statt-
gefundenen Veränderungen. Die genannten Maßnahmen sind ein gutes Beispiel
dafür, was ein Transfer im Hinblick auf soziale Innovation bedeutet, sofern er
Reflexionen und Fragen in der eigenen beruflichen Praxis aufwirft. Es geht
nicht darum, die anderswo gesehene Maßnahme auf die gleiche Art und Weise
zu reproduzieren, sondern sie zu kontextualisieren. Darüber hinaus werden diese
Maßnahmen alle als „eine Neuerung, die als Verbesserung des Bestehenden
anerkannt wird" (Braun-Thürmann, 2005, S. 6), angesehen.

Zusammenfassend lässt sich festhalten, dass MARGE die Voraussetzungen
dafür geschaffen hat, dass soziale Innovation durch grenzüberschreitenden Austausch stattfinden kann. Angesichts der Dauer des Projekts und der zu über-
windenden Hindernisse (Sprachbarriere, Bedarf der Einbindung weiterer
Akteur*innen usw.) wurden vorerst nur die *Keime* sozialer Innovation gelegt. Der
Prozess hat soeben erst begonnen. Damit sich diese Keime weiterentwickeln und
sprießen können, lassen sich drei elementare Faktoren hervorheben: Kreativität (Verlassen der Komfortzone), Mut (es wagen, die eigenen Praktiken zu
verändern) und schließlich die Erprobung (Übergang zum Handeln). Die Fortführung des Forschungsprojekts in Form von trinationalen Fachtagen und einer
Austauschplattform sollte es ermöglichen, die soziale Innovation in der Praxis der
beteiligten Akteur*innen fortzusetzen und weiter zu verstärken.

Literatur

Alter, N. (2013). *L'innovation ordinaire*. Presses Universitaires de France. (Erstausgabe
  2003)
Becker, M., Dunst, C., Guhl, J., Janett, S., & Michon, B. (2019). *Marge Toolkit*. Ecole
  Supérieure Européenne de l'intervention Sociale, Katholische Hochschule Freiburg und
  Fachhochschule Nordwestschweiz.
Bereswill, M., & Ehlert, G. (2017). Frauenberuf oder (Male) Profession? Zum Ver-
  hältnis von Profession und Geschlecht in der Sozialen Arbeit. In B. Bütow &

C. Munsch (Hrsg.), *Soziale Arbeit und Geschlecht. Herausforderungen jenseits von Universalisierung und Essentialisierung* (S. 92–107). Westfälisches Dampfboot. (Erstausgabe 2012)

Blanc, M. (2006). Politique de la ville et Soziale Stadt, une comparaison franco-allemande. *Pensée plurielle, 12*, 45–51.

Bortz, J., & Döring, N. (2016). *Forschungsmethoden und Evaluation in den Sozial- und Humanwissenschaften.* Springer.

Bourdeau-Lepage, L. (2009). Regards sur…: Une interview de Saskia Sassen. *Géographie, économie, société, 11*(4), 353–360.

Braun-Thürmann, H. (2005). *Innovation.* transcript.

Courlet, C. (1988). La frontière: Couture ou coupure? *économie et humanisme,* 301(Mai-Juni), 5–12.

Engels, F. (1845). *Die Lage der arbeitenden Klasse in England: Nach eigner Anschauung und authentischen Quellen.* O. Wigand.

Frey, O., & Koch, F. (2010). Die Europäische Stadt. Dimensionen und Widersprüche eines transdisziplinären Leitbilds. *RaumPlanung, 153*, 261–266.

Hannerz, U. (2002). Kosmopoliten und Sesshafte in der Weltkultur. In P. –U. Merz-Benz & G. Wagner (Hrsg.), *Der Fremde als sozialer Typus* (S. 139–161). UVK. (Originalausgabe 1990)

Hassenteufel, P. (2005). De la comparaison internationale à la comparaison transnationale. Les déplacements de la construction d'objets comparatifs en matière de politiques publiques. *Revue française de science politique, 55*, 113–132.

Howaldt, J., & Schwarz, M. (2010). Soziale Innovation – Konzepte, Forschungsfelder und -perspektiven. In J. Howaldt & H. Jacobsen (Hrsg.), *Soziale Innovation. Auf dem Weg zu einem postindustriellen Innovationsparadigma* (S. 87–108). VS Verlag.

Kegelmann, J. (2019). Entwicklungen im Verwaltungsmanagement. Vom New Public Management zur agilen Innovationsfähigen Verwaltung. In T. Breyer-Mayländer & C. Zerres (Hrsg.), *Stadtmarketing. Grundlagen, Analysen, Praxis* (S. 437–447). VS Verlag.

Küppers, A. (2019). Subsidiarität und Demokratie. In V. Kronenberg & J. Horneber (Hrsg.), *Die repräsentative Demokratie in Anfechtung und Bewährung: Das „Wir" organisieren* (S. 135–143). Springer Fachmedien Wiesbaden.

Lüttringhaus, M., & Richers, H. (2019). Handbuch Aktivierende Befragung. Konzepte, Erfahrungen, Tipps für die Praxis. *Arbeitshilfen für Selbsthilfe- und Bürgerinitiativen, Nr. 29.* Stiftung Mitarbeit.

Offredi, C., & Ravoux, F. (2010). *La notion d'utilité sociale au défi de son identité dans l'évaluation des politiques publiques.* Editions L'Harmattan.

Park, Robert E., Burgess, Ernest W., & Mc Kenzie, Roderick D. (Hrsg.). (1925). *The City.* The University of Chicago Press.

Parpan-Blaser, A. (2011). *Innovation in der Sozialen Arbeit. Zur theoretischen und empirischen Grundlegung eines Konzepts.* VS Verlag.

Perraut, A. (2001). *Infirmières, le savoir de la nuit.* Presses Universitaires de France.

Schaffer, H. (2002). *Empirische Sozialforschung für die Soziale Arbeit. Eine Einführung.* Lambertus.

Schütz, A. (2002). Der Fremde. Ein sozialpsychologischer Versuch. In P. –U. Merz-Benz & G. Wagner (Hrsg.) 2002. *Der Fremde als sozialer Typus* (S. 73–92). UVK, 2002. (Originalausgabe 1944)

Wendt, W. R. (2017). *Geschichte der Sozialen Arbeit 1. Die Gesellschaft vor der sozialen Frage 1750–1900* (6. Aufl.). Springer VS.
Zorbaugh, H. (1929). *The Gold Coast and Slum. A Sociological Study of Chicago's Near North Side Chicago*. University of Chicago Press.

Jutta Guhl Sozialarbeiterin und Soziologin, ist Dozentin an der Hochschule für Soziale Arbeit der Fachhochschule Nordwestschweiz. Ihre aktuellen Schwerpunkte in Forschung und Lehre sind Gemeinwesenarbeit und grenzüberschreitende Zusammenarbeit in der Oberrheinregion.

Sandra Janett MA in Sozialer Arbeit, ist wissenschaftliche Mitarbeiterin am Institut Sozialplanung, Organisationaler Wandel und Stadtentwicklung der Hochschule für Soziale Arbeit der Fachhochschule Nordwestschweiz. Zwei ihrer zentralen Schwerpunkte in Forschung und Lehre sind (grenzüberschreitende) Quartier- und Stadtentwicklung sowie Wohnen und gute Betreuung im Alter.

Bruno Michon ist Forschungs- und Entwicklungsbeauftragter an der Hochschule für Soziale Arbeit in Straßburg (ESEIS) und assoziierter Professor an der Universität Straßburg. Seine aktuellen Schwerpunkte in Forschung und Lehre sind Religion, Radikalisierung und Soziale Arbeit im grenzüberschreitenden Raum.

Open Access Dieses Kapitel wird unter der Creative Commons Namensnennung 4.0 International Lizenz (http://creativecommons.org/licenses/by/4.0/deed.de) veröffentlicht, welche die Nutzung, Vervielfältigung, Bearbeitung, Verbreitung und Wiedergabe in jeglichem Medium und Format erlaubt, sofern Sie den/die ursprünglichen Autor(en) und die Quelle ordnungsgemäß nennen, einen Link zur Creative Commons Lizenz beifügen und angeben, ob Änderungen vorgenommen wurden.

Die in diesem Kapitel enthaltenen Bilder und sonstiges Drittmaterial unterliegen ebenfalls der genannten Creative Commons Lizenz, sofern sich aus der Abbildungslegende nichts anderes ergibt. Sofern das betreffende Material nicht unter der genannten Creative Commons Lizenz steht und die betreffende Handlung nicht nach gesetzlichen Vorschriften erlaubt ist, ist für die oben aufgeführten Weiterverwendungen des Materials die Einwilligung des jeweiligen Rechteinhabers einzuholen.

Innovation im Zwischen-Raum. Wie Innovationen gelingen! Anmerkungen zum Forschungsprojekt MARGE 2017 bis 2019

Jürgen Kegelmann

Zusammenfassung

Der Artikel reflektiert das Forschungsprojekt MARGE von 2017 bis 2019 und legt die Innovationsmuster des Forschungsprojektes offen. Dabei wird mithilfe der aktuellen Innovationsliteratur ein Innovationsrahmen entwickelt, der dann exemplarisch „gefüllt" wird. Auch wird auf Innovationsbarrieren eingegangen und es wird gezeigt, dass es eine Grundspannung zwischen Innovations- und klassischen Verwaltungslogiken gibt. Aber genau an den Grenzen und Nahtstellen, im „Zwischenraum", ist der Ort der Innovation. Dort wo sich „Eigenes" und „Fremdes/Anderes" berühren, begegnen und dadurch Kommunikation und (Selbst)Reflektion entsteht.

1 Einleitung

In der Zeit von Januar 2017 bis Ende 2019 fand das Forschungsprojekt MARGE statt. Gegenstand des Projektes war die Entwicklung von Quartieren und die Frage, wie soziale Innovation evoziert werden kann. Gerade an der Schnittstelle zwischen lokalen Akteur*innen im Quartier, gemeinsam mit Fachkräften aus der Sozialen Arbeit und der öffentlichen Verwaltung. Dabei war die Kernfrage: „Wie

J. Kegelmann (✉)
Hochschule für öffentliche Verwaltung Kehl, Professor für Organisation, Personal und Management, Kehl, Deutschland
E-Mail: kegelmann@hs-kehl.de

© Der/die Autor(en) 2023
P. Oehler et al. (Hrsg.), *Marginalisierung, Stadt und Soziale Arbeit,* Quartiersforschung, https://doi.org/10.1007/978-3-658-37386-3_12

beeinflusst grenzüberschreitender Austausch soziale Innovation in Quartieren" (Becker et al., 2019, S. 44)? Um diese Frage zu beantworten, wurde im Rahmen eines transnationalen Austauschs und einer grenzüberschreitenden Kooperation eine Vielzahl von Wahrnehmungs- und Handlungsperspektiven systematisch organisiert und choreografiert.

Der Autor dieses Beitrags war als Vertreter der Hochschule für öffentliche Verwaltung in Kehl sowohl Teil der Forschungsgruppe als auch der Fokusgruppe im Quartier Freiburg-Weingarten. In der Abschlussveranstaltung wurde ein Input gegeben, wie das Forschungsprojekt selbst unter Innovationsaspekten betrachtet werden kann. Dieser Beitrag soll an dieser Stelle, etwas vertieft, wiedergegeben werden. Hierzu wird in einem ersten Schritt dargelegt, was Innovation ist (Abschn. 2) und was wichtige Innovationsvoraussetzungen sind (Abschn. 3). Dabei wird, abgeleitet aus der aktuellen Innovationsforschung, ein eigener Innovationsrahmen entfaltet, der anschließend „gefüllt" wird. Fakt ist, dass es gerade im öffentlichen Bereich eine Vielzahl von Innovationsbarrieren gibt. In Abschn. 4 werden diese auf den Punkt gebracht, um dann in Abschn. 5 abschließend die Innovationsmuster für das MARGE-Projekt herauszuarbeiten. Denn gerade in dem Forschungsprojekt MARGE, das an der Schnittstelle zwischen Staat und Gesellschaft gearbeitet und geforscht hat, gilt es, die Innovationsbarrieren kreativ zu überwinden.

Dies geschieht im „Zwischen-Raum", wie abschließend gezeigt werden soll.

2   Was ist Innovation?

In der einschlägigen Literatur gibt es zahlreiche Definitionen für Innovation. Nach Vehs und Brehm ist unter dem Begriff „Innovation" im Allgemeinen „die zielgerichtete Durchsetzung von neuen technischen, wirtschaftlichen, organisatorischen und sozialen Problemlösungen [zu verstehen] [...], die darauf gerichtet sind, die Unternehmensziele auf eine neuartige Weise zu erreichen" (Vahs & Brem, 2013, S. 1). Dabei beinhaltet bereits diese Definition ein Spannungsfeld. Denn wenn Innovationen geplant und kontrolliert werden können, darf man zu Recht fragen, ob es sich dann überhaupt um etwas Neues handeln kann. Denn das Neue ist per se das Unbekannte, nicht Geplante und damit auch nur das begrenzt Steuerbare. Es verhält sich wie mit dem „Sei-spontan"-Paradoxon. In dem Moment, in dem Spontanität verlangt wird, ist es zumeist unmöglich, spontan zu sein. Und in dem Augenblick, in dem Kreativität und Innovationsfreude eingefordert werden, sind sie oft nicht leistbar. Das „Neue" verlangt Freiräume, Atypisches jenseits der Routinen und Gewohnheiten,

Querdenken und Experimentieren. Organisationen und Institutionen sind häufig von diesem klassischen Innovationsdilemma geprägt. Das Normale in einer Organisation ist die Routine, die Effizienz erzeugt (vgl. Brentel et al., 2006, S. 19). Das Unnormale hingegen sind Kreativität und Innovation, denn sie stehen im Gegensatz zu Standards, Zuständigkeiten, Regeln und Effizienz. Innovationen sind stets an die Art des Lernens – und damit an die Lernbereitschaft – gebunden. Der Organisationsforscher Chris Argyris beschreibt drei Ebenen des Lernens, die eng mit Innovationsprozessen zusammenhängen, sehr interessant (vgl. Argyris & Schön, 1978). Auf der Ebene des *Single-Loop*-Lernens werden bestehende Praktiken verbessert und optimiert. Beim *Double-Loop*-Lernen findet eine Veränderung der handlungsleitenden Vorstellungen, Zielsetzungen und Grundüberzeugungen statt. *Deutero-Learning* hingegen sammelt und kommuniziert Wissen über vergangene Lernprozesse und wird als Lernen des Lernens aufgefasst.[11] Deutero-Learning meint das „Lernen des Lernens". Hiermit wird die Fähigkeit eines Individuums oder einer Organisation umschrieben, Veränderungen zu antizipieren und eigenständig zu gestalten. Jede der drei Lernformen führt unter Innovationsgesichtspunkten zu unterschiedlichen Tiefen: Die erste Ebene der Innovation betrifft die Optimierung bestehender Praktiken oder Produkte. Die zweite Ebene fokussiert Innovationen auf der Werteebene beziehungsweise normativen Ebene. Die letzte Ebene schließlich betrifft Veränderungen auf der Metaebene und hinterfragt die Grundannahmen der Produktions-, Prozess- und Organisationsstrukturen. Während erstere Innovationen als inkrementalistisch bezeichnet werden können, bei denen Optimierungen und Reformen zurückhaltend und in kleinen Schritten erfolgen, sind Innovationen auf der letztgenannten Ebene grundlegender und disruptiv, das heißt, sie führen in aller Regel zu einem Paradigmenwechsel. Es ist eine Kernfrage der Innovationsforschung, wann individuelle Verhaltensinnovationen zu kollektiv neuen Praktiken in einem System, zu systemisch-organisatorischem Lernen führen. Damit folgen die drei Ebenen des Lernens nach Argyris und Schön (1978) der Beschreibung der Organisationskultur nach Edgar Schein. Dieser unterscheidet drei Ebenen der Organisationskultur (vgl. Schein, 1995, S. 29 ff.):

a) die Ebene des Verhaltens und der sichtbaren Artefakte
b) die Ebene der Werte und Normen
c) die Ebene der fundamentalen Annahmen und mentalen Paradigmen.

---

[1] Deutero-Learning meint das „Lernen des Lernens". Hiermit wird die Fähigkeit eines Individuums oder einer Organisation umschrieben, Veränderungen zu antizipieren und eigenständig zu gestalten.

Ist die erste Ebene sichtbar, aber interpretationsbedürftig, so ist die zweite und vor allem die dritte Ebene oft unsichtbar und unbewusst. Gerade auf der Ebene der mentalen Paradigmen geht es um grundlegende Menschen-, Natur-, Organisations- und Weltbilder, die zwar latent vorhanden sind, aber sich selten bewusst gemacht werden. Nach Argyris und Schön, aber auch nach Schein ist es gerade diese Bewusstwerdung des Unbewussten, die oft einen nachhaltigen Wandel und Innovationsschub mit sich bringt.

3   Was braucht Innovation? Zum Stand der Innovationsforschung

Innovation bedarf mehrerer Voraussetzungen. Im Rahmen einer umfangreichen Studie zu sozialen Innovationen wurden verschiedene Voraussetzungen für Innovationen festgestellt, die ihrerseits wiederum in einem engen Zusammenhang stehen (vgl. Zetzsche und Albert, 2017; Meyer, 2014). Diese einzelnen Faktoren können innovationsfördernd oder -hemmend sein (vgl. umfassend für klein und mittelständische Unternehmen Brentel et al. 2006). Im Folgenden sollen in Anlehnung an die genannte Studie zentrale Innovationsdimensionen diskutiert und entwickelt werden.

Innovationen gedeihen in einem Kontext, der Innovationen fördert, erleichtert und unterstützt (vgl. Mai, 2014, S. 236). So ist in einem dynamischen und konkurrenzorientierten Marktklima der Innovationsdruck aufgrund des Wettbewerbs generell größer als im staatlichen Bereich. Aber auch im staatlich-kommunalen Bereich wächst der Innovationsdruck. Komplexe gesellschaftliche Fragestellungen verlangen neue Antworten, weshalb die Anforderungen an Politik und Verwaltung steigen.[2] Wächst der Druck von außen, wird die Frage nach den internen Innovationsvoraussetzungen zentral. Gibt es eine Strategie, eine „Mission" für Innovation und organisatorische Erneuerung? Oder sind Effizienz, Standardisierung und das Alltagsgeschäft der Kernfokus der Organisation? Während es in privatwirtschaftlichen Unternehmen eigenständige Innovations- und Entwicklungsabteilungen gibt, ist das Thema Innovation in öffentlichen Verwaltungen strukturell und inhaltlich nicht verankert. Dies bedeutet nicht, dass Innovation überhaupt nicht stattfindet. Innovationen hängen jedoch stark von

---

[2]Viele sprechen heute von der VUCA-World. Das Akronym steht für die Merkmale V = Volatilität, U = Uncertainty, C = Complexity, A = Ambiguity. Das heißt, die Umwelt der Organisationen werden zunehmend instabil, unsicher, komplex und mehrdeutig.

einzelnen Innovationsakteur*innen ab. Es braucht Führungskräfte, die neuen Ideen offen gegenüberstehen und sie unterstützen, die Räume und Zeit schaffen für kreative Prozesse. Und es braucht Mitarbeiter*innen, die „unternehmerisch" über den Tellerrand blicken und das eigene Tun und Handeln immer wieder kritisch hinterfragen und Lernende bleiben. Es ist eine Frage der Fehlerkultur und des Muts zum Experiment, die von Führungskräften und Mitarbeiter*innen gelebt oder eben nicht gelebt werden. Dies wird an organisationsinternen Anreizen deutlich, die entweder innovationsfördernd oder hinderlich sein können. Es ist evident, dass gerade die Kommunikation mit Querdenkenden, die Perspektivenvielfalt und der Austausch auf Augenhöhe zentrale Voraussetzungen sind. Dies wiederum ist abhängig von Strukturen, die sich tendenziell durch flache, ressortübergreifende Team- und Netzwerkstrukturen auszeichnen, die nah am Kunden sind und resonanzfähig auf das soziale Umfeld reagieren. Gerade Netzwerke sind es, die Innovationsimpulse setzen können. Ebenso können innovative Prozesse und Methoden förderlich sein, indem beispielsweise kreative Methoden (z. B. Workshops, Zukunftswerkstätten) unter breiter Beteiligung interner, aber auch externer Akteur*innen angewandt werden. Die dargestellten Innovationsdimensionen schaffen in der Summe eine Innovationskultur, die zu entsprechend innovativen *Outputs* (Produkten) und nachhaltigen *Outcomes* (Wirkungen) führt.

Damit sind die zentralen Innovationsdimensionen (vgl. Kegelmann, 2018b, S. 113 ff.):

- der Innovationskontext, die Innovationsumwelt,
- die inhaltliche Innovationsorientierung auf normativer, strategischer und operativer Ebene (Wird Innovation in der Organisation als eigenständige Aufgabe wahrgenommen?),
- die Innovationsstrukturen (Unterstützen die organisationalen Strukturen Innovation?),
- die Innovationsprozesse und
- die Akteur*innen (Gibt es Innovationsmotivation und -kompetenz aufseiten der Führungskräfte und Mitarbeiter*innen?)

Die nachfolgende Abb. 1 stellt den Innovationsrahmen noch einmal übersichtlich dar.

Verknüpft man die Dimensionen mit den Erkenntnissen aus der Innovationsforschung, so können Thesen formuliert werden, wie in Tab. 1 dargestellt.

Hinter dieser verhaltensbezogenen (1. Kulturebene) Thesenorientierung können auf der normativen und mentalen Ebene Prinzipien, Werte und Grundannahmen beschrieben werden, die viel mit Freiheit, Pluralität, Perspektivenvielfalt, Neugierde etc. zu tun haben (Tab. 2).

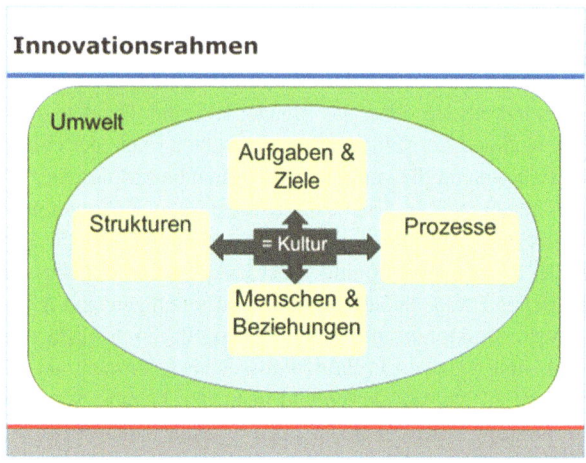

Abb. 1 Der Innovationsrahmen

Tab. 1 Innovationsthesen

Innovations-dimension	Innovationsthesen Die Innovationswahrscheinlichkeit steigt, wenn …
Kontext/Umwelt	… die Umwelt turbulent, dynamisch und agil ist, da dann der Innovations- und Anpassungsdruck steigt
Aufgaben/Ziele	… es einen inhaltlichen Blick, ein Bewusstsein, eine Vision und Strategie für Veränderung und Innovation gibt
Strukturen	… es intra- und interorganisatorische Strukturen vertikaler und horizontaler Art gibt, die Freiraum, Perspektivenvielfalt und Selbstver-antwortung ermöglichen
Prozesse	… Prozesse gestaltet werden, die bewusst Partizipation, Kommuni-kation und kreative Methoden gezielt und kompetent einsetzen
Akteur*innen	… es Menschen gibt, die Lust auf Neues, Ausprobieren, Experi-mentierräume, Lernen und Veränderung haben und hierfür auch den entsprechenden „Raum" bekommen

Was braucht Innovation? Es braucht auf einer operativen Ebene engagierte Menschen, Strukturen und geeignete Prozesse, auf einer normativen Ebene erfordert es eine „Haltung der Innovation", die sich dann durch die Gestaltung der entsprechenden Rahmen manifestiert. Fakt ist jedoch, dass diese Voraussetzungen

Tab. 2 Innovationsthesen (Ebene 2 und 3)

Innovations-dimension	dahinterliegende normative Werte und mentale Paradigmen (2. und 3. Kulturebene)
Kontext/ Umwelt	Die Umwelt ist (begrenzt) gestaltbar und durch intelligente Interaktionsprozesse zwischen Umwelt und System kann eine gegenseitige Anpassung stattfinden. Die Umwelt ist dynamisch und ändert sich
Aufgaben/ Ziele	Aufgrund der Veränderung der Umwelt, gilt es auch, die inhaltliche Aufgabe immer wieder neu zu überdenken. Während der „Purpose" und Sinn der Aufgabe stabil ist, ändert sich die Art und Weise der Aufgabenerfüllung im Wandel der Zeit. Deshalb werden Aufgabenerfüllung und Ziele immer wieder kritisch-konstruktiv hinterfragt und angepasst
Strukturen	„Structures follow strategy", d. h., Strukturen folgen inhaltlichen Zielsetzungen. Da es gerade im Bereich der Sozialen Arbeit stark um Lebenswelt-, Ressourcen- und Sozialraumorientierung geht, sind dezentrale und „freiheits- und möglichkeitsorientierte" Strukturen vorzuziehen
Prozesse	Prozesse sind zentral für das Ergebnis und die Wirkung. Eine „Gestaltung" von individuellen wie systemischen Prozessen sind zentral. Gerade Partizipation, Transparenz und die Fähigkeit zur Mit-Gestaltung sind fundamentale Elemente der Prozessgestaltung
Akteur*innen	Es geht um die Menschen und mit den Menschen. Dabei sind die Menschen willens und in der Lage, für sich und andere Menschen Verantwortung zu übernehmen. Nur gemeinsam und kollaborativ können gute Ergebnisse erreicht werden. Die Aktivierung steht im Vordergrund[3]

nicht in der DNS der öffentlichen Verwaltungs- und Zusammenarbeitskultur angelegt sind. Vielmehr gibt es eine Vielzahl von Innovationsbarrieren, die ebenfalls operativ und normativ systemisch angelegt sind. Darum geht es im Folgenden.

4 Innovationsbarrieren in der öffentlichen Verwaltung

Fragt man nach den grundlegenden Strukturmerkmalen der Verwaltung, so liegt deren Kernfokus auf Stabilität und Effizienz. Nach Max Weber (1980 [1921]) zeichnet sich jeder „bureaukratische Verwaltungsstab" durch fünf Hauptmerkmale aus. Diese sind:

---

[3] Auch hier sind Bezüge zur Sozialen Arbeit im Sinne der Gemeinwesenarbeit (GWA) evident.

- Regelorientierung, d. h. Orientierung des Verwaltungshandelns an Recht und Gesetz;
- funktionale Arbeitsteilung und Spezialisierung;
- Hierarchie;
- Schriftlichkeit bzw. Aktenmäßigkeit;
- Neutralität und Professionalität durch das Berufsbeamtentum.

Wie lassen sich diese fünf Hauptmerkmale charakterisieren? Erstens: Regelorientierung bedeutet, dass das Handeln der Verwaltung nicht willkürlich erfolgen darf, sondern nur auf der Grundlage schriftlicher Regelungen. Damit wird die Bindung an Recht und Gesetz zur Grundlage der Verwaltung. Die Entwicklung einer starken juristischen Tradition entspringt diesem Grundsatz. Zweitens: Funktionale Arbeitsteilung bedeutet, dass die Verwaltung nur auf der Grundlage zugeordneter Funktionen und Kompetenzen handeln kann. Die Funktionen werden innerhalb der Verwaltung auf verschiedene Stellen verteilt, und jede*r Funktionsträger*in darf nur innerhalb seiner*ihrer Zuständigkeit agieren. Drittens: Gebündelt werden die verschiedenen Teilfunktionen durch eine starke Hierarchie, letztlich durch den „Kopf" der Verwaltung. In den Kommunalverwaltungen ist dies der*die Bürgermeister*in als Chef*in der Verwaltung, der*die seine*ihre Mitarbeiter*innen zentralistisch und gegebenenfalls dirigistisch (im Sinne von Einzelweisungen) führen darf. Viertens: Auch der Grundsatz der Aktenmäßigkeit ist ein zentrales Merkmal. Alle Verwaltungsvorgänge, beispielsweise die Erteilung einer Baugenehmigung, müssen aktenkundig, das heißt transparent gemacht werden. Die Folge der Schriftlichkeit ist, dass Verwaltungsvorgänge nachvollziehbar und leichter kontrollierbar werden. Fünftens: Im Rahmen der vier „Verwaltungspfeiler" – Regelorientierung, funktionale Arbeitsteilung, Hierarchie und Aktenmäßigkeit – soll der Berufsbeamte als neutraler und professioneller Sachwalter unabhängig und der Sache verpflichtet seiner Arbeit nachgehen.

Alle diese Merkmale garantieren, dass die Verwaltung ohne Ansehen der Person auf der Grundlage klarer formaler Regeln mit hoher Kompetenz ihre Pflicht erfüllt und somit zur Effizienz wie auch zur Legitimität des Staates beiträgt. Diese Merkmale sind bis heute ein zentraler Erfolgsgarant für die öffentliche Verwaltung, und die entsprechenden Ausbildungsstätten – die Hochschulen für öffentliche Verwaltung in Kehl und Ludwigsburg – sichern die Qualität und Professionalität der kommunalen Mitarbeiter*innen. Seit es die Bürokratie gibt, sind aber auch deren Defizite evident: So wird ihr oft mangelnde Flexibilität und Innovationskraft, unzureichende Kunden- und Bürgerorientierung, fehlende Mitarbeiterorientierung und geringe Effizienz und Qualität vorgeworfen, verbunden mit organisierter Unverantwortlichkeit sowie strategischer Unter- und operativer Übersteuerung im Rahmen rigider, funktional verteilter Aufgabenverantwortung und starker hierarchischer Strukturen. Auf der inhaltlichen Ebene ist die Verwaltung auf Ordnung und Effizienz fokussiert, auf der strukturellen Ebene durch eine starke Hierarchie gekennzeichnet und auf der Prozessebene sind funktional differenzierte und damit spezialisierte Prozesse standardisiert. Auch die Führungskultur und das Personal zeichnen sich weniger durch eine starke Innovationsorientierung als vielmehr durch Regel-, Ordnungs- und Zuständigkeitsorientierung aus. Damit sind ideale Voraussetzungen für Innovationen nicht gegeben. Der Widerspruch zwischen klassischer Verwaltungs- und Innovationslogik zeitigt Hemmschuhe in Form von Innovationsbarrieren (vgl. Kegelmann, 2019, S. 135; vgl. Brentel et al., 2006, S. 26 ff. für den Bereich von kleinen und mittleren Unternehmen).

Damit wird deutlich (Tab. 3), dass es ein Spannungsfeld gibt zwischen der bürokratischen Verwaltungslogik, die Berechenbarkeit, Verlässlichkeit und

Tab. 3 Innovationsbarrieren

Barriere	Folgen und Konsequenzen
Hierarchiedenken	Die Orientierung an der Hierarchie beschränkt eigenständiges Denken und die Entfaltung vor Ort. Entscheidungen werden an der Spitze getroffen. Die Verantwortungsbereitschaft vor Ort nimmt ab Das klassische Argument lautet: „Der Chef hat entschieden…"
Funktionale Spezialisierung	Viele organisatorische Teilzuständigkeiten verhindern den Blick auf das Ganze und den Blick über den Tellerrand. Besitzstandsdenken, das Denken in Zuständigkeiten und organisatorisches Misstrauen sind die Folge Das klassische Argument lautet: „Dafür bin ich nicht zuständig…"
Starke Formalisierung	Die Orientierung an formalen Regeln gewährleistet eine hohe Standardisierung der Aufgabenabwicklung, kann aber im Einzelfall notwendige Anpassungen und kreatives Lernen durch Abweichen von der Regel verhindern Das klassische Argument lautet: „Das ist rechtlich nicht möglich…"
Kommunikation, Diskurs- und Fehlerkultur	Greifen die genannten Logiken, ist die Kommunikation eher hierarchisch, reglementiert und spezialisiert. Der interdisziplinäre, offene und freie Austausch kommt zu kurz. Das Verhindern von Fehlern ist primär, das Finden kreativer neuer Ansätze sekundär. „Schwarzer-Peter-Spiele" sind die Folge Das klassische Argument lautet: „Abteilung X ist schuld…"
Kultur	Misstrauen, Gegnerschaft, Tabus, Intransparenz, Kontroll- und Sicherheitsorientierung sind Kennzeichen der Verwaltungskultur

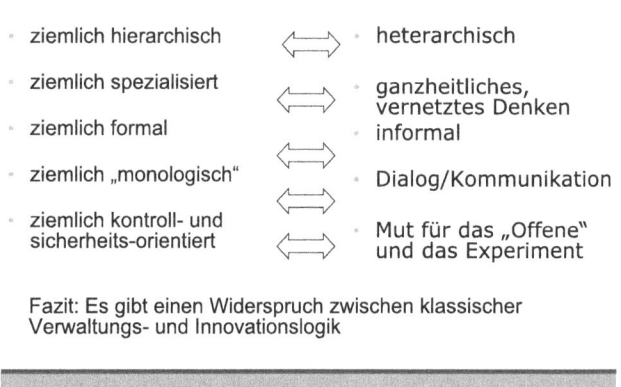

Verwaltungs- vs. Innovationslogik

- ziemlich hierarchisch ⟷ · heterarchisch
- ziemlich spezialisiert ⟷ · ganzheitliches, vernetztes Denken
- ziemlich formal · informal
- ziemlich „monologisch" ⟷ · Dialog/Kommunikation
- ziemlich kontroll- und sicherheits-orientiert ⟷ · Mut für das „Offene" und das Experiment

Fazit: Es gibt einen Widerspruch zwischen klassischer Verwaltungs- und Innovationslogik

Abb. 2 Verwaltung vs. Innovationslogik

Routine anstrebt, und einer Innovationslogik, deren Ziel der Wandel und die Ver-änderung ist. Dies zeigt auch die Abb. 2.

Es gilt also einen „Zwischen-Raum" zu organisieren, der die Spannungsfelder gut integriert.

Wie dies im Projekt MARGE gelungen ist, wird abschließend gezeigt. Hier-bei soll das Wort „Inter" im Sinne von „dazwischen" die zentrale Rolle spielen. Auch werden die bereits dargestellten Innovationsdimensionen eine Leitidee sein. Selbstreferenziell soll gefragt werden: War das Projekt MARGE, dessen thematischer Schwerpunkt das Thema „Innovation" war, selbst ein innovatives Projekt und hat es seinerseits den Grunddimensionen erfolgreicher Innovation, wie dargestellt, entsprochen?

5   Innovationsmuster im Projekt MARGE

Das Projekte MARGE war angelegt auf …

1. … eine Umwelt, die sich durch räumliche Inter-Nationalität auszeichnet.
2. … die Repräsentation der Umwelt der Quartiere durch Teilnehmer*innen aus Staat, Politik und Zivilgesellschaft in dem Projekt (Verzahnung der Sektoren/ Inter-Sektoralität)

3. ... ein Thema, das die Fachgrenzen überschritt und inter-disziplinär unter sozialpädagogischen, soziologischen, verwaltungswissenschaftlichen Perspektiven betrachtet wurde.
4. ... die prozessuale Verzahnung von Theorie und Praxis, Reflektion und Aktion, Erkennen und Gestalten unter Anwendung inter-aktiver, d. h. stark partizipativer und explorativer Methoden.
5. ... die Verbindung von „Stabilität" und „Flexibilität" sowie „Offenheit" und „Geschlossenheit" durch dynamische Projektstrukturen.
6. ... Akteur*innen, die sich durch eine starke Inter-Kulturalität, hohe Kommunikationskompetenz, Neugierde und Offenheit, d. h. hohe Lernbereitschaft auszeichneten.

Dieser positive Befund leugnet nicht, dass es in allen Dimensionen auch konfliktäre Spannungsfelder gab, die immer wieder auch Anlass zu Irritation, Konflikt, Widersprüchen und Ambiguitäten gaben. Aber genau in diesem „Zwischen-Raum", also auf, über und jenseits der

- nationalen,
- fachbezogenen,
- strukturellen und
- kulturellen

Grenzen und Befremdungen, lag und liegt das Geheimnis der Innovation.

Umso wichtiger war es, das gemeinsam Erlebte immer wieder in einem gemeinsamen Reflexionsraum durch die je unterschiedlichen Brillen und Perspektiven zu betrachten und neben der operativen Ebene die dahinterliegenden normativen Werte und Grundparadigmen zu betrachten. Erst dieses „Bewusstwerden" der je eigenen und fremden Muster, das Erkennen von Gemeinsamem und Trennendem ermöglichte innovative Einsichten und das Erkennen möglicher, neuer Handlungspraktiken.

Zu 1: räumliche Inter-Nationalität

Mit Frankreich, Schweiz und Deutschland waren Länder vertreten, die einen stark unterschiedlichen institutionellen Rahmen aufweisen. Dies betrifft strukturelle Aspekte, wie die des zentralen bzw. föderalen Aufbaus. Aber auch die Art und Weise der inter- und intraorganisatorischen Steuerung, die Einbindung der Bürger*innen und Betroffenen wie auch das professionelle Sachverständnis, angefangen von den unterschiedlichen Ausbildungssystemen, führten zu der Erkenntnis und dem Erleben, dass jede*r in seiner*ihrer eigenen „Welt" lebt.

Gleichzeitig war Aufgabe aller Beteiligten, die soziale Quartierentwicklung, die Vermeidung und Verringerung von Benachteiligung wie auch die Zusammenarbeit zwischen der öffentlichen Verwaltung, freien Trägern und der Bevölkerung. Insofern gab es ein gemeinsames Thema, das allerdings stark durch die nationalen Rahmenbedingungen geprägt ist. Insofern war es immer wieder notwendig, in den Quartieren auf die nationalen Rahmenbedingungen einzugehen, also das nationale System mit den jeweiligen Gestaltungsparametern zu erläutern. Und so war es diese räumliche Grenz-Erfahrung, die zu einer Bewusstwerdung der anderen, aber auch der eigenen Identität führten. So haben viele Teilnehmer*innen erwähnt, dass ihnen das „Eigene" wieder stärker bewusst wurde, gerade durch das Wahrnehmen der „Anderen". Die Befremdung führte zu einer erweiterten Beheimatung.

Zu 2: die Verzahnung der Sektoren – Inter-Sektoralität
Sehr innovationsförderlich, da ebenfalls „befremdend" und bereichernd war die Verknüpfung und Verzahnung der Sektoren. So nahmen Teilnehmer*innen aus der Verwaltung, der Politik und der Zivilgesellschaft teil. Alle Teilnehmer*innen hatten und haben ihre je eigenen Interessen, ihre eigenen Handlungspotenziale und Instrumente und ihre eigenen Steuerungslogiken. Auch diese waren wieder stark beeinflusst vom nationalen Bezugs- und Handlungsrahmen. So waren die zivilgesellschaftlichen Akteur*innen aus Frankreich stark beeindruckt von den direktdemokratischen Elementen im Rahmen einer Bürgerversammlung in der Schweiz, die deutschen Vertreter*innen waren beeindruckt von den institutionellen staatlichen Vorgaben der sozialen Wohnraumbelegung in Frankreich. Durch die Feldbesuche vor Ort wurde diese Verzahnung nicht nur kognitiv vermittelt, sondern konkret erlebbar. Durch den gemeinsamen Austausch wurden die Rollen der jeweiligen Sektoren und ihrer Vertreter*innen klarer und nachvollziehbarer.

Zu 3: fachliche Inter-Disziplinarität
Gerade Verwaltung und Sozialarbeit sind oft wie „Feuer und Wasser". Ist das sozialpädagogische Handeln stark partizipativ, personen- und ressourcenorientiert, ist das Verwaltungshandeln oft hierarchisch und regelorientiert. Die Steuerungsmodi sind sehr unterschiedlich (vgl. Langer, S. 62) wie auch die jeweiligen Zielsetzungen und der entsprechende „Berufsethos". Im konkreten Alltag führt dies oft zu Spannungen, gegenseitigem Nichtverstehen und Vorbehalten. Mit dem Format der Fokusgruppen wurden auf räumlicher Ebene „vor Ort" Strukturen geschaffen, die gerade diesen interdisziplinären und intersektoralen Austausch verstetigten, um so eine gemeinsame Vertrauens- und

Interaktionsgrundlage zu schaffen. Denn gerade in der Quartiersarbeit zeigt sich, dass der „Raum" die sektoralen und disziplinären Trennungen relativiert, da „vor Ort" ganzheitlich-integrativ gedacht und gehandelt werden sollte.

Zu 4: Zwischen Theorie und Praxis

Feldforschung, Reallabore, Aktionsforschung leben von der Praxis. Wirft man der Wissenschaft oft vor, im Elfenbeinturm zu sitzen und theoretische Konzepte ohne Handlungsrelevanz zu diskutieren, kritisiert man die Praxis dahin gehend, dass sie zu wenig reflektiert. Bereits Kant hat gesagt: „Handeln ohne Denken ist blind, Denken ohne Handeln leer." Es geht um das Verhältnis von Abstraktion i. S. v. Denken und Konkretion i. S. v. Handeln. Das Zentrale der Feldforschung ist, dass sie Theorie und Praxis, Abstraktion und Konkretion verknüpft. Dadurch erkennt sie „vor Ort" in der Praxis gemeinsame Muster und Patterns und kann so Hinweise auf einer „mittleren" Ebene geben, wie sich Reflexion und Praxis sinnvoll verzahnen lassen. Im Projekt wurde diese Form der Vermittlung von Theorie und Praxis und der darauf aufbauenden Mustererkennung in vielfältiger Weise organisiert. „Vor Ort" in den Felderkundungen, aber auch in den Fokusgruppen in den Quartieren wurden die Praxisprojekte und -erfahrungen gesammelt und diskutiert. In den Felderkundungsberichten wurden diese dokumentiert und auf der Grundlage gemeinsamer Beobachtungs- und Analyseraster strukturiert und in den gemeinsamen Projektgruppensitzungen diskutiert. Auf diese Weise wurden gemeinsame (und trennende) Wahrnehmungs- und Handlungsmuster erkannt und herausgearbeitet; und zwar in Koproduktion auf der Grundlage praktischer Erfahrungen und Kenntnisse, verknüpft mit wissenschaftlichen Hintergründen und Diskussionen, eingebracht von den teilnehmenden Forscher*innen. Die erfolgversprechenden „Muster" können so weitergegeben und multipliziert werden. Hierzu dient auch das gemeinsam erarbeitete Toolkit, das als Handlungsempfehlungen die gemeinsamen Erkenntnisse und Lernerfahrungen auf den Punkt bringt.

Zu 5: strukturelle Flexibilität und Stabilität – Zwischen Offenheit und Geschlossenheit

Zentral für den Projekterfolg war die durchdachte und innovative Organisationsstruktur. „Structure follows strategy." Strukturen begrenzen, indem sie Rollen, Aufgaben und Kompetenzen definieren, aber sie ermöglichen auch, indem sie stabile und verlässliche Räume anbieten. Zentral für effiziente Strukturen ist eine gute Verzahnung einzelner Strukturelemente. So gab es vier zentrale Strukturelemente (Tab. 4).

Mit dieser Projektarchitektur war das „strukturelle Bindeglied" geschaffen, das einerseits strukturelle Klarheit, Berechenbarkeit und Verlässlichkeit schaffte,

Tab. 4 Strukturelemente im Projekt

Strukturelement	Beschreibung
Steuerungsgruppe	Bestehend aus den beteiligten Partnerhochschulen wurde in dieser Gruppe die Gesamtsteuerung des Projektes organisiert und koordiniert
Forschungsgruppe	Entwicklung und Organisation eines theoretischen Bezugs- und Reflexionsrahmens; Einspeisen von wichtigen Forschungserkenntnissen aus den unterschiedlichen wissenschaftlichen Feldern in den jeweiligen Ländern
Fokusgruppen	Reflexions- und Aktionsgruppen in den teilnehmenden Quartieren, intersektoral zusammengesetzt aus Partner*innen aus Verwaltung, Politik und Zivilgesellschaft, ergänzt um „Reflexionspartner*innen" in Form von Teilnehmer*innen aus der Forschungsgruppe. Die Fokusgruppen bereiteten auch die Feldbesuche vor und wurden stark aktiv beteiligt
Projektgruppen	Regelmäßige Treffen aller Akteur*innen in Form der Gesamtprojektgruppe bildeten den gemeinsamen Gesamt-Raum für den Austausch, die Begegnung, die gemeinsame Reflexion und Interaktion. Auch die Treffen der Projektgruppen waren stark interaktiv und partizipativ gestaltet

innerhalb des Rahmens aber dann durch offene, partizipative und kreative Prozesse intensive Entfaltungs- und Kreativitätsräume bot. Der Steuerkreis entwickelte hierbei den Prozessrahmen, während die Forschungsgruppe wichtige Reflexions- und Theoriefragen einspeiste. Insgesamt verknüpfte die Projektarchitektur auf intelligente Weise die bereits dargelegten produktiven Spannungsfelder.

Zu 6: Lern- und Innovationsbereitschaft aufseiten der inter-kulturellen Akteure

Eine Vielzahl unterschiedlicher Teilnehmer*innen aus den diversen Sektoren, Ländern und Quartieren nahmen an dem Forschungsprojekt teil. Umso wichtiger war es, Räume der Begegnung zu schaffen. Und zwar in mehrfacher Hinsicht: als Handlungsräume, in denen die Kompetenzen und Erfahrungen der Teilnehmer*innen einfließen konnten und in Aktivität umgesetzt werden konnten. Dies geschah beispielsweise durch die Gestaltung der eigenen Projektsteckbriefe zur Darstellung der innovativen Projekte in den Quartieren, aber auch durch die Organisation der Feldbesuche vor Ort. Hier konnten beispielsweise die Fokusgruppen ihr „Feld" zeigen, um anschließend in einen produktiven Dialog mit den Feldbesuchern einzusteigen. Gerade für die Teilnehmenden aus der

Zivilgesellschaft waren diese Treffen auch ein Zeichen der Wertschätzung und Anerkennung.

Neben Handlungsräumen wurden Reflexionsräume organisiert, insb. durch die Treffen in den Forschungs- und Projektgruppensitzungen. Hierbei wurden die gemachten und diskutierten Erfahrungen vor Ort auf der Grundlage eines gemeinsamen Bezugsrahmens diskutiert und systematisiert. Auch wurde bewusst nach gemeinsamen Lern- und Innovationserfahrungen gefragt, um im Austausch neue Spiel-Räume und Anregungen für die Arbeit zu erhalten. Neben dem professionell-fachlichen Aspekt kamen dabei auch zwischenmenschliche Aspekte nicht zu kurz. Es entstanden neue Netzwerke, über bestehende Grenzen hinweg, bis hin zu Freundschaften, die das befristet angelegte Projekt bei Weitem überdauern werden. Als Voraussetzung hatte dies, dass die Beteiligten ein hohes Maß an Lust auf Begegnung, Austausch und gemeinsames Lernen hatten. Da aber in der Projektkonfiguration das Prinzip „Freiwilligkeit" zentral war, waren sowohl die teilnehmenden Quartiere wie auch die teilnehmenden Personen großteils intrinsisch motiviert. Entsprechend groß war die grundsätzliche Bereitschaft, sich dem Thema „Innovation" innovativ zu nähern.

6   Fazit

Inwieweit das Projekt langfristig und nachhaltig wirkt, bleibt abzuwarten und bedarf weiterer Fortsetzungsaktivitäten. Das Projekt hat aber eindeutig gezeigt, wie Innovation im Zwischen-Raum gelingen kann, wenn sie intelligent gestaltet wird. Im Kern bedeutet es die Organisation von produktiven Spannungsfeldern und die Meta-Reflexion über die normativen Ursachen dieser Spannungsfelder. Gerade hierin liegt der Schatz von raumüberschreitenden Reallaboren. Sie machen die normativen und mentalen Paradigmen bewusst, die normalerweise im Verborgenen liegen. Damit wird ein tiefergehendes Lernen im Sinne von Single- und Double-Loop-Learning möglich. In diesem Sinne war MARGE aus Sicht des Verfassers ein beispielgebendes Projekt.

Literatur

Argyris, C., & Schön, D. A. (1978). *Organizational learning: A theory of action perspective*. Addison-Wesley.
Becker, M. (2014). *Soziale Stadtentwicklung und Gemeinwesenarbeit in der sozialen Arbeit*. Kohlhammer.

Becker, M., Guhl, J., Michon, B., Janett, S., & Dunst, C. (2019). Einleitung. In *marge Toolkit. Ein trinationales Projekt mit und für Professionelle aus den benachteiligten Quartieren* (S. 41–61), Katholische Hochschule Freiburg, Institut für Angewandte Forschung, Entwicklung und Weiterbildung – IAF; Fachhochschule Nordwestschweiz, Hochschule für Soziale Arbeit; École Supérieure Européene de l'Intervention Social (ESEiS) Strasbourg.

Brentel, H., Dorothea, M. H., & Holger, R. (2006). Lern- und Innovationsfähigkeit von Unternehmen und Organisationen – Kriterien und Indikatoren. *Wuppertal Papers, Nr. 156.* Wuppertal-Institut Klima, Umwelt, Energie.

Bull, H. P. (2017). Was heißt eigentlich „Verwaltungsinnovation"? Eine kritische Ergänzung zu Martin Brüggemeiers Plädoyer. *Verwaltung und Management, 3,* 128–134.

Kegelmann, J. (2007). *New Public Management. Möglichkeiten und Grenzen des neuen Steuerungsmodells.* VS-Verlag.

Kegelmann, J. (2013). Die Kunst der Bürgerbeteiligung. In *Rechnungswesen und Controlling in der öffentlichen Verwaltung, Gruppe 4* (S. 375–386). Haufe Verlag.

Kegelmann, J. (2018a). Bürger_innenbeteiligung als neues Steuerungsparadigma? Eine Einführung. In J. Kegelmann & J. Fischer (Hrsg.), Steuerung (in) der Sozialen Arbeit. *sozialmagazin. Die Zeitschrift für soziale Arbeit, 43,* (9–10), 44–51.

Kegelmann, J. (2018b). Entwicklungslinien für die Hochschulen für öffentliche Verwaltung am Beispiel der Hochschule Kehl in Baden-Württemberg. In J. Beck & J. Stember (Hrsg.), *Perspektiven der angewandten Verwaltungsforschung in Deutschland* (S. 111–125). Nomos Verlag.

Kegelmann, J. (2019). Mit Bürgerbeteiligung die Innovationskraft der Kommunalverwaltung stärken. In H. Kommunalpolitik (Hrsg.), *Siegfrid Freck, Reinhold Weber, Hans-Georg Wehling Hans-Georg und Paul Witt* (S. 126–140). Landeszentrale für politische Bildung.

Kegelmann, J. & Fischer, J. (2018). Steuerung (in) der Sozialen Arbeit. *sozialmagazin. Die Zeitschrift für soziale Arbeit, 43, Heft 9–10.*

Kegelmann, J. & Geiger, A. (2020). Rathaus im Wandel – Eine praxisorientierte Analyse zur Innovationsfähigkeit in Kommunen. In J. Beck & J. Stember (Hrsg.), *Der demographische Wandel. Zwischen Digitalisierung, Aufgabenwandel und neuem Personalmanagement* (S. 91–106). Nomos Verlag.

Kegelmann, J. & Martens, K. -U. (2013). *Kommunale Nachhaltigkeit. Jubiläumsband zum 40-jährigen Bestehen der Hochschule Kehl und des Ortenaukreises.* Nomos Verlag.

Langer, A. (2018). Externe Steuerungsmodi und ihr (Aus-)Wirkung auf die binnenorientierte Organisationskultur. In J. Kegelmann & J. Fischer (Hrsg.), Steuerung (in) der Sozialen Arbeit. *sozialmagazin. Die Zeitschrift für soziale Arbeit, 43,* (9–10), 59–66.

Mack, O., Khare, A., Krämer, A., & Burgartz, T. (Hrsg.). (2016). *Managing in a VUCA World.* Springer Verlag.

Mai, M. (2014). Innovationspolitik – Politik für Innovationen. In M. Mai (Hrsg.), *Handbuch Innovationen. Interdisziplinäre Grundlagen und Anwendungsfelder* (S. 233–251). Springer Verlag.

Meyer, J.-U. (2014). Innovationsfähigkeit – die Voraussetzungen für erfolgreiches Innovationsmanagement. *Wissensmanagement, 7,* 12–14.

Schein, E. (1995). *Unternehmenskultur. Ein Handbuch für Führungskräfte.* Campus Verlag.

Vahs, D., & Brem, A. (2013). *Innovationsmanagement: Von der Idee zur erfolgreichen Vermarktung* (4. Aufl.). Schäffer Pöschel.

Weber, M. (1980 [1921]). *Wirtschaft und Gesellschaft. Grundriss der verstehenden Soziologie* (5. Aufl., S. 160–166). Mohr Verlag.

Wollmann, H. (2017). Zur Handlungs- und Innovationsfähigkeit der Kommunen in Deutschland – Entwicklungslinien und Handlungsfelder. In N. Kersting (Hrsg.), *Urbane Innovation* (S. 33–56). VS-Verlag.

Zetzsche, F., & Albert, M. (2017). *Emergenz von sozialen Innovationen auf kommunaler Ebene: Working Paper 11–01.* Technische Universität Chemnitz.

Jürgen Kegelmann Prof. Dr., Verwaltungswissenschaftler ist Professor für Organisation, Personal und Management an der Hochschule für öffentliche Verwaltung in Kehl. Seine aktuellen Themen in Forschung und Lehre sind die Themen Innovation & Veränderungsmanagement, Governance & Bürger-/Kinder- und Jugendbeteiligung sowie Steuerung im sozialen Bereich.

Open Access Dieses Kapitel wird unter der Creative Commons Namensnennung 4.0 International Lizenz (http://creativecommons.org/licenses/by/4.0/deed.de) veröffentlicht, welche die Nutzung, Vervielfältigung, Bearbeitung, Verbreitung und Wiedergabe in jeglichem Medium und Format erlaubt, sofern Sie den/die ursprünglichen Autor(en) und die Quelle ordnungsgemäß nennen, einen Link zur Creative Commons Lizenz beifügen und angeben, ob Änderungen vorgenommen wurden.

Die in diesem Kapitel enthaltenen Bilder und sonstiges Drittmaterial unterliegen ebenfalls der genannten Creative Commons Lizenz, sofern sich aus der Abbildungslegende nichts anderes ergibt. Sofern das betreffende Material nicht unter der genannten Creative Commons Lizenz steht und die betreffende Handlung nicht nach gesetzlichen Vorschriften erlaubt ist, ist für die oben aufgeführten Weiterverwendungen des Materials die Einwilligung des jeweiligen Rechteinhabers einzuholen.

The manufacturer's authorised representative in the EU is Springer
Nature Customer Service Centre GmbH, Europaplatz 3, 69115 Heidelberg,
Germany. If you have any concerns regarding our products, please
contact ProductSafety@springernature.com

Printed and bound by CPI Group (UK) Ltd, Croydon, CR0 4YY

24/04/2026

02096359-0002